Berthold Gunster

ik ben oké jij bent een sukkel

Ja-maar®

Lev.

Ontwerp binnenwerk en omslag
Jan Gunster

Illustraties
Evalien Lang

ISBN 978 90 229 9378 1
NUR 770

Zevende druk, september 2013

MIX
Papier van verantwoorde herkomst
FSC® C004472
FSC www.fsc.org

Dit boek is gedrukt op papier dat het keurmerk van de Forest Stewardship Council (FSC) mag dragen. Bij dit papier is het zeker dat de productie niet tot bosvernietiging heeft geleid. Een flink deel van de grondstof is afkomstig uit bossen en plantages die worden beheerd volgens de regels van FSC. Van het andere deel van de grondstof is vastgesteld dat hiervoor geen houtkap in de laatste resten waardevol bos heeft plaatsgevonden. Daarom mag dit papier het FSC Mixed Sources label dragen. Voor dit boek is het FSC-gecertificeerde Munkenprint gebruikt. Dit papier is 100% chloor- en zwavelvrij gebleekt en wordt geleverd door Arctic Paper Munkedals AB, Zweden.

'Ik dacht altijd dat ik in elke situatie de constante moest zijn. Nuchter, evenwichtig, sterk en objectief. En dat ik op die manier de omstandigheden aan mijn doelen kon aanpassen. Nu ben ik erachter gekomen dat het precies andersom is. De werkelijkheid is de constante. De dingen zijn wat ze zijn. Daar heb je vaak geen wezenlijke invloed op.

Waar ik wél invloed op heb, is hoe ik tegen iets aankijk en hoe ik ermee omga. Door constant in beweging te zijn en me aan te passen aan de realiteit, heb ik gemerkt dat ik, vreemd genoeg, nu vaak veel meer invloed op de werkelijkheid heb dan vroeger.'

Reactie via de mail van een Nederlandse zeeman, Maarten Fiege – vanaf positie 01°31'0 zuid / 086°47'3 west, varende tussen de Galápagoseilanden en het Panamakanaal – na het lezen van *Huh?! De techniek van het omdenken*.

Inhoud

I

Ja-maar

Ja-maar

ik ben oké, jij bent een sukkel

contrasteren

Eva had gewoonweg te weinig problemen om om te denken.

Sukkel

Aap

'Sukkel,' riep aap geïrriteerd uit, 'wat heb je nou gedaan?!' Aap zag een dier in de rivier verdrinken. 'Hoe ben je daar nou terechtgekomen?!' Omdat aap een goede inborst had – hij vond zichzelf *'best wel oké'* – en dus het beste voorhad met zijn medeschepselen, handelde hij acuut. 'Kom, laat me je helpen,' sprak hij liefdevol. Behoedzaam tilde hij het dier uit het water en legde het op de oever. Daar kon het drogen in de zon. Tevreden aanschouwde aap de situatie. Zo te zien was hij net op tijd geweest. 'Mooi! Ik zie dat je alweer ademt,' sprak hij tot de naar lucht happende vis.

Beste lezer, lezeres, welkom. Fijn dat je aan dit boek begonnen bent. Ik beschouw het als een eer en een genoegen. Ik hoop de komende dagen of weken, afhankelijk van hoe snel je leest, met je op te trekken. Hopelijk is onze samenwerking het begin van een fascinerende ontdekkingstocht. Zo is dit boek in elk geval wel geschreven. Over wie gaat die tocht? Wel, laat ik maar meteen met de deur in huis vallen, hij gaat over jou. Jij die, net als aap, het beste met andere mensen voorheeft. En er vaak *juist daarom* zo'n zooitje van maakt.

Bedoelingen

Ze zijn er in vele soorten en maten. Goede bedoelingen. Eigenlijk in net zoveel soorten en maten als er 'sukkels' zijn. Erger je je aan je vriend die voortdurend zijn sokken overal laat rondslingeren, hoe vaak je hem ook verteld, gesmeekt en gebeden hebt dat niet te doen, en ben jij – ondanks alles – geneigd ze dan toch, voor de zoveelste keer, maar weer op te ruimen? Dan gaat dit boek over jou. Heb je last van een bepaald soort mensen, dominante types, klagers, roddelaars, mensen die zich als slachtoffer gedragen of van die mensen die nooit vragen stellen en het liefst naar zichzelf luisteren en heb je de neiging hun onhebbelijkheden te bekritiseren, hun tekortkomingen te compenseren of hun ellende zo goed en zo kwaad als het gaat te verdragen? Ga er maar van uit, dit boek gaat over jou. Heb je het gevoel dat jij pech hebt met de kinderen die je hebt gekregen, van die lastige &*# jongetjes in plaats van normale kinderen of, nog liever, coöperatieve meisjes? Of denk je dat je met een *andere* levenspartner wél gelukkig zou zijn? Je raadt het al. Dit boek gaat niet over hén, het gaat over jou. Zolang we denken dat wij oké zijn en de ander de sukkel, zullen we net zo handelen als aap. Onze poging de ander te redden, helpen of verbeteren, zal rechtstreeks tot zijn ondergang leiden. En daarmee tot de onze.

vrouw *'Wanneer ruim je nou eindelijk eens die vieze sokken op?'*
man *'Relax. Het zijn maar sokken. Waarom al die drukte?!'*

vrouw *'Laat ze dan tenminste aan jóúw kant van het bed slingeren!'*
man *'Is goed. Is goed. Rustig nou maar. Ik ruim ze wel op.'*

vrouw (boos) *'Ja, dat heb ik al honderd keer gehoord. Als het erop aankomt, wacht je net zolang tot ik het gedaan heb!'*
man (zucht) *'...'*

Vastdenken

De reddingspoging van aap zou je als een metafoor kunnen beschouwen van wat ik 'vastdenken' noem. Vastdenken is een manier van denken waarbij de oplossing zélf het probleem veroorzaakt of groter maakt. Precies wat er bij aap gebeurt. Hoe meer we ons best doen om te zorgen dat de dingen op onze manier goed gaan, des te erger de ramp. Als we relaties willen *omdenken*, en daar gaat dit boek over, zullen we inzicht moeten krijgen in *onze* hardnekkige pogingen onze relaties te verbeteren. Laten we als vertrekpunt dan ook het tegenovergestelde motto kiezen. *'Jij bent oké, ik ben een sukkel.'* Wel zo leuk. En *in the end* ook veel leerzamer.

Je zal merken dat als we stoppen met de 'sukkels' om ons heen te veranderen – de boze klanten, gedemotiveerde medewerkers, plakkerige vrienden, zwijgzame echtgenoten, dreinende kinderen, bemoeizuchtige ouders en neurotische collega's – en als we beginnen ze te accepteren zoals ze zijn, sterker nog, als we ze gaan zien als het mooiste wat ons ooit is overkomen, dat in veel gevallen kan leiden tot een wonderbaarlijke omkering der dingen. Je grootste vijand zou weleens je beste vriend kunnen worden. Degene van wie je last had, zou weleens je grootste bron van plezier kunnen worden. De 'sukkel' zou weleens je *goudmijn* kunnen zijn.

Vis

Dus laat je vriend, zolang je dit boek leest, gerust zijn sokken rondslingeren, glimlach de komende tijd minzaam naar je veelste-drukke zoontje en kijk met binnenpret naar je irritante levenspartner. Jij en ik weten dat *jij* na het lezen van dit boek je gedrag zult veranderen. En daarmee de situatie ten goede zult keren. Zullen zij dat erg, lastig of irritant vinden? Ach, soms wel, misschien. Maar meestal niet. Integendeel. Als ik vis was, zou ik het wel weten.

Frits en Frank waren eind '85
in een vicieuze spiegelimpasse geraakt.

Serendipiteit

Utrecht

Zoals gezegd, we gaan met elkaar op reis. Maar voordat we dat doen moet ik je eerst even bijpraten. Wat was namelijk de katalysator, de aanleiding voor dit boek? Om die vraag te kunnen beantwoorden wil ik je meenemen naar de Universiteit voor Humanistiek in Utrecht. Samen met onderzoeker Job Jansen verrichtte Ja-maar hier een onderzoek over *spiegelen* – het 'nadoen' van de ander. De intrigerende uitkomst was dat een dagdeel trainen op een bepaald gebied weleens meer effect zou kunnen hebben dan zes jaar universitair onderwijs. Op welk gebied dat was? Daarvan hadden we op dat moment niet het flauwste vermoeden. Sterker nog, we waren niet eens van plan dat gebied te onderzoeken. Het inzicht kwam onverwachts, als *serendipiteit*. Een gelukkig toeval.

Job Jansen had een aantal jaren daarvoor als acteur voor Ja-maar gewerkt. In die periode had hij, tijdens de workshop die we verzorgden – een kort programma van iets meer dan twee uur – aan den lijve ervaren dat spiegelen op de één of andere manier een magisch middel is. Zodra mensen elkaar spiegelen – en dan gaat het niet om het simpelweg imiteren van de ander, maar vooral om het op dieper niveau meebewegen en openstaan voor de ander – ontstaat er ogenblikkelijk een gevoel van *contact*. Wederzijds begrip. Alsof je weet wat de ander denkt en voelt wat hij voelt. Spiegelen is, zo ervoeren wij dat, de meest onvoorwaardelijke manier om 'ja' te zeggen tegen de ander. Het kan relaties transformeren. Het is liefde *in actie*.

Humanistisch geestelijk werker

Tegelijkertijd heeft spiegelen voor sommige mensen – zo merkten wij ook regelmatig – een nogal negatieve bijsmaak. Het doet denken aan autoverkopers, manipulatie en onethisch gedrag. Maar Job was inmiddels opgeleid en afgestudeerd als wetenschapper. Hij wilde in zijn huidige hoedanigheid als onderzoeker onderzoeken of datgene wat hij een aantal jaren daarvoor als acteur had ervaren ook *meetbaar* was. Toen hij als onderzoeker aan de Universiteit voor Humanistiek in Utrecht dan ook in de gelegenheid was een onderzoek op te zetten, was hij geïnteresseerd in de vraag of je wetenschappelijk zou kunnen *bewijzen* of spiegelen werkt én – misschien nog wel belangrijker – of spiegelen iets is wat je kunt *leren*. Was het effect van de workshop te meten? In zijn ogen zou het onderzoek voor de Universiteit voor Humanistiek van groot belang kunnen zijn, aangezien een deel van de studenten wordt opgeleid tot 'humanistisch geestelijk werker', een beroep dat vergelijkbaar is met dat van pastoor, dominee of imam. Alhoewel een humanistisch geestelijk werker een andere levensbeschouwing als vertrekpunt kiest – geen religieuze, maar een humanistische – beschouwt ook hij het als zijn kerntaak om af te stemmen op de ander, contact te maken en vertrouwen te winnen. Precies de effecten waarvan wij vermoedden dat ze met spiegelen bereikt kunnen worden. Mogelijk zou dit onderzoek dan ook van belang kunnen zijn voor de onderwijspraktijk van de Universiteit voor Humanistiek.

De eerste reacties van de universiteit op Jobs onderzoeksopzet waren echter niet bemoedigend. Ze liepen uiteen van desinteresse tot scepsis. Spiegelen? De ander nadoen? De studenten werden zes jaar opgeleid om te leren 'contact te maken' met de ander. Om die reden bestudeerden ze filosofische, psychologische en theologische vraagstukken. Contact en vertrouwen waren serieuze aangelegenheden. Van een andere orde dan 'de ander nadoen'. Een van de docenten zei zelfs dat hij het onderzoek beschouwde als een belediging voor de universiteit. 'Een geestelijk werker is geen papegaai.' Job zette echter door, de opzet werd uitgewerkt en het onderzoek ging alsnog van start.

P-waarden

Enkele maanden later gaat de telefoon. Het is Job. 'Berthold, heb je vanmiddag tijd? Kan ik bij je langskomen? De eerste uitslagen zijn binnen!' Meteen zit ik rechtop. 'Vertel, vertel! Wat is er uitgekomen?!' 'Goed nieuws,' antwoordt Job. 'Maar ik doe het liever niet door de telefoon, heb je vandaag tijd?' Uiteraard wil ik de uitkomsten meteen weten. En dus onderbreek ik alles waar ik mee bezig ben, zeg ik een afspraak voor die middag af en een uur later gaat de voordeurbel. Job stormt binnen. Nog voor ik hem wat te drinken aan kan bieden, haalt hij een dik pak papier met onderzoeksresultaten tevoorschijn, bladert tot hij heeft gevonden wat hij zoekt en begint te vertellen. 'De mooiste zal ik voor het laatst bewaren, oké?' Ik vind uiteraard alles goed, dus Job steekt van wal.[1]

'Laat ik beginnen met het goede nieuws. Uit de cijfers blijkt dat mensen die goed spiegelden bij *alle* hypothesen – op één na, daar kom ik zo op terug – hoger scoren dan mensen die slecht spiegelen. Zo blijken mensen die goed spiegelen de ander het gevoel te geven over meer *humor* te beschikken, *oprechter* en *opener* te zijn, de ander het gevoel te geven dat bij hen het gesprek *makkelijker* verliep, ze werden als *sympathieker, interessanter* en *intelligenter* ervaren, de ander had het idee dat hij zich in de spiegelaar kon *herkennen*, de ander ervoer minder *verschil* met hem of haar en, ten slotte, de ander had het gevoel dat het gesprek in zijn geheel *plezieriger verliep*. Goede spiegelaars scoorden op al deze aspecten hoger dan slechte spiegelaars. Helaas, moet ik er bij zeggen, hebben we niet zo heel veel aan deze uitslagen.'

'Waarom niet?' vraag ik teleurgesteld. 'Wat is er dan niet goed aan?'

'Statistisch gezien zijn de cijfers niet sterk genoeg om toeval uit te sluiten.' Job vervolgt met een ingewikkeld verhaal over P-waarden die onder een bepaalde grens moeten liggen.

Acceptatie

'Dus als ik het goed begrijp,' reageer ik, 'klinkt dit allemaal mooi en veelbelovend, maar hebben we d'r in feite niks aan?' 'Klopt, puur wetenschappelijk gezien niet,' antwoordt Job, 'daar was de groep te klein voor. Maar ik weet zeker dat een vervolgonderzoek met een wat grotere groep makkelijk onder de noodzakelijke P-waarden kan komen.'
Ik reageer teleurgesteld.
'Geduld,' vervolgt Job, 'eerst nog even die hypothese waar de spiegelaars *lager* scoorden. Welke denk je dat dat was?'
'Ik heb geen idee,' antwoord ik, 'misschien of ze gelukkiger zijn?' Ik herinnerde me dat dat een van de hypothesen was die we hadden opgenomen en ik kon me voorstellen dat het gevoel of de ander 'gelukkig' is, zo vaag is, dat je daar weinig zinnigs over zou kunnen zeggen.
'Nee, die was het niet,' antwoordt Job, 'het was, tot mijn verbazing, de vraag naar acceptatie. Mensen die goed spiegelden bleken de ander *minder* het gevoel te geven geaccepteerd te worden.'

Job laat me de statistieken zien. Inderdaad, 'acceptatie' is van alle hypothesen de enige hypothese die negatief scoort. Ook weer niet heel veel – slechts 0.1 punt op een schaal van 10 – maar toch is het interessant. Job concludeert: 'Met zekerheid kunnen we hier eigenlijk niks over zeggen, maar het vraagstuk van acceptatie is wel interessant voor een eventueel vervolgonderzoek.'

Gelukkig

'Goed, allemaal leuk en aardig,' zeg ik, 'maar houden we nog wel hypothesen over die wél bewijsbaar zijn!?'
'Absoluut,' antwoordt Job. Zijn vinger wijst naar een kolom met zes hypothesen waarvan de P-waarden blijkbaar in orde zijn. 'Kijk,' zegt hij, 'hier zie je dat mensen, als ze goed gespiegeld worden, het gesprek significant *leuker* en *gezelliger* vinden. Hieronder zie je dat ze ook het gevoel hebben dat *de tijd sneller* voorbijgaat.

Verder hebben mensen – zijn vinger verplaatst zich naar beneden – die goed gespiegeld worden in sterkere mate het gevoel dat de ander *gelukkig* is.'
'Gelukkig?' onderbreek ik Job. 'Als jij mij goed spiegelt betekent dat dus dat ik denk dat jij gelukkiger bent dan wanneer je me niet goed spiegelt?!'
'Precies. Sterker nog,' antwoordt Job, terwijl hij naar twee naast elkaar gelegen vakjes wijst, 'dit verschil bedraagt maar liefst twee punten. Scoorden slechte spiegelaars in dit opzicht een 5.3, goede spiegelaars scoorden maar liefst een 7.3.'
Ik moet even nadenken. 'Twee punten verschil, weet je dat zeker!?'
'Maak je geen zorgen,' anwoordt Job, 'om de onafhankelijkheid van het onderzoek te waarborgen heeft Dick Bierman, een professor met een speciale leerstoel aan de Universiteit voor Humanistiek, opdracht gekregen de statistische analyses te verrichten, daar heb ik verder geen enkele invloed op gehad.'
'Oké, oké,' antwoord ik, 'maar dan nog, hoe verklaar jij dit grote verschil?'
'Geen idee', antwoordt Job, 'misschien zit iemand die gelukkig is wat lekkerder in zijn vel en beweegt hij daarom wat makkelijker met de ander mee. Ik weet het niet. Wat ik wél zeker weet, is dat dit verschil significant is. Het is onweerlegbaar. Kijk, hier staat het, 5.3 versus 7.3.'

Contact

'En verder,' vraag ik hoopvol, 'wat is er nog meer te zeggen?'
Job hervat zijn betoog. 'Ik heb nog drie hypothesen over. Eerst de meest voor de hand liggende, die welke we ook al wel verwacht hadden. In hoeverre heeft de ander het gevoel dat er sprake is van *contact*? Hier is het verschil bijna even groot als bij de vorige vraag. Bij slechte spiegelaars geeft de gesprekspartner gemiddeld een 5.5, bij goede spiegelaars een 7.4. Als jij mij goed spiegelt, geef je mij dus een significant sterker gevoel dat we contact met

elkaar hebben dan wanneer je me niet goed spiegelt. Voor de universiteit is dit van groot belang.'
'Nog twee te gaan,' probeer ik Jobs tempo te versnellen, 'welke heb je nog over?!'
Job haalt even adem. Dan gaat hij verder. 'Een andere, zelfs nog sterkere correlatie, vonden we tussen de mate waarin mensen spiegelen en hoe hun gesprekspartner *zichzelf* na afloop voelt. Zo bleken mensen bij iemand die slecht spiegelt, zichzelf slechts een 4.1 te geven, diegenen die goed gespiegeld werden daarentegen, gaven zichzelf na afloop van het gesprek meer dan twee punten meer, een 6.2.'
'Wacht even,' onderbreek ik, 'betekent dit dat als ik iemand goed spiegel, hij *zichzelf* na afloop beter voelt?'
'Ja, dat klopt,' antwoordt Job, 'hoewel het in dit geval eigenlijk juister is om te zeggen dat als jij iemand *niet* goed spiegelt, hij na afloop zichzelf *niet* goed voelt. Een 4.1 is natuurlijk een erg laag cijfer. Je zou dus misschien beter kunnen zeggen dat als je wilt dat iemand zichzelf *niet* goed voelt, je dat het beste kan bereiken door hem *niet* te spiegelen.'

Tot zover is alles duidelijk. Maar al die tijd heeft Job nog één hypothese achter de hand gehouden, dus ik wil verder. 'Job, vertel, welke hypothese heb je nu nog over?'
'Komt eraan, komt eraan. Nog even geduld,' antwoordt Job. 'Eerst wil ik je nog iets anders laten zien. Wil je niet weten of de mensen die de workshop gevolgd hebben er in vergelijking met de controlegroep op vooruitgegaan zijn?' In mijn opwinding was ik helemaal vergeten dat dat eigenlijk de belangrijkste reden was voor het onderzoek, het effect van onze workshop. Natuurlijk wil ik dat weten!

Workshop

Job bladert door zijn stapel papieren, op zoek naar de uitslag over de workshop. Ondertussen begint hij te vertellen. 'Om te beginnen. Als we kijken naar de mensen die de workshop hebben gevolgd, dan blijken er *onderling* grote verschillen te bestaan. Een aantal mensen scoort na de workshop namelijk *slechter* dan ervoor.'

'Slechter?' vraag ik. 'Zijn er mensen die het *na* de workshop sléchter deden dan ervoor, is dat echt waar?!' In gedachten loop ik de deelnemers van de cursus langs. Wie van deze groep zou ons onderzoek verpest hebben door in de tweede ronde slechter te spiegelen?! De uitslag voelde bijna als een soort verraad, een dolksteek in de rug. Alsof mensen bewust onze prachtige workshop om zeep wilden helpen. Wie zouden dat geweest kunnen zijn? Voordat ik deze laaghartigen echter voor de geest kan halen, vervolgt Job zijn betoog.

'Het leek wel alsof sommigen zich *overbewust* waren van het spiegelen. De kennis van het spiegelen leek hen eerder te blokkeren dan te helpen. Een van hen spiegelde zelfs zo kunstmatig en opvallend, dat de gesprekspartner een opmerking over zijn gedrag maakte.'

Tja, denk ik, zal je altijd zien. Zit er uitgerekend in onze onderzoeksgroep een hark die het veel te overdreven doet. We hadden er in de workshop nog zó bij gezegd dat ze spiegelen *niet* als trucje of techniek moesten beschouwen. Dat het idee juist is dat je oprecht geïnteresseerd bent in de ander. En dat je dan *vanzelf* wel spiegelt. Tja. Dat had deze smurf natuurlijk weer niet goed begrepen. Die was natuurlijk vanaf minuut één als een op hol geslagen tuinkabouter de ander gaan lopen imiteren. Weg mooie onderzoeksresultaten!

'Maar,' vervolgt Job, 'nu komt het goede nieuws, de *grootste* groep had een enorme sprong vooruit gemaakt. Zo waren er deelnemers die voor de workshop gemiddeld een 6.9 of magere 7 scoorden en na afloop van de workshop een ruime 8 en in één geval zelfs een 9 scoorden. Als je bedenkt waar de vragenlijst *inhoudelijk* over gaat – vind je de ander sympathiek, interessant of intelligent, heb je het gevoel dat er contact is, et cetera – dan is het een fascinerend resultaat dat mensen met één workshop op dit soort aspecten zo'n enorme sprong vooruit kunnen maken.' Jobs enthousiasmerende woorden werkten als helende zalf op een gewonde patiënt. 'Als je kijkt naar het gemiddelde, want dat willen we natuurlijk weten, dan komen we – ondanks de negatieve resultaten van sommige deelnemers – nog steeds uit op een *gemiddelde* vooruitgang van 0.9 punt. Na een bijeenkomst van slechts tweeënhalf uur. Uiteraard heb ik voor de zekerheid deze cijfers vergeleken met de controlegroep, de groep die géén spiegeltraining heeft ondergaan. Wat bleek? Deze groep ging er in de tweede ronde zelfs op *achteruit* qua spiegelniveau. Daarmee kunnen we definitief uitsluiten dat de vooruitgang door een andere factor dan de workshop verklaard zou kunnen worden. De training heeft, kortom, een meetbaar en aanzienlijk effect gehad.'

Knikken

Job legt de stapel papieren aan de kant. 'Maar het mooiste komt nog. Ik had je al gezegd dat ik één uitslag voor het laatst zou bewaren, dus die zal ik je nu vertellen. Ik hoef de papieren er niet bij te houden, want ik ken de cijfers uit m'n hoofd. Ze hangen bij wijze van spreken boven mijn bed. Weet je nog dat de universiteit bedenkingen had bij dit onderzoek? En weet je nog dat hun voornaamste bezwaar was dat de essentie van het werk van een humanistisch geestelijk werker betrekking heeft op zaken als contact maken en vertrouwen winnen en dat je dat soort kwaliteiten niet in een simpele workshop kunt trainen?'

'Ja,' antwoord ik, 'vertel, wat is daarover te zeggen dan?'

Job vervolgt. 'Herinner je je nog dat we op het laatst de vraag toegevoegd hadden of mensen het gevoel hadden of hun gesprekspartner een goed humanistisch werker is of niet? Weet je wat de uitslag op deze vraag is?!'

Betekenisvol laat Job een stilte vallen. Met twee glimmende pretogen kijkt hij me aan. 'Het grootste verschil van alle hypothesen, tussen de goede en slechtste spiegelaars zat een verschil van maar liefst 2.2 punt! Weet je wel wat dit betekent?!' Job laat een tweede

betekenisvolle stilte vallen. Met plezier hoor ik ook deze stilte aan. Dan vervolgt hij. 'Dat betekent dat één workshop in spiegelen in het *gevoel dat de ander heeft* of jij een goed humanistisch geestelijk werker bent, weleens meer effect zou kunnen hebben dan zes jaar universitair onderwijs!'
Wow. Ik ben er stil van. 'Klopt dit echt?!'
'Ja,' antwoordt Job, 'maak je geen zorgen, dit klopt echt, meer dan twee punten verschil. En de P-waarde is laag genoeg.'
'En,' vraag ik hem, 'heb je deze uitslagen al laten zien aan de docent die dit onderzoek een belediging vond voor de opleiding?'
'Natuurlijk.'
'En, hoe reageerde hij?'
Job laat een derde en laatste betekenisvolle stilte vallen. 'Hij zei niets, hij knikte goedkeurend'.

Hoe hij het ook omdacht,
ze bleef een psychopatische trut.

Omdenken

Reflecties

Naar aanleiding van *Huh?! De techniek van het omdenken* kreeg ik zoveel vragen en reacties van lezers die met relaties te maken hadden – zowel op persoonlijk als zakelijk gebied – dat ik ervan overtuigd was dat een boek over omdenken op het gebied van relaties van toegevoegde waarde zou kunnen zijn. Blijkbaar zitten wij elkaar op het relationele vlak vaak zo heftig in de haren dat we de zaak voortdurend *vastdenken*. Hoe we ook ons best doen de boel vlot te trekken, de meeste pogingen lijken vooral een *averechts* effect te hebben.

Er was echter nog een tweede, inhoudelijker reden een boek over relaties te schrijven. In onze omgang met anderen – ik heb daar in *Huh?! De techniek van het omdenken* al kort iets over geschreven – is *spiegelen* in veel gevallen dé sleutel om vastgeroeste patronen te laten kantelen. Door de ander te spiegelen lijken hardnekkige problemen soms als sneeuw voor de zon te verdwijnen. Spiegelen heeft iets magisch, iets transformerends. De vraag is alleen, wat is dat magische precies? Wat gebeurt er precies als mensen hun gedrag op elkaar afstemmen? Waarom heeft spiegelen zo'n sterk effect, niet alleen op de ander, degene die gespiegeld wórdt, maar ook – en misschien nog wel belangrijker – op degene die spiegelt. Met name deze laatste vraag fascineerde me. Spiegelen *lijkt* in eerste instantie een handige strategie om de ander te beïnvloeden, om te zorgen dat 'sukkels' zich normaal gedragen, maar in de meeste gevallen is precies het omgekeerde het geval en beïnvloeden we vooral *onszelf*. Het lijkt wel alsof we door de ander te spiegelen ons bewust worden van het inzicht dat alles wat we bij de ander waarnemen, alles waar we ons bij anderen aan ergeren, in feite reflecties zijn van onze eigen binnenwereld. Misschien zijn wij wel de 'sukkel' waar we al die tijd last van hadden.

Over spiegelen is de laatste jaren meer en meer bekend geworden, zowel op neurologisch gebied als op het niveau van gedrag. Die inzichten, samen met de uitkomsten van ons eigen onderzoek aan de Universiteit voor Humanistiek, sterkten mij in de overtuiging dat er op het gebied van menselijke relaties – zowel persoonlijke als zakelijke – een interessant verband bestaat tussen spiegelen en omdenken. Dit boek doet verslag van die intrigerende relatie. Je zal merken, het wordt een intrigerende ontdekkingsreis langs de wonderlijke wereld van wetenschap, onderzoek en literatuur en – vooral – de alledaagse praktijk van rondslingerende sokken, roddelende collega's en betweterige schoonzussen. Een achtbaan met grote hoogten, haakse bochten en slingerende karretjes, waarbij we aan het eind precies daar uitkomen waar we aan het begin vertrokken waren. Onszelf. De start en finish der dingen. Maar met een ervaring rijker. En *ready for the next ride*.

Rugkriebelen

Wat is de relatie tussen spiegelen en omdenken? Laten we beginnen met een voorbeeld. Marco, een goede vriend van mij, heeft een zesjarig dochtertje genaamd Rosa. Het meisje heeft vanaf de geboorte een levenslustig, energiek en blijmoedig karakter. Er is echter één hardnekkig probleem. Rosa is bang in het donker. Het ritueel voor het slapengaaan wordt in de loop der jaren dan ook steeds langer. Liedjes zingen, voorlezen, nachtlampje aan en tot slot een liefdevol 'rugkriebelen'. Aan het eind soezelt Rosa elke keer langzaam weg, maar zodra Marco de kamer uit sluipt, schiet ze meestal meteen weer rechtovereind in bed. Tot Marco op een dag de rollen omdraait. 'Ik heb vandaag zo hard gewerkt, mijn hoofd zit nog zo vol gedachten, ik ben bang dat ik straks niet kan slapen, wil je me even rugkriebelen?' Uiteraard werkt Rosa liefdevol mee aan zijn verzoek. Haar vader is haar alles. Vol overtuiging en liefde kwijt ze zich dan ook van haar nieuwe taak. Haar inspanningen hebben succes. Nog geen drie minuten later is een van de twee in slaap gevallen. Eén keer raden wie.

Surfen

Als mensen zich anders gedragen dan we graag zouden zien, zoals Rosa die niet in slaap kan vallen, zijn we na verloop van tijd geneigd – hoezeer we ook van de ander houden – te reageren met irritatie, verzet en teleurstelling. Logisch. Wie houdt er nu van tegenslag of tegenwerking? Ook al kan Rosa er niks aan doen dat ze niet in slaap valt, voor Marco is dat niet prettig. We hebben de mooiste beelden in ons hoofd van hoe de wereld zou moeten zijn en daar houden we graag aan vast. Als de dingen niet gaan zoals we willen, dan is dat een probleem. En dat probleem *moet* worden opgelost. Rosa *moet* slapen. Dus wat moet ik doen?! Meer zingen? Meer voorlezen?

Hoe begrijpelijk zo'n reactie ook is, vaak betekent die houding een gemiste kans. Het getuigt van een tunnelvisie. Wie al te zeer bezig is met hoe de dingen *zouden-moeten-zijn*, staat namelijk minder open voor hoe de dingen *zouden-kunnen-zijn*. Soms kunnen we van een bestaand probleem namelijk een nieuwe mogelijkheid maken door de situatie 'om te denken'. Zoals Marco deed toen hij de rollen met zijn dochter omdraaide. Hij had van het probleem een nieuwe mogelijkheid gemaakt. Hij verlegde zijn aandacht van het probleem naar een nieuwe mogelijkheid. En daarmee was een nieuw ritueel geboren. Zijn dochter vond het namelijk heerlijk om hem te mogen rugkriebelen. Bovendien was het slaapprobleem van Rosa – je zou kunnen zeggen in de *slipstream* van dit nieuwe ritueel – nagenoeg verdwenen. Het urenlange voorlezen en zingen waren vanaf dat moment niet meer nodig. Bestaand probleem verdwenen, nieuwe mogelijkheid geboren. Niet door het probleem op te lossen, maar door het *los te laten*. Marco verlegde zijn aandacht van Rosa's probleem met het slapen naar haar wens hem te kriebelen. Door niet te kijken naar wat Rosa zou *moeten* doen (slapen), maar naar wat ze zou *kunnen* doen (rugkriebelen), ontstond een nieuwe mogelijkheid. In de woorden van Jon Kabat-Zinn, grondlegger van het concept *mindfulness*: 'Je kunt de golven niet stoppen, maar je kunt wel leren surfen.'

Ja-maar, ja-en

In de Ja-maar-filosofie onderscheiden we twee manieren om naar de werkelijkheid te kijken. De eerste zou je als een ja-maar-manier kunnen omschrijven. Wie op een ja-maar-manier naar de werkelijkheid kijkt, heeft scherpomlijnde verwachtingen van het leven. Als de dingen niet zijn zoals ze moeten zijn, als mensen niet doen hoe ze horen te doen, dan is dat een probleem, defect of tekort. Wie bijvoorbeeld op een ja-maar-manier naar een restaurant zoekt, begint met een heldere visie en zoekt vervolgens net zolang tot het gewenste restaurant gevonden is. '*Ja,* heel leuk, zo'n romantisch visrestaurantje aan zee, *maar* ik zoek een Franse bistro.' Dat idee. Nu is er met zo'n houding op zich niets mis. Ja-maar is op zichzelf een zinvolle houding. Ja-maar is de positie van *controle.* Voor boekhouders, journalisten en advocaten is een ja-maar-manier van kijken zelfs de *essentie* van hun beroep. Ze worden betaald om te ja-maren, zou je kunnen zeggen. Het is de grondhouding waarmee ze geacht worden de wereld om hen heen te beoordelen. Ja-maar zou je dan ook kunnen definiëren als de positie van kritische controle, intelligente reflectie en zorgvuldige afweging. Voor ons allen geldt dat het verstandig is om op cruciale momenten, als we op het punt staan een *besluit* te nemen, te ja-maren. Om bijvoorbeeld bij een verhuizing te denken: ja, het is een prachtig huis, *maar* kan ik het wel betalen? Het zou onjuist en een grote vergissing zijn om te denken dat ja-maar niet goed of nuttig zou zijn, of om 'ja-maar is nee' te beweren, zoals je nogal eens hoort in populair managementjargon. Dat is een naïeve uitspraak die de positieve kant van ja-maar tekortdoet.

politicus *'Schrijf maar op, wij gaan het land redden.'*
journalist *'Goed plan. Het staat morgen in de krant.'*

raad van bestuur *'We hevelen de ict over naar India.'*
ondernemingsraad *'Doen. Wij gaan akkoord. Bij dezen!'*

man aan deur *'Voor 2500 euro maken we uw gehele tuin winterklaar.'*
bejaarde dame *'Jeetje. De hele tuin, wat aardig van u!'*

Tunnelvisie

Kortom. Ja-maar is op zichzelf een zinvolle houding. Het lastige is alleen dat ja-maar *niet altijd* zinvol is. Sterker nog, het is nogal eens uiterst frustrerend om op sommige momenten ja-maar-gedrag te vertonen. Wat – bijvoorbeeld – te doen bij tegenslag? Als het leven simpelweg niet loopt zoals we zouden willen? Als mensen niet voldoen aan onze verwachtingen? Als we dan halsstarrig vast blijven houden aan hoe de dingen zouden-moeten-zijn, dan werkt dat contraproductief. Je kunt wel uren zoeken naar een Franse bistro met een chansonnier die in zijn eentje tweestemmig en onversterkt tussen 21.10 en 22.15 uur liederen uit de vroegste periode van Jacques Brel ten gehore brengt, stemmig begeleid door de klanken van een Weissenborn steelstringgitaar, maar de *kans* dat je die gaat vinden is niet zo heel erg groot. Sterker nog, hoe meer je op zo'n moment vasthoudt aan je oorspronkelijke plan, des te waarschijnlijker dat je allerlei andere mogelijkheden, in dit geval andere restaurants, niet eens *waarneemt*. En misschien zijn die wel veel leuker dan je van tevoren had kunnen bedenken. Een Iers eethuis bijvoorbeeld. Met een Northumbrian smallpipes doedelzakorkest. Of een stiltecentrum met rijst en pecannoten. Of een Pizzahut met een smakelijk *big eat, tiny price* menu. Met extra dubbel-kaas. Wie weet wat er allemaal nog meer te beleven valt in de wereld van het eetgebeuren? Sterker nog, wie zegt dat je je waarneming moet beperken tot het eetgebeuren? Dat er op dat moment slechts gekeken kan worden naar een eetgelegenheid is op zichzelf al een beperkende gedachte, een ja-maar. Wie weet wat je verder nog zou kunnen waarnemen?

'Hé, mama, kijk, daar ligt een briefje van honderd euro.'
'Doorlopen Jantje, we zijn op zoek naar een restaurant.'

Hoe meer je gefocust bent op wat zou-moeten-zijn, des te kleiner de kans dat je waarneemt wat zou-kunnen-zijn. Zo bleek uit een onderzoek van Richard Wiseman dat mensen die videobeelden bekeken van een basketbalwedstrijd, met daarbij de instructie om te tellen hoe vaak het witte en zwarte team de bal overspeelt, in vijftig procent van de gevallen een acteur die als gorilla verkleed door het beeld loopt – en in het midden van het speelveld ook nog eens een rondje om zijn as draait – niet eens waar te nemen. Waarom niet? Omdat hun brein zo druk bezig was met tellen, dat het simpelweg niet meer in staat was andere dingen waar te nemen. Proefpersonen die de test deden en de beelden daarna terugzagen, wilden in veel gevallen zelfs niet eens geloven dat het dezelfde beelden waren als die ze zojuist gezien hadden. Zo overduidelijk liep de gorilla door het beeld.[2] Kortom, door te veel te ja-maren, te veel gefocust te zijn, blijven nieuwe mogelijkheden buiten beeld. Letterlijk. Je ziet ze niet eens. Op een ja-maar-manier naar de wereld kijken leidt uiteindelijk tot vernauwing, een *tunnelvisie*.

Sukkels

Zoals het beperkend is om op een ja-maar-manier naar een restaurant te zoeken of een basketbalwedstrijd te bekijken, zo is het dat ook als het gaat om de manier waarop we naar andere mensen kijken. Hoe meer *verwachtingen* we hebben waar andere mensen aan zouden moeten voldoen, des te meer zullen we juist hun gebreken en beperkingen zien. Waarom ervaren we iemand als 'slap'? Omdat hij blijkbaar 'sterk' moet zijn. Waarom ervaren we iemand als 'naïef'? Omdat we blijkbaar van mening zijn dat mensen 'gehaaid' moeten zijn. Het is door onze verwachtingen, onze meetlat, dat we tot dit oordeel komen. Wanneer ervaren we iemand als 'sukkel'? Als diegene blijkbaar niet 'oké' is. En dan uiteraard oké volgens *onze* standaarden. Eigenlijk zijn we niet zozeer bezig de ander waar te nemen, we zijn vooral bezig de ander te *vergelijken* met een plaatje in ons hoofd van de Ideale

Medemens. De 'sukkel' bevindt zich niet zozeer voor ons, in ons blikveld. Hij zit vooral in ons hoofd. Wat we verwachten, bepaalt wat we zien. We kijken niet, we *beoordelen*.

Is dat altijd zo erg, kan je je afvragen. We hébben toch verwachtingen van elkaar? Je mag toch eisen stellen aan mensen, zo werkt dat toch?! Ja, dat is zeker zo. Het probleem is alleen dat we, als we kijken naar hoe mensen zouden moeten zijn, in veel gevallen niet of nauwelijks waarnemen wie ze zouden *kunnen* zijn. En dat betekent nogal eens een gemiste kans. In 1895 deed Albert Einstein het toelatingsexamen voor de technische universiteit van Zürich. Hij werd niet aangenomen, hij zakte op Frans en geschiedenis. Was Einstein een sukkel? In de ogen van zijn leraren Frans en geschiedenis waarschijnlijk wel...

Altijd wat te zeuren

Als we op een ja-maar-manier naar mensen kijken is er altijd wel wat op ze aan te merken. Te dom, te dik, te dominant of juist te meegaand. Het is niet goed of het deugt niet. Altijd wel iets te mekkeren. Er is altijd wel een reden om (nog) niet tevreden te zijn. Stel dat je bedacht hebt om als ondernemer voor jezelf te beginnen en je legt die gedachte aan je partner voor, wat is dan een mogelijke ja-maar-reactie?

> *'Lieverd, ik heb bedacht voor mezelf te gaan beginnen.'*
> *'Dat kan jij helemaal niet. Jij bent een "nee"-figuur. Jij denkt in problemen!'*

Tja, zo'n reactie is misschien 'verstandig', maar niet echt inspirerend. Natuurlijk is het verstandig om nog eens goed na te denken over het idee een onderneming te beginnen. Het is niet onverstandig de beslissing nog even *uit te stellen*. Maar als je niet oppast leidt dit 'nadenken' tot een steeds grotere angst en onzekerheid. Je weet immers wel wat je hébt, maar je hebt per definitie geen idee wat je zal krijgen. In de praktijk leidt ja-maren – nadenken, twijfelen, uitstellen – in veel gevallen dan ook tot *afstel.*

En stél, je hebt de euvele moed gehad om alsnog voor jezelf te beginnen. En stel, je weet de onderneming enigszins aan de praat te krijgen. Behoren de ja-maars dan tot het verleden? Nee, natuurlijk niet! Er blijft namelijk altijd wel wat te zeuren. Zelfs bij succes? Ja, zelfs bij succes. Sterker nog, misschien wel *juist* bij succes.

> *'Kijk lieverd, hoeveel klussen er gepland staan voor het najaar!'*
> *'Nee, da's leuk. Weg vrije tijd. Omdat jij geen "nee" tegen mensen kan zeggen!'*

Op een ja-maar-manier *mogelijkheden* creëren is dan ook niet te doen. Wanneer is ja-maar dan wél zinvol? Als het gaat om het voorkomen van bedreigingen. Dat is echter een totaal andere tak van sport dan het creëren van mogelijkheden. Voor het laatste heb je juist een ja-en-houding nodig. Je zou ook kunnen zeggen 'ja-en-mensen vinden het vliegtuig uit, ja-maar-mensen de parachute'. Het is per situatie dan ook de kunst de juiste benadering te kiezen.

Vastdenken

Toch lukt het ons niet altijd ons beeld over hoe de dingen zouden-moeten-zijn los te laten. We zijn vaak zo geobsedeerd door onze *verwachtingen*, dat we – als de dingen anders gaan dan we graag zouden willen – voortdurend op een ja-maar-manier proberen het probleem 'op te lossen'. Maar wat is het effect? Het is alsof je met je auto in de modder staat. Hoe harder je gas geeft om uit de modder weg te rijden, des te dieper zakken je wielen erin weg. Deze aanpak, waarbij we van een probleem een ramp maken, noem ik 'vastdenken'.

Vastdenken komen we, als je erop gaat letten, zeker op het gebied van relaties, in allerlei vormen en variaties tegen. Marco's oorspronkelijke strategie om langer te zingen, meer voor te lezen en uitgebreider te rugkriebelen zou je ook als een voorbeeld van vastdenken kunnen beschouwen. Hoe meer hij zijn dochter probeerde gerust te stellen, des te meer wakkerde hij op een dieper niveau Rosa's angst voor de nacht juist aan. Waarom zou papa anders zo lang de tijd nemen om mij gerust te stellen, zou Rosa waarschijnlijk gedacht hebben. Dan moet er toch wel iets heel engs aan de hand zijn?!

Ook ouders die hun kinderen straffen omdat ze in hun bed plassen, zijn daar een schrijnend voorbeeld van. Ze hopen dat hun kinderen hun gewoonte van schrik zullen afleren, dat ze met hun aanpak het probleem 'oplossen', maar helaas wordt het meestal alleen maar erger. Doordat hun kinderen steeds angstiger worden, zullen ze alleen maar *vaker* in bed plassen. Zulke maatregelen hebben dan ook bijna per definitie een averechts effect. En als ouders dan ook nog eens *volharden* in hun aanpak, door nog harder te gaan straffen, er een schepje bovenop te doen, is een tragische vicieuze cirkel geboren. Het kind zal met nog meer angst reageren.

Insanity

Juist in relaties zijn dit soort 'vastdenkpatronen' voortdurend waarneembaar. En de tragiek is, de beide spelers van dit noodlottige scenario *bedoelen* het zo goed. Het probleem is alleen dat de oplossing van de één precies het probleem van de ander is. Een directeur die zijn medewerkers toeblaft 'toon nou eens wat initiatief' is slachtoffer van hetzelfde patroon. Zijn uitroep zélf maakt dat zijn medewerkers alleen maar meer in hun schulp kruipen. Als hij dit 'nieuwe' gedrag vervolgens probeert te 'veranderen' door nog nadrukkelijker te verkondigen dat zijn medewerkers initiatief moeten vertonen, belandt ook hij in een tragische, vicieuze cirkel. Om met de woorden van Albert Einstein te spreken: *'The definition of insanity is doing the same thing over and over again and expecting different result.'*

> vader (slaat geïrriteerd op tafel) *'En nou wordt het gezellig!'*
> kinderen (angstig) *'Oké, pap, oké...'*

Het is de kern van dit boek om dergelijke *patronen* te leren herkennen en – daar waar mogelijk – om te draaien, te kantelen of simpelweg te beëindigen. Vaak zijn het onze eigen 'oplossingen' die het probleem veroorzaken. In die gevallen is simpelweg het *stoppen* met oplossen vaak al voldoende. Ter illustratie...

Femke

Rob is vader van Femke, een negenjarig meisje met het syndroom van Down. Femke is een heerlijke meid, ze kan echter ook verschrikkelijk eigenwijs zijn. Als ze 's morgens voordat ze naar school gaat haar kleren aandoet, zitten ze vaak schots en scheef. Maar als haar ouders daar dan iets van zeggen ('het ziet er niet uit, ze zullen je uitlachen, laat mij je helpen') wordt ze alleen maar bozer. Waar bemoeien ze zich mee! Ze wil het zelf doen! Zo hebben ouders en dochter bijna dagelijks ruzie. Het probleem lijkt onoplosbaar. Hoe meer de ouders Femke willen 'helpen', des te meer gooit hun dochter de kont tegen de krib. Op een dag heeft Rob het echter helemaal gehad met deze dagelijkse strijd. Wat doet hij? Helemaal niets! Hoe moeilijk hij dat ook vindt, na diep ademhalen besluit hij om haar gewoon met de kleren *achterstevoren* naar school te laten gaan. Wat er op school gebeurt, valt te voorspellen. Wat haar ouders al die tijd met de beste goede bedoelingen hebben willen voorkomen, gebeurt nu juist. Femke wordt uitgelachen. Ze schaamt zich diep, komt thuis en moet huilen. Uiteraard troosten haar ouders haar. Wat doet Femke echter als de tranen gedroogd zijn? Ze *vraagt* of haar ouders haar in het vervolg willen helpen. Vanaf dat moment neemt ze hun aanwijzingen dankbaar aan en na enkele weken kan ze zich zonder hulp helemaal goed aankleden.

Ondanks? Dankzij!

Vastdenken zien we in allerlei variaties en in alle sectoren van het menselijk bestaan. Sociaal geografen spreken van het 'waterbedeffect'. Je knapt iets op in de ene wijk, waarop het probleem zich verplaatst naar de aangrenzende wijk. Precies wat er gebeurt als je op een waterbed duwt. Mensen die lijnen, kennen dit fenomeen als het 'jojo-effect', de politie kent het in de vorm van 'draaideurcriminelen', economen als de 'neerwaartse spiraal' en biologen als de 'varkenscyclus'. Met name in relaties zie je dit soort vastdenkpatronen voortdurend de kop opsteken. Met de beste bedoelingen corrigeren, veranderen, helpen we elkaar, maar onze eigen pogingen de dingen op te lossen, het goed te doen, zijn juist *deel* van het probleem.

Tegenover vastdenken staat *omdenken*. Maak je bij vastdenken van een probleem een ramp, bij omdenken kantel je het probleem juist tot een nieuwe mogelijkheid. Je verlegt je invalshoek van een ja-maar- naar een ja-en-houding. Dus niet: '*Ja,* ik wil naar het strand, *maar* het regent.' Maar: '*Ja,* het regent, *en* nu ga ik een fijne wandeling maken op een *dankzij de regen* verlaten strand.' Alleen door op een andere manier naar de werkelijkheid te kijken verandert de regen van 'het probleem' maar 'de bedoeling'. Of: '*Ja,* ik heb last van slapeloosheid, *en* nu besteed ik 's nachts mijn tijd aan het schrijven van mijn scriptie.' In plaats van ja-maar een ja-en-reactie.

Ondanks? Dankzij!
Probleem? Bedoeling!

Het is een soort psychologische jiujitsu, de Japanse vechtsport waarbij je de kracht van je opponent tegen hemzelf gebruikt. Overwinnen door meegeven. Winnen door 'verliezen'. Je probeert het probleem niet weg te werken. Integendeel. Daarin verschilt de techniek van het omdenken dan ook met andere 'creatieve' denktechnieken. Het probleem hoeft helemaal niet te verdwijnen, het mag er *in de kern* helemaal zijn. Het is de kunst de energie die in het probleem ligt opgeslagen om te zetten tot brandstof voor een nieuwe mogelijkheid. Omdenken is dan ook iets wezenlijk anders dan 'positief denken'. Waarmee omdenken van deze technieken verschilt, is dat het probleem *zelf* het vertrekpunt vormt. Wie zich bekwaamt in het omdenken, leert zijn problemen juist te *koesteren*.

Gebrek? Talent!

In het dagelijks leven leren we jammer genoeg een tegenovergestelde reflex. Als er een probleem is willen we het zo snel mogelijk *laten verdwijnen*. Een plooi willen we zo snel mogelijk gladstrijken. Sukkels moeten nadenken. Betweterige schoonzussen moeten redelijk zijn. Het is begrijpelijk, maar het is – om twee redenen – een gemiste kans. Ten eerste omdat we in de meeste gevallen mensen alleen maar tegen ons in het harnas jagen – de meest effectieve manier om ruzie met iemand te krijgen is hem of haar te willen *veranderen* – de tweede reden is misschien nog wel tragischer: door ogenschijnlijk problematisch gedrag van de ander te willen 'oplossen', hebben we geen oog voor de *potentie* van de ander. Als we hem vooral als een probleem zien, een persoon met een 'gebrek', hebben we geen oog voor zijn talent. Om het iets concreter te maken: als je dyslectisch bent is dat een ernstige beperking. Lezen en schrijven, en dus ook studeren, is voor iemand met dyslexie normaal gesproken een stuk lastiger dan voor de gemiddelde mens. We zouden ons met overgave kunnen storten op het 'oplossen' van dit probleem met remedial teachers en andere vormen van didactische ondersteuning – en op zichzelf is dit zinvol, ik zeg niet dat het *fout* is – maar als we niet beter kijken, gaan we voorbij aan de verborgen potentie, die vaak gepaard blijkt te gaan met dyslexie. Zo blijkt uit onderzoek dat onder miljonairs vier keer zoveel dyslectici voorkomen. Mensen als Richard Branson, Jan des Bouvrie, Albert Einstein – de laatste kon, zoals we hiervoor al zagen, ook al geen Frans en geschiedenis, een wonder dat die man het nog zo ver geschopt heeft eigenlijk – waren allemaal dyslectisch. Fascinerend, nietwaar?! Blijkbaar zijn dyslectici beter in staat vormen en patronen te herkennen. Ze opleiden tot accountant of boekhouder zou contraproductief zijn. Ze zouden gedwongen worden hun handicaps te overwinnen. Het zou een langzame, vermoeiende en vooral frustrerende carrière betekenen. Beter is het als zij zich zouden concentreren op waar ze wél goed in zijn. Wat betekent dit voor omdenken in relaties? Dat je leert de dingen te *accepteren* die je niet kunt veranderen, de Einstein-hoeft-geen-Frans-te-leren-strategie. En dat je vervolgens *voorbij* het gebrek op zoek gaat naar een verborgen talent. En als je zo gaat kijken, zou een 'gebrek' weleens in één klap kunnen veranderen in een kwaliteit. Hoezo gebrek? Keer het om. Misschien is het wel een talent!

Piekeren

Laten we de strategie van het omkeren eens uitproberen op een clichématig man-vrouwverschil. Zo doet zich tussen mannen en vrouwen als het gaat om piekeren een nogal pregnant verschil voor. Stel, een man en een vrouw zijn in dezelfde ruimte. Hij staart uit het raam en zij vraagt zich af waar hij over nadenkt. Dat kan nogal eens tot de volgende dialoog leiden.

vrouw (bezorgd) *'Schat, is er iets? Maak je je zorgen? Waar denk je aan?'*
man (neutraal) *'Nergens aan.'*

Vrouwen begrijpen zoiets niet. Je denkt toch altijd wel ergens aan? Vrouwen zijn dan ook in staat op zo'n moment problemen te maken. Ze kunnen zich nou eenmaal niet voorstellen dat een man nergens aan denkt.

vrouw (lichte paniek) *'Zijn er problemen op het werk? Heb ik iets verkeerd gezegd of gedaan? Wat is er aan de hand?! Zeg dan iets!'*
man (hoort niets) *'...'*

vrouw (geïrriteerd) *'Of is er soms een ander?!'*
man (wordt wakker) *'Wat?!'*

Hoe dit om te denken? Kantel het probleem 'mijn man kan niet over zijn gevoelens praten' in een mogelijkheid. Hoe dan? Door er de *kwaliteit* van in te zien. Wat is die kwaliteit? 'Mijn man kan in het moment zijn zonder ergens over te piekeren.' Daar waar jij tientallen zen- en mindfulness-cursussen voor moet volgen – 'je hoofd leegmaken' – zou weleens zijn kernkwaliteit kunnen zijn. Hij doet dagelijks, spontaan en vanzelf, waar jij voor op les moet. Leer dus van hem! Doe hem na. Imiteer hem. Gaat sneller dan een zenmeester bezoeken, is stukken goedkoper en vooral helend voor je relatie. Je eigen Guru binnen handbereik.

Overigens. Als je 'met hem' in stilte kunt zwijgen – en dat is een van de kerngedachten van dit boek – is de kans groot dat ook jullie relatie zal kantelen. Nu hij niet meer *hoeft* te praten, zal hij het mogelijk zo af en toe spontaan *willen*. Een mooi voorbeeld van omdenken.

man (bezorgd) *'Is er iets? Je zegt de laatste tijd zo weinig?!'*
vrouw (verbaasd) *'Huh?!'*

Kortom, maak van een probleem een mogelijkheid. Als het hard waait kan je dat als probleem beschouwen. Dat probleem zou je kunnen oplossen door een windscherm te bouwen. En dat werkt prima. Probleem opgelost. Maar als je het probleem wilt *omdenken*, kies je een andere invalshoek. Je maakt van het probleem een mogelijkheid. Hoe? Door windmolens te bouwen. Vanaf het moment dat je in staat bent een probleem in een nieuwe mogelijkheid om te denken, ontstaat een vreemde paradox. Vanaf dat moment geldt: hoe groter het probleem, des te beter. Hoe meer wind, des te meer opbrengst. Hoe meer je man 'niet over zijn gevoelens praat', des te verlichter hij is.

Acceptatie

Het omdenken van problemen kan op vele manieren. In mijn vorige boek *Huh?! De techniek van het omdenken,* heb ik in totaal vijftien verschillende strategieën beschreven. Ondanks de grote verschillen tussen deze strategieën hebben ze één essentieel kenmerk met elkaar gemeen: de liefde voor de werkelijkheid. De feiten. De dingen zoals ze zijn. Wat is, is. Als het regent, dan regent het. Dingen gebeuren. Mensen zijn wie ze zijn. We kunnen ons er boos over maken, ons ertegen verzetten – en soms is dat uiterst zinvol – maar op beslissende momenten in het leven is de werkelijkheid helaas vaak sterker dan onze wil. Ik kan wel *willen* dat ik niet ontslagen word, en het kan heel zinvol zijn me tegen een dreigend ontslag te verzetten, maar als het gevecht verloren is en het ontslag een feit, dan heeft verdere tegenstand geen zin. Integendeel, als ik me dan ook nog eens verzet tegen mijn ontslag, dan is dat contraproductief. Op zo'n moment is de enige effectieve vraag, hoe moeilijk ook: 'Wat kan ik van deze situatie *maken*?' Acceptatie, aanvaarding van de werkelijkheid, liefde voor dat-wat-is, is de kern van het ja-maar-denken. Je kan de wind niet veranderen, wel de stand van de zeilen.

Ja

Mensen simpelweg met een 'ja' benaderen is de rode draad van dit boek. Het is een fantastisch en uiterst eenvoudig instrument. Als iemand iets zegt, voorstelt, probeert, hoopt, denkt, kortom wil, zeg niet 'nee', zeg ook niet 'jawel', 'oké', 'vooruit', zeg voluit en zonder aarzelen: 'Ja!' Zeg het duidelijker, sterker en onvoorwaardelijker dan mensen bewust vragen, meer dan ze verwachten, meer zelfs dan ze durven dromen. Sterker nog, zeg het zelfs als ze er helemaal niet om vragen.

'Ja' als levenshouding, maar veel meer nog 'ja' als woord, als scheppende *taal* is het meest creatieve, ontregelende, motiverende, kortom krachtigste instrument dat wij tot onze beschikking hebben. Het principe is zó simpel dat het niet anders kan zijn of juist de *simpelheid* maakt dat veel mensen de effectiviteit ervan onderschatten. Veel mensen hebben, zo is mijn ervaring, de overtuiging dat intelligente dingen ook *moeilijk* moeten zijn. Ik snap wel waar die gedachte vandaan komt. Als je op school zit en allemaal dingen leert over de wereld, dan weet de meester heeeeel veel en jij weet heeeeel weinig. Alles wat je moet leren, gaat dus per definitie over *moeilijke* dingen, waar je je best voor moet doen om ze te begrijpen. Zo gaat dat tot je niet meer naar school gaat. Tegen die tijd heeft de hersenspoeling zijn werk echter al wel gedaan. In het leven geldt vanaf dat moment een simpele wetmatigheid. 'Slimme mensen zeggen dingen die ik (net) niet snap, als mensen dingen zeggen die heel eenvoudig zijn, dan zijn het dus domme dingen.'

Wat een tragische vergissing! Eenvoud is de krachtigste uitingsvorm van creativiteit en intelligentie. De ervaring van eenvoud is vergelijkbaar met die van *schoonheid*. Als je iets hoort of ziet wat getuigt van schoonheid, dan denk je: dit klopt, zo is het. Het geeft een onmiddellijk gevoel van harmonie, alsof duizenden puzzelstukjes samenvallen tot één helder beeld. 'Ja' als idee, concept of levenshouding getuigt van een dergelijke eenvoud of schoonheid. 'Ja' is de meest natuurlijke houding. Het is het woord dat gelijkstaat aan alles wat leeft, de energie in de natuur, het verlangen van de mens, een rivier die naar beneden stroomt, een zwangere regenwolk, een zomerse stortbui, het plezier waarmee kinderen aan het eind van een schooldag een plein op rennen, de oerkracht waarmee een nieuw mens geboren wordt. Leven *is* 'ja'.

Zwemmen

Is dat een oproep tot een soort vage levenshouding? Nee. Integendeel! Als er iets is waar ik niks mee heb, is het vaagheid of warrigheid. Het is juist een oproep tot een uiterst concrete, zo niet super realistische levenshouding. Is het dan *rocket science*? Nee, ook dat niet. Er is niks moeilijks aan. Op een ja-en-manier leven is zowel mindfulness als zenboeddhisme doodnormale huis-tuin-en-keukenlogica. Iedereen kan het leren. Niks vreemds, engs of moeilijks. Het lastige is misschien wel dat het vaak juist zo simpel is. Misschien wel té simpel. De essentie van dit boek is in principe in één zin samen te vatten. Drie woorden. *Laat vissen zwemmen.*

Ed de Hondenfluisteraar besloot even niet te spiegelen.

Praktijk

Wodka

En dan, na heel veel woorden, valt er opeens een stilte. Als niet-Russisch zakenman zit je hier in Moskou aan tafel met allemaal Russen, de hoogste politieke instanties, om een 'gevoelig probleem' voor hen op te lossen, waar 'met de uiterste zorgvuldigheid' mee moet worden omgegaan. Je kijkt gespannen de tafel rond. Wat zouden ze denken? Hoe zullen ze reageren op je laatste voorstel? Het zou kunnen zijn dat er concurrenten zijn die de klus goedkoper, beter en efficiënter kunnen verrichten dan jij. Maar ja, zeker weten doe je dat natuurlijk niet. Onzekerheid maakt per definitie deel uit van dit soort onderhandelingen. Dat weet je en dat is niet nieuw. Die onzekerheid heb je in de loop der jaren leren incalculeren. Wat echter wél nieuw voor je is, is de immense schaalgrootte van het project. Het is een uiterst prestigieuze klus. Als je hem krijgt, is je naam voorgoed gevestigd. Wereldwijd. Om van het geld nog maar te zwijgen. En nu, na lang onderhandelen heb je een laatste voorstel op tafel gelegd. Het moment van de waarheid is aangebroken. Je opdrachtgever is aan zet. Wordt het 'ja' of 'nee'? Zijn antwoord is echter stilte. Een diepe stilte.

Je overweegt je opties. Is dit bluf? Willen ze dat je een nieuw bod op tafel legt? Wat is verstandig om te doen? *'Hard to get'* spelen door nonchalant weg te lopen of blijven zitten en een ultimatum stellen? En precies op dat moment verschijnt met een joviaal gebaar een fles wodka op tafel. Wodka? 'Laten we drinken,' roept een van de opdrachtgevers. Glazen komen tevoorschijn, sigaren worden aangestoken. Je verwarring neemt toe. Het is midden op de dag! Dit was toch een zakelijke bespreking? Is dit een poging je te drogeren? Waar gaat dit naartoe?

Het dilemma waar het hier om gaat speelde zich in werkelijkheid precies zo af. Een Nederlandse zakenman werd geconfronteerd met een stijl van zakendoen die anders was dan de zijne. Om de gevoeligheid van deze situatie te begrijpen een korte *update*. Wat was hier precies aan de hand?

Barentszzee

In 1992 wordt in Severodvinsk, Rusland, begonnen met de bouw van de laatste onderzeeër uit de Oscar II-klasse. Het is het paradepaardje van het Russische leger. Igor Spassky, de ontwerper, beschouwt hem zelfs als 'onzinkbaar'. 'Zelfs een vijandelijke torpedo zou hem niet tot zinken kunnen brengen.' Acht jaar later, 12 augustus 2000, vertrekt Spassky's onderzeeër naar de Barentszzee. Om 10.28 uur vindt er onverwachts een explosie plaats en breekt er brand uit. Al snel stijgt de temperatuur op sommige plekken tot boven de 400 graden Celsius. Als gevolg van de hitte vindt een tweede, veel grotere ontploffing plaats. Uiteindelijk vindt de volledige bemanning de dood. De ramp betekent het einde van de *Koersk*, zoals de onderzeeër trots vernoemd was naar de heroïsche Slag om Koersk. Ondanks Igor Spasski's claim van onoverwinnelijkheid gaat de onderzeeër roemloos ten onder.

Belofte

De ondergang van de *Koersk* is op zichzelf al een ramp, de nasleep lijkt een nog veel grotere ramp te worden. De lichamen van de bemanningsleden liggen op de bodem van de zee. Wereldwijd zien mensen op televisie de afgrijselijke gevolgen van de ramp. De druk op de regering om actie te ondernemen neemt toe. President Poetin onderbreekt zijn vakantie en belooft in hoogsteigen persoon aan het Russische volk dat de *Koersk* en haar bemanning 'binnen een jaar' geborgen worden.
Met deze plechtige belofte beginnen de problemen pas echt. De belofte blijkt een slag in de lucht. De berging is namelijk uiterst

complex. Naast de lichamen van de bemanning bevat het schip 24 torpedo's, 22 kruisraketten en twee watergekoelde kernreactoren. Tot overmaat van ramp is berging na september, door de beginnende herfststormen op de Barentszzee, vrijwel niet meer mogelijk. Al voor aanvang beseft iedereen dat dit de berging van de eeuw zal worden. De grote vraag luidt dan ook: wie krijgt de opdracht?

Mammoet

Meerdere bedrijven *pitchen* voor de prestigieuze opdracht. De combinatie Smit Tak en Heerema lijkt de beste papieren te hebben. Ze sluiten een overeenkomst met het Noord-Amerikaanse Halliburton en stellen – met subsidie van de Nederlandse regering – een bergingsplan op. Via meerdere politieke kanalen wordt invloed op de Russen uitgeoefend om van dit aanbod gebruik te maken. Rusland is echter wantrouwig tegenover de westerse bedoelingen. 'We werden onder druk gezet,' zo zal buitenlandspecialist en Doema-lid Dmitry Rogozin later verklaren, 'en daar houden we niet van.'

Ook Frans van Seumeren, directeur van bergingsbedrijf Mammoet Transport, wil een poging doen de opdracht binnen te halen. Er is alleen een 'klein' probleem. Hij heeft nog nooit een schip geborgen. Bovendien beschikt Mammoet Transport niet over een overheid die het project financieel steunt. Een niet onaanzienlijke belemmering: de Russische economie is feitelijk bankroet. Smit Tak en Heerema en Halliburton lijken de opdracht dan ook zonder verdere problemen te kunnen krijgen. Dan opeens, om onduidelijke redenen, lopen de onderhandelingen vast. En dus geven de Russen Mammoet Transport alsnog een kans. Frans van Seumeren mag langskomen.

Sauna

De gesprekken met de Russen betekenen ook voor Frans van Seumeren een ingewikkeld en gevoelig proces. Hij vertelt daar later over: 'Ik heb voor de berging met de *Koersk* zware onderhandelingen met de Russen moeten voeren, want we hadden sterke concurrentie van een Amerikaans-Nederlands consortium. Maar ik had me vooraf verdiept in hun cultuur, en wist dat vertrouwen voor Russen een sleutelbegrip is.' En wat deed Van Seumeren om dat vertrouwen te winnen? Speelde hij *hard to get* door op het laatste moment weg te lopen van de onderhandelingen? Verlaagde hij alsnog zijn bod? Wandelde hij nonchalant van tafel? Nee. Hij maakte verbinding. 'Ik ben met ze naar de sauna gegaan, heb een wodkaatje met ze gedronken en ben met hun families in de bossen gaan picknicken.'[3]

Vertrouwen

Stel je voor dat jij een van de Russische opdrachtgevers bent. Hoe beoordeel je dan wie je het meest geschikt vindt om deze extreem gevoelige klus te klaren? Expertise is natuurlijk van belang, maar wat doe je als alle potentiële opdrachtnemers beschikken over de benodigde expertise? Wat is dan het onderscheidend criterium? Uiteindelijk is dat het gevoel of het klikt. Of je elkaar kunt *vertrouwen.* Of de andere partij jouw zorgen, problemen en intenties aanvoelt. Of de andere partij zich in jou kan verplaatsen. Kortom, of er sprake is van *sympathie.* En hoe bepaal je of je iemand sympathiek vindt? Niet door wat hij zegt, maar vooral door hoe hij zich *gedraagt.* En dus gaat Frans van Seumeren met de familie van de opdrachtgevers de bossen in, geeft hij zich letterlijk bloot in hun sauna en drinkt hij hun wodka. Hij past zich aan hun cultuur aan. Na lang wikken en wegen gaan de Russen (letterlijk) in zee met het bedrijf waarbij ze het beste *gevoel* hebben, Van Seumerens Mammoet Transport. 'Ik ben er zeker van dat we daardoor de order hebben gekregen,' zal Van Seumeren later zeggen. Op 21 mei 2001 wordt het contract tussen Mammoet en de Russen getekend.

Precies vijf maanden later, op 21 oktober 2001, vlak voordat het winterseizoen werkelijk begint, wordt het wrak van de *Koersk* het droogdok van de Noord-Russische haven Rosljakovo binnen gevaren. Uiteindelijk kunnen 115 van de 118 lichamen geborgen worden. Frans van Seumeren ontvangt samen zijn broer Jan in het Kremlin de Onderscheiding van de Vriendschap uit handen van de Russische president Poetin. Diens plechtige belofte was ingelost.

Afstemmen

Een verstandhouding met iemand opbouwen, iets van iemand gedaan krijgen of een conflict met iemand op een – voor beiden – positieve manier afhandelen, is alleen mogelijk als we ons diepgaand openstellen voor de ander. Hoe zit iemand in elkaar? Welke doelen, beweegredenen en belangen heeft hij? Wanneer voelt hij zich veilig en vertrouwd, welke zorgen en angsten kent hij en waar verlangt hij ten diepste naar? Dit boek beschrijft allerlei strategieën om een verstandhouding met iemand anders te beïnvloeden. Toch is dit alles niet mogelijk zonder je eerst zo goed mogelijk in de ander te *verplaatsen.*

Nu is dat makkelijk opgeschreven, 'je in de ander verplaatsen', maar in de praktijk is het een stuk lastiger om dat te doen. Het begint al met je in de ander *willen* verplaatsen. Een kwestie van motivatie. Vaak kost dat, zoals in het voorbeeld van Frans van Seumeren, geduld en aandacht. En dat hebben we vaak niet. Zeker niet als we ons ergeren aan de ander, iets van de ander gedaan willen krijgen of ernstig van mening verschillen. Onze eigen belangen zijn dan zo sterk, dat het ons moeilijk valt daar afstand van te doen en niet onszelf, maar de ander centraal te stellen.

Competentie

Naast het vraagstuk of we ons in de ander *willen* verplaatsen, is het ook de vraag of we het *kunnen*. Je in iemand anders verplaatsen is ook een kwestie van competentie. Om je als Nederlandse ondernemer in een Russische overheidsfunctionaris te verplaatsen, als mannelijke leraar in een klas giechelende meisjes, als welzijnswerker in een verslaafde of als leidinggevende in een eigenwijze medewerker, moet je over een gedragsrepertoire beschikken – woorden, snelheid van praten, manier van kijken, waarden, overtuigingen – waarmee je kunt *afstemmen* op de ander. Je moet aanvoelen wat wel of niet gepast is om te doen (of juist te laten). Daarbij is het dan ook nog eens de kunst de ander niet alleen maar slaafs en willoos te volgen, maar af en toe in het idioom van de ander het initiatief te kunnen nemen of op zijn minst passend te kunnen reageren. Een lach die juist voelt (niet te hard, niet te zacht). Een knik die de goede vorm heeft (niet te diep, niet te kort). Een handdruk met de juiste stevigheid. Een grap die nét goed valt.

Je in de ander willen én kunnen verplaatsen is een basisvoorwaarde om de ander te beïnvloeden. Bij beïnvloeding geldt immers een eenvoudige regel van wederkerigheid: hoe kan je verwachten dat jij de ander beïnvloedt, als jij jezelf niet door de ander laat beïnvloeden? De beste manier om dat te doen is de ander te spiegelen. Letterlijk en figuurlijk. Letterlijk als het gaat om woordkeus, handelingen, kortom, gedrag. Figuurlijk als het gaat om overtuigingen en gevoelens. Heeft hij tijd nodig om een besluit te nemen? Geef hem tijd! Wil hij sneller? Probeer je aan zijn tempo aan te passen. Drinkt hij wodka? Drink wodka! Kortom, *spiegel* de ander in alles wat hij denkt en voelt.

Autoverkopers

Jammer genoeg is het begrip *spiegelen* voor velen, zoals eerder betoogd, een enigszins besmet woord. Het associeert niet prettig. Het doet denken aan manipulatie. Voor de Ja-maar-filosofie betekent spiegelen de ultieme uiting van een diepere levenshouding, dé manier om in overgave ja-en te zeggen tegen de ander, de ander volledig, zonder oordeel, te *accepteren*. Maar die boodschap was lastig te vertellen. Mensen hadden op uiteenlopende gebieden vragen en twijfels.

Belang
'Waarom zou ik? Ik zie er het nut niet van in. Als mensen me niet accepteren zoals ik ben, dan houdt het toch op? Bovendien, andere mensen kunnen zich toch ook aan mij aanpassen?!'

Strategie
'Valt het niet ontzettend op als je spiegelt? Is het geen trucje? Ben je dan geen papegaai? Als iemand stottert, moet ik dan ook stotteren? Dat werkt toch niet?!'

Identiteit
'Als je spiegelt ben je toch niet jezelf? Ik kan toch niet doen alsof ik een verlegen iemand ben, terwijl ik dat niet ben? Of doen alsof ik vrolijk ben, terwijl ik chagrijnig ben? Bovendien, met sommige mensen wil ik ook helemaal niets te maken hebben. Moet ik hun gedrag dan kopiëren?'

Eerlijkheid
'Het is toch gewoon liegen?!'

Manipulatie
'Ik zou me besodemieterd voelen als ik achteraf te horen kreeg dat iemand mij bewust spiegelde, terwijl ik dacht dat hij oprecht in mij geïnteresseerd was en dat we spontaan contact hadden. Blijkbaar was dat dus één grote "fakepartij" om mij te misleiden.'

Ethiek
'Ik vind dat het onverantwoord is om mensen bewust te spiegelen, terwijl de ander dat op dat moment niet in de gaten heeft. Op die manier kan je misbruik maken van iemands gevoelens. Hij denkt op dat moment dat jij hem werkelijk mag, maar achteraf

blijkt dat een toneelstukje te zijn geweest. Ik vind dat oneerlijk, oneigenlijk en onethisch. Zo ga je niet met mensen om.'

Competentie
'Kan ik het wel?'

Zielig

Ook als mensen wat meer van het onderwerp afwisten, had dat vaak betrekking op gedachtegoed dat wetenschappelijk nogal onder vuur lag. Sommigen kenden spiegelen vanuit trainingen, waar ze leerden door te spiegelen de ander eerst te 'volgen', om hem daarna te kunnen 'leiden'. *Pacing and leading* werd dat ook wel genoemd. Spiegelen was in die optiek een tactiek om te zorgen dat anderen zouden doen wat jij wilde. Manipulatie dus.

Anderen kenden het verschijnsel via Desmond Morris, de Engelse zoöloog, schrijver en televisiemaker, die in een aantal populaire televisieprogramma's beelden liet zien van de wonderbaarlijke manier waarop niet alleen dieren, maar vooral ook mensen elkaar spiegelen. Zo liet Desmond Morris beelden zien van verliefde stelletjes, waarvan de benen *onder tafel* een wonderbaarlijke synchrone dans met elkaar uitvoeren. Volledig onbewust en spontaan.

Als mensen er dus al wat van afwisten, was het fragmentarisch en vanuit wetenschappelijk oogpunt discutabel. En deelnemers aan onze programma's die al dit soort voorkennis *niet* hadden, haalden in eerste instantie meestal hun schouders op. Alleen al de gedachte iemand anders na te doen vonden ze ronduit kinderachtig. Je gaat toch niet iemand anders *imiteren*?! Waarom zou je? Dat is toch zielig?! Kortom, spiegelen riep vragen en weerstand op.

Desondanks hadden we vaak zeer indringende en soms levensveranderende ervaringen. We kregen reacties van mensen die dankzij onze programma's vastgebeitelde relatiepatronen konden laten verdwijnen, ouders die voor hun gevoel voor het eerst echt contact met hun kinderen hadden en leidinggevenden die door te *stoppen* met motiveren juist gemotiveerde medewerkers 'creeerden'. Ondanks alle vragen die ons werk opriep, hadden we het gevoel dat spiegelen iets bijzonders was. Alleen waaróm het zo goed werkte, dat wisten we zelf ook niet. Zoals niemand dat op dat moment kon weten. De wetenschappelijke onderbouwing daarvoor zou nog enige jaren op zich laten wachten. Intussen bleven wij verder experimenteren.

Imitatie

Alhoewel er over spiegelen weinig wetenschappelijke kennis voorhanden was, vermoedde ik intuïtief dat spiegelen van groot belang was als het gaat om het verklaren, beïnvloeden en begrijpen van menselijk gedrag. Of mensen elkaar *al dan niet* spiegelen, zo was mijn persoonlijke ervaring, is een van de belangrijkste indicatoren om een relatie tussen mensen te begrijpen. Het is communicatief het meest voor de hand liggende en belangrijkste signaal. Waarop baseerde ik deze vooronderstelling? In eerste instantie vooral op mijn praktijk als theaterregisseur. Het spiegelen van gedrag zag ik als het belangrijkste theatrale instrument dat ik als regisseur tot mijn beschikking had. Op meerdere manieren.

Ten eerste als het ging om het *leren* van een rol. Als een acteur zich helemaal inleeft in een rol – soms door letterlijk iemand te spiegelen, hem te imiteren tot in de kleinste gebaartjes aan toe – kan de acteur gevoelsmatig iemand anders 'worden', tot iemand anders 'transformeren'. Veel acteurs gebruiken dan ook het spiegelen, *imiteren* van andere mensen, als de meest effectieve manier om een rol of type te spelen. Ook buiten het theater is het *modelleren*, het imiteren van degene wiens vaardigheden, denkwijzen en inzichten je je eigen wilt maken, een bekende techniek. Het is de meest simpele, directe en effectieve manier om van andere mensen te leren. Kinderen doen het voortdurend, spontaan en automatisch. Er is geen snellere manier om iemand te *begrijpen* dan hem simpelweg te imiteren.

Contrasteren

De tweede reden waarom spiegelen een belangrijk theatraal instrument is, hangt samen met het gegeven dat acteurs in hun spel voortdurend *reageren* op hun tegenspelers. Dit proces gaat voor de meeste acteurs intuïtief en onbewust, maar als regisseur leer je patronen van spiegelen en niet-spiegelen te herkennen en manipuleren. Om een eenvoudig voorbeeld te geven: als in een fragment sprake is van een conflict tussen twee rollen en beide rollen zijn geagiteerd, maken heftige gebaren en schreeuwen, dan is er op *inhoudsniveau* uiteraard sprake van een conflict. De twee rollen verschillen van mening of belang. Maar op *relationeel* niveau is er sprake van overeenstemming. In het schreeuwen zijn ze namelijk *in contact*. Als het een echtpaar is, is het een schreeuwend *stel*. Ze hebben *samen* ruzie. Is dat theatraal interessant? Ja. Maar het kan nog interessanter! Want zolang ze schreeuwen en ruziemaken, geven ze elkaar non-verbaal vooralsnog de boodschap 'we horen bij elkaar'. Wat is er namelijk erger dan twee mensen die schreeuwen, wat is theatraal interessanter? Wie een beetje ervaring met relaties heeft, weet het antwoord wel: een situatie waarin de één schreeuwt en de ander... *zwijgt*. Dan is er echt iets aan de hand.

> man *'Je bent een serpent. Een heks. Welke ouders hebben zoiets slechts gemaakt?!'*
> vrouw (wendt het hoofd af) '...'

Als het publiek dit in een scène ziet gebeuren, gaan meteen de alarmbellen rinkelen. O, o. Dat gaat mis. Een van de twee zal waarschijnlijk de ruimte straks verlaten. Misschien wel definitief. De zwijger omdat hij het geschreeuw zat is, of de schreeuwer omdat hij de apathische reactie van de zwijger niet meer verdragen kan. Hoe langer de regisseur dit *contrast* durft te laten bestaan, des te meer spanning zal zich opbouwen. Als een emmer die volloopt. Of een luchtballon die wordt volgepompt. Net zolang tot de bom barst en het conflict zich kan ontladen. Een regisseur zal dan ook bewust zowel spiegelen als contrasteren – 'contrasteren' is de term waarmee ik het *tegenovergestelde* van spiegelen definieer – gebruiken, om het spel van de acteurs reliëf te geven. Vanwege de krachtige en vaak dramatische werking van contrasten durf ik zelfs te stellen dat drama meer over contrasten dan over conflicten gaat.

Identificatie

Ten slotte betrapte ik mezelf, en andere regisseurs die ik aan het werk zag, erop voortdurend met de acteurs mee te bewegen, praten, gebaren, *terwijl* we naar een scène keken. Op de een of andere manier ben je als regisseur gewend voortdurend het gedrag van de acteurs te *imiteren*. Zoals je ook als kijker van een voetbalwedstrijd geneigd bent met een aanvaller of doelverdediger mee te bewegen. Hoe sterker je je met de spelers van een team *identificeert*, des te krachtiger ben je geneigd mee te bewegen.

Kortom. Als regisseur had ik directe en persoonlijke ervaringen op grond waarvan ik wist dat spiegelen een cruciaal communicatief instrument was. Leuk en aardig allemaal, maar dat is nog iets anders dan weten hoe spiegelen in het echte leven werkt. In de praktijk. Aangezien ik er, zoals gezegd, dag-in-dag uit wél programma's over verzorgde, werd het tijd voor een gedegen empirisch onderzoek. Een proeve van bekwaamheid.

Alleen op de wereld

In die periode had ik het idee voor een klein, maar spannend project in de Stadsschouwburg Utrecht. Met Geert van den Berg had ik Hector Malots boek *Alleen op de Wereld* bewerkt tot een voorstelling voor kinderen vanaf zes jaar. Het decor bestond uit zes balen hooi, Geert verbeeldde verder in zijn eentje alle rollen van de vondeling Remi, zijn pleegmoeder Barberin en de straatmuzikant Vitalis tot en met het aapje meneer Joli-Coeur, de drie honden Signor Capi, Zerbino en Dolce. In dezelfde tijd deed ik een aantal theaterprojecten met daklozen – ik was bezig een toneelgroep met daklozen te formeren – en opeens zag ik twee lijnen bij elkaar komen. Het verhaal van Remi is eigenlijk dat van een dak- en thuisloze. Hoe inspirerend zou het wel niet zijn om dit toneelstuk, dat eigenlijk voor *kinderen* bedoeld is, aan alle daklozen van de stad Utrecht te laten zien? En dan niet in één of andere opvanginstelling, nee, in de Stadsschouwburg! Met een rode loper voor het gebouw, twee keurige lakeien die de bezoekers welkom heten bij de deur en na afloop champagne en krentenbollen! Aan de hand van deze ervaring zou ik mogelijk daklozen voor mijn theaterproject kunnen werven. Dat was het centrale idee. Instellingen in Utrecht met daklozen wilden graag aan het project meewerken, maar aangezien we geen geld hadden om een zaal te huren, hoopte ik dat de Stadsschouwburg Utrecht gratis een ruimte en technici ter beschikking zou stellen. Uiteraard moest ik de directeur van de schouwburg voor dit idee zien te enthousiasmeren. Helaas kende ik hem niet. Wat te doen?

Klik-galm-galm

Eerst maar eens de telefoon pakken. Na een paar keer bellen kreeg ik hem eindelijk aan de lijn, vertelde hem dat ik een idee had voor een project, dat ik hem dat het liefst niet zo door de telefoon, maar in *real live* zou willen vertellen. Tot mijn geluk stemde hij in met een afspraak en enige weken later meldde ik mij op een ochtend aan de balie van de Stadsschouwburg. Ik noemde mijn naam, de directeur werd gebeld, hij kwam de trap af lopen en even later gingen de glazen deuren, aan de andere kant van de hal, open. Zoals gezegd, ik was me bewust van de mogelijke werking van het spiegelen en dat was maar goed ook, zijn gedrag week namelijk nogal af van het landelijk gemiddelde, zullen we maar zeggen. Hij liep kaarsrecht, kwam in een ijzingwekkend langzaam tempo en in een rechte lijn naar mij toe geschreden – voor het theatrale effect moet je even het *geluid* erbij bedenken, lege hal, 's morgens vroeg, niemand aanwezig, *klik-galm-galm, klak-galm-galm* – terwijl hij zijn blik onophoudelijk op mij gericht hield. Een beetje als een reiger. En ik voelde me dan, zeg maar, meer en meer de kikker worden.

Je begrijpt, dit gedrag had op mij een enigszins imponerend effect. Ik voelde me er wat *onhandig* bij. Maar, en dat is misschien nog wel belangrijker, behalve dat zijn gedrag effect had op mijn gevoelsleven, produceerden mijn hersenen meteen ook allerlei *meningen,* oordelen, over deze man. Iets in de trant van: o o o, meneer de directeur is binnen. Moet ik nou onder de indruk raken? Hebben we nooit gehoord van het concept 'klant'?! Dat je een beetje sneller loopt om je gasten een beetje op hun gemak te stellen? Je kan wel merken dat het hier een gesubsidieerde instelling is. Kortom, wat mijn hersenen deden was een groot zwart kruis door deze man plaatsen. 'Arrogante man.' 'Foute man.' *Hij is een sukkel, ik ben oké.*

Foute man

Nou heb ik natuurlijk, zoals de meeste mensen, van mijn moeder geleerd dat het niet netjes is dat je dat soort dingen denkt. Dat zijn vooroordelen. Die hoor je niet te hebben. Je moet mensen een eerlijke kans geven. Maar ja, toch heb je vaak dat soort gedachten. En wat dan? Wel, daar is een eenvoudige 'oplossing' voor. Ik onderdruk die gedachte simpelweg. Ik open een soort mentale kelder, doe het luik open, gooi al deze gedachten erin, doe het luik weer dicht en ga op het luik staan. 'Klaar. Niet netjes. Dit mag ik niet denken.' En vervolgens probeer ik het gesprek 'zo open en onbevooroordeeld mogelijk' in te stappen. Maar dat lukt natuurlijk niet, want die kelder zit inmiddels stampvol gedachten, het luik begint te klapperen en ik voel me nog steeds onhandig en ongemakkelijk bij de situatie. Gevoelens laten zich nou eenmaal niet zo makkelijk verdringen. En wat ben ik dan geneigd te doen – en nou wordt het helemaal razend ingewikkeld – vervolgens *compenseer* ik alles, waarvan ik vind dat de ander het *tekortkomt*, om door mij als normaal gedefinieerd te worden. Om een 'zo normaal mogelijke situatie' te creëren. Ik zou de situatie bijvoorbeeld als 'stijfjes en formeel' kunnen definiëren, en vervolgens zou ik hem dan kunnen 'helpen' door het ijs wat te laten breken. Levensgevaarlijk natuurlijk, maar dat heb je op zo'n moment niet in de gaten. Op dat moment ben je ervan overtuigd dat de ander het probleem is en wij de oplossing. Hij is communicatief onbeholpen, ik zijn redder. Hij is onnodig formeel, ik zal zorgen dat ik het gesprek *normaliseer*. Nou is dat in deze situatie niet gebeurd, maar als ik deze aandrang had gevolgd, had ik wat ontspannende opmerkingen gemaakt, misschien een grapje hier en daar, hem joviaal de hand geschud en waarschijnlijk was de situatie dan binnen twintig seconden in een definitieve patstelling veranderd. Zoals ik hem binnen vijf seconden als 'arrogant' had gelabeld, zo zou hij mij niet veel later als precies het tegenovergestelde van arrogant gelabeld hebben, namelijk als 'populair' of 'oppervlakkig'. In feite zou hij met mij hetzelfde doen als ik zo-even met hem had gedaan. Kruis erdoorheen. Foute man. Hij is een sukkel, ik ben oké.

Overigens. Precies dit gebeurt er wanneer het tussen twee mensen in eerste instantie niet 'klikt'. Ze contrasteren, ofwel *complementeren* elkaars gedrag. De een zwijgt, de ander gaat uit onhandigheid wat zeggen. Of de een is heel vrolijk en enthousiast en de ander klapt daar juist van dicht. Als beiden dan proberen de situatie op te lossen door *meer van hetzelfde* te doen, bijvoorbeeld nog wat enthousiaster worden, om het ijs te laten breken, of nog meer te zwijgen, zodat er maar niks pijnlijks gezegd wordt, dan gaat het al snel van kwaad tot erger. Een typisch voorbeeld van vastdenken.

Neemt u plaats

Zoals gezegd, ik gaf inmiddels zelf enige tijd training in het spiegelen, dus realiseerde ik me, ondanks het feit dat ik me er nog steeds wat onhandig bij voelde, dat ik op zijn minst de keus had me aan zijn manier van doen aan te passen. Langzaam lopen is dan wel niet mijn voorkeursstijl – ik ben meer van de snelle, vandaar dat langzaam mij nogal snel irriteert – maar tegelijkertijd stelde ik mezelf de vraag: wie ben ik om na vijf seconden het looptempo van de Stadsschouwburg te herdefiniëren?! Als hij zo langzaam loopt, waarom zou ik dan niet net zo langzaam lopen!? Dus dat deed ik. Met enige moeite, zoals je je mogelijk kunt voorstellen. Onhandig. Alsof ik niet 'mezelf' was. Alsof ik een rol speelde. Desondanks liep ik in *zijn* tempo en met *zijn* houding op hem af, we begroetten elkaar met een galante handdruk en hij nodigde mij uit te gaan zitten met de woorden 'neemt u plaats'. Nou is 'neemt u plaats' niet direct het vocabulaire waarmee ik me in zo'n situatie uitdruk. Ik zou eerder iets zeggen als 'hier dan maar?!' en daar een vaag gebaar bij maken, ongeveer in de richting van de desbetreffende stoel. Maar opnieuw hanteerde ik de voor mij dwingende regel: als dit is hoe we ons hier gedragen, dan is dit hoe we ons hier gedragen. Ik ben de gast, hij is de gastheer. Simpel. Dus ik beantwoordde zijn verzoek met een al even keurig 'dank u wel'. Voor de fijnproevers, let op het gebruik van 'u' als aanspreekvorm en – misschien nog wel belangrijker – het feit dat wij beiden in drie lettergrepen onze bedoelingen kenbaar maakten. Dat lijkt een detail, maar dat is het – zeker in de eerste seconden van een ontmoeting – absoluut niet. Proef maar eens de volgende dialoogjes.

'Neemt u plaats.'
'Fijn, heel graag, bedankt.'

'Neemt u plaats.'
'Ah, gezellig, zal ik hier gaan zitten?!'

'Neemt u plaats.'
'Dank u wel.'

Proef je het verschil? Bij de eerste twee dialoogjes is er sprake van informatie-uitwisseling. Niks mis mee. Gaat allemaal prima zo. Maar bij de derde is er sprake van *synchroniciteit.* Het geeft het gevoel van contact. Twee zielen, één gedachte. Er wordt écht gespiegeld. Precies en accuraat. Vooral in de eerste seconden van een ontmoeting is het van belang zo gedetailleerd mogelijk af te stemmen.

Eerst doen, dan denken

Afijn, zo gingen we zitten, maar ik merkte dat hij niet lekker zat. Of 'niet lekker zitten', ik wist niet precies wat het was, hij bewoog in elk geval wat heen en weer op zijn stoel en keek ondertussen om zich heen. Dus ik bewoog ook wat heen en weer op mijn stoel en keek ook wat om me heen. Zonder in de verste verte ook maar enigszins te beseffen *waarom*. Overigens, op dit punt zijn we aangekomen bij een cruciaal moment: als je jezelf vanaf nu in het dagelijks leven toestaat welbewust dingen te doen die je *niet* begrijpt, heb je de essentie van dit boek begrepen. Wij komen uit een wereld van eerst-denken-dan-doen. Dit uitgangspunt omkeren naar eerst-doen-dan-begrijpen is een van de verfrissende mogelijkheden die omdenken je kan bieden. Maar daarover later meer. Terug naar de ongemakkelijk bewegende schouwburgdirecteur. Ik bewoog dus, zoals gezegd, ook heen en weer op mijn stoel, keek wat om me heen, en *omdat* ik dat deed, kon ik *daardoor* waarnemen dat het buiten prachtig weer was, terwijl wij hier binnen in een verlaten, koude hal zaten. Op grond van die waarneming kwam ik tot de aanname dat hij mogelijk overwoog ergens anders te willen zitten. Misschien was dat de reden van zijn korte aarzeling. En dus zei ik: 'Het is mooi weer hè, buiten, nietwaar?!' En ik hoefde nog geen twee tellen te wachten of hij vulde, met dezelfde toon en in hetzelfde ritme, ogenblikkelijk aan met de woorden: 'Zeker. Zullen we anders buiten plaatsnemen?!'

Uiteraard beantwoordde ik zijn verzoek positief. We gingen naar buiten, daar stond een wit houten bankje met keurig gelakte latjes. Hij nam plaats op het ene uiteinde van het bankje, ik op het andere uiteinde. Hij vroeg of ik een 'kopje koffie bliefde'. Uiteraard 'bliefde ik' een kopje koffie. Een mevrouw bracht koffie, wij roerden in onze koffie, namen een slok van onze koffie, zetten ons kopje op het schoteltje, keken elkaar aan en... op dat moment wist ik twee dingen. Het eerste was dat ik nu kon vertellen waarom ik gekomen was. Wij hadden immers beiden keurig het openingsritueel doorlopen – handenschudden, voorstellen, plaatsnemen, koffie – en dit was zeg maar het *motorisch moment* van het gesprek. Ik wist dat ik zou gaan praten en dat was ook precies wat er gebeurde.

Overeenkomsten

Maar het tweede wat er gebeurde was, in elk geval voor mijzelf, op dat moment nog veel indrukwekkender. Ik *wist* gewoon dat hij 'ja' zou zeggen tegen mijn voorstel. Of 'hij'... Beter was het om te zeggen dat 'wij' ja zouden zeggen tegen 'ons' voorstel. Want zoals we hier samen zaten, zoals wij hier 's ochtends koffie dronken en nieuwe projecten bespraken, zo 'waren' wij de directeur van de schouwburg. Gisteren, vandaag, morgen. En *dus* was het een goed idee. En als 'wij' het *geen* goed idee vonden, dan vonden we het geen goed idee. Ook prima. Geen punt.

'Welnu. Zullen we het hier dan verder bij laten?'
'Prima. Lijkt me een uitstekende slotconclusie!'

Vanuit deze staat van totale ontspanning begon ik te vertellen. En ik ben natuurlijk een iets ander iemand dan hij en dus ging het tempo van het gesprek een beetje omhoog. De sfeer werd langzaamaan ook iets informeler – hij heeft zelfs wat gelachen die ochtend – en geheel in overeenstemming met mijn voorgevoel zei hij aan het einde van het gesprek: 'Prima. Lijkt me een goed plan. Laten we dat maar doen.' Zonder één enkele mits of maar. Mijn bezorgde vragen die ik vervolgens stelde hoe we een en ander zouden moeten regelen, schoof hij vriendelijk doch beslist terzijde met een 'dat komt later wel, komt in orde', om vervolgens aan mij te vragen 'ken ik je – *we waren ongemerkt opgeschoven naar het tutoyeren* – niet ergens van?!' En precies dit gevoel, het gevoel alsof je elkaar al jaren kent, is het neveneffect als je volledig op elkaar afgestemd bent. Alle tegenstellingen vallen weg, alle overeenkomsten worden benadrukt.

Nog een niet onbelangrijke toevoeging. In eerste instantie voelde het voor mij onhandig en kunstmatig om me aan zijn manier van doen aan te passen. Het gaf me het gevoel 'zo ben ik niet'. Op het moment dat ik me echter volledig ontspannen voelde bij de situatie, betrapte ik mezelf erop hoe aangenaam en prettig het kan zijn om me juist wél op zijn manier te gedragen. Wat ik eerst als 'arrogant' of 'uit de hoogte' had omschreven, ervoer ik door het te spiegelen als 'geduldig' en 'opmerkzaam'. 'Zo kan ik blijkbaar *ook* zijn', is dus een juistere beschrijving als 'zo ben ik niet.'

'Houd je bek'

Overigens. De voorstelling is er gekomen. Een aantal maanden later zaten er meer dan honderdvijftig volwassen mannen en een enkele vrouw, qua kleding en uiterlijk volledig contrasterend met het witte marmer van de schouwburg, samengepakt in de Kleine Zaal van de Stadsschouwburg. Op het toneel een uiterst gedreven Geert van den Berg, in de zaal ademloze aandacht. Eén dronken man riep in het begin nog irritant door de voorstelling heen, maar het zelfreinigend vermogen van de zaal was gelukkig erg groot.

> zaal *'Houd je bek! We kunnen niks horen! Kop dicht!'*
> man '...'

De voorstelling was een groot succes. Als zesjarige kinderen keken de toeschouwers met open monden en rode konen naar Remi's hartverscheurende belevenissen, de cider – goedkoper dan champagne, maar ook alcoholisch – vond gretig aftrek en na afloop waren er voldoende kandidaten voor mijn theaterproject. Dankzij afstemming op gedragsniveau hadden verschillende werelden elkaar ontmoet.

'Ik wil dood'

De verrassende ontmoeting met de directeur van de Stadsschouwburg en vergelijkbare ervaring sterkten mij en de acteurs met wie ik in onze trainingen werkte in de overtuiging dat – zoals gezegd, mits goed uitgevoerd – er bij spiegelen veel meer aan de hand was dan simpelweg nadoen. Op de een of andere manier kon je door te spiegelen diepgaand respect betuigen aan de ander. Niet zozeer door woorden als wel in gedrag. Alleen door helemaal in de ander op te gaan, en ogenblikkelijk, onvoorwaardelijk en zonder (zelf)censuur het gedrag van de ander leidend te laten zijn, kon dit gevoel van samen-een optreden. Onze eigen trainingspraktijk sterkte ons in die overtuiging. Hoe spannend dit soms ook was, zoals we op een dag tijdens een congres meemaakten met een zaal met zo'n honderdvijftig psychologen en psychiaters. Een ultieme test van onze 'theorie'.

Tijdens de workshop stelden we aan het eind steeds één vraag centraal: is er een bepaald soort gedrag, een bepaald soort mensen, waar jij met regelmaat last van hebt en waarvan je je afvraagt of je door hun gedrag te spiegelen de situatie kunt laten kantelen? Deze vraag leverde vaak antwoorden op als 'dominante mannen' (meestal genomineerd door vriendelijke, dienstbare vrouwen die eigenlijk beschikten over een groots leiderschapspotentieel, maar dat niet bij zichzelf durfden te ontsluiten), 'gedemotiveerde medewerkers' (meestal genomineerd door krachtdadige, betweterige 'leiders', die het zichzelf niet toestonden te zoeken, twijfelen en moeilijk konden delegeren). We hadden ontdekt dat datgene waar mensen zich bij anderen aan ergeren vaak een spiegel is van een *intern* conflict en waren al doende meer en meer bedreven geraakt om hier zorgvuldig en – hoe heftig het er soms ook aan toeging – met plezier aan te werken. De vreemdste en interessantste vragen zijn we daarbij in de loop der jaren tegengekomen, maar één situatie stak er in heftigheid bovenuit. Het was een vraag die een van de aanwezigen in de bijeenkomst met psychiaters en psychologen ons stelde. De vraag was zo overrompelend dat ik in eerste instantie niet wist of hij provocerend of serieus bedoeld was. De vraag luidde namelijk hoe je om moest gaan met een patiënt die verklaart 'ik wil dood'.

Reconstructie

Ik had geen idee hoe de situatie zich verder zou ontwikkelen, maar vroeg de vrouw of ze naar voren wilde komen en of ze bereid was haar vraag te onderzoeken. Ze antwoordde met 'ja', kwam het toneel op en we vroegen haar om de situatie met ons te reconstrueren. Inmiddels hadden we een modelletje ontwikkeld waarmee we in stappen, samen met mensen uit de zaal, konden onderzoeken hoe spiegelen werkt. De eerste stap noemden we altijd 'de reconstructie'. Het doel daarvan was om simpelweg het vraagstuk van de deelnemer uit het publiek te *reconstrueren*. We lieten onze acteur dan altijd 'de ander' spelen, en de deelnemer uit het publiek kon dan 'gewoon zichzelf' zijn. Het ging er daarbij om, zo verklaarden wij, dat de acteur het zo zou spelen, en dat de deelnemer uit het publiek het gevoel zou hebben 'ja, zo gaat het, klopt, irritant!' De reconstructie moest, kortom, voor het gevoel van de deelnemer *overeenstemmen* met de werkelijkheid. Wat de deelnemer echter *niet* wist, was dat de acteur niet alleen de rol van 'de ander' (in dit geval de patiënt die zei 'ik wil dood') speelde, maar in de tussentijd ook heel goed registreerde welk tegengedrag de kandidaat uit het publiek vertoonde. Dus terwijl de deelnemer uit het publiek dacht dat het alleen om een reconstructie ging, observeerden wij tegelijkertijd *ook* het gedrag van de deelnemer uit het publiek. Kortom, onze aandacht richtte zich zowel op het gedrag van de patiënt, als op het gedrag van de vrouw.

Die instructies gaven we ook deze keer. De acteur met wie ik deze dag werkte was Marthijn de Groot, een van de meest intuïtieve acteurs met wie ik samengewerkt heb. Hij 'reconstrueerde' gedrag soms op zo'n treffende manier dat de deelnemers uit het publiek hem aan de grond genageld aanstaarden, zo groot was de gelijkenis. Woordkeus, gedragingen, houding, alles leek op zulke momenten te kloppen. Alsof de deelnemer uit het publiek de informatie van de persoon waar hij last van had om zich heen had hangen en Marthijn alleen maar zijn antennes uit hoefde te steken om die informatie op te vangen. Precies zo verliep het ook deze keer. Marthijn ging voor het publiek links op de grond zitten, alsof hij in een isoleercel zat, de vrouw uit het publiek kwam behoedzaam naar hem toe, ging gehurkt naast hem zitten en zweeg even. De spanning in de zaal was om te snijden. Je kon een speld horen vallen. Even later vroeg ze Marthijn 'wat is er met je'. En Marthijn antwoordde vrijwel onmiddellijk, op vlakke toon, alsof hij iets van een boodschappenlijstje voorlas, 'ik wil dood'.

De vrouw viel kort uit haar rol, 'wat eng, dit is precies hoe die jongen met wie ik werk het ook zegt', maar ik spoorde haar aan om door te spelen en te reageren zoals ze dat in het echt ook zou doen. De vrouw vervolgde de situatie. 'Waarom dan, dat hoeft toch niet?!' zei ze op zachte toon. Ze probeerde met een gebaar contact met Marthijn te zoeken, maar het effect was slechts dat hij van haar wegdraaide. Hier stopte ik het spel en vroeg de vrouw of deze reconstructie klopte met hoe het in het echt gegaan was. 'Helemaal,' antwoordde ze, ondertussen Marthijn nog steeds verbaasd aankijkend alsof ze wilde zeggen, 'hoe weet jij dit, je kent die jongen toch niet?!'

Simsalabim

Vervolgens stelde ik haar voor het fragment nog een keer te spelen, maar ditmaal, simsalabim, in *gewisselde* rollen. Zij zou ditmaal de rol van de jongen in de isoleercel spelen en Marthijn haar gedrag reconstrueren. 'Behalve dat Marthijn de rol van de jongen speelde, zoals jij hem geïnstrueerd had, heeft hij ook gekeken naar de manier waarop jij met de jongen in contact probeerde te komen, hoe jij je gedroeg. We spelen dezelfde situatie nu nog een keer, jij als jongen, Marthijn in jouw rol. Daarmee kunnen we onderzoeken wat het effect van jouw gedrag op de jongen was.'

De vrouw stemde in, ging op de grond zitten, ditmaal kwam Marthijn binnen als 'de psychologe', ging gehurkt naast 'de jongen' in de isoleer zitten en dezelfde scène speelde zich af. Marthijn vroeg hoe het met de jongen ging, de vrouw uit het publiek antwoordde 'ik wil dood' en Marthijn beurde hem op door de tekst van de psychologe uit de eerste scène te herhalen. 'Waarom, dat hoeft toch niet?!' De vrouw draaide zich van Marthijn weg.

Ik stopte het spel opnieuw en vroeg de vrouw, nu zij zich in de jongen verplaatst had, of ze kon beschrijven wat het effect van Marthijn als psychologe op haar was. Haar antwoord luidde (zoals dat bijna altijd luidt als mensen *niet* spiegelen) dat het nauwelijks effect had. 'Ik heb hem niet eens echt waargenomen, ik zat in mijn eigen wereld.'
'Is er contact tussen jullie?' vroeg ik haar.
Ze antwoordde met 'nee'.
'Komen zijn positieve bedoelingen over?'
Ook nu antwoordde ze overtuigend 'nee.'
Hoezeer Marthijn – net als zijzelf in de eerste scène – *oprecht* geprobeerd had contact met de jongen te maken, het tegendeel was eerder het geval. De jongen en de psychologe leken beiden in een eigen wereld te verkeren, zonder daadwerkelijk contact.

Spiegelen

Vervolgens vroegen we de vrouw of ze de scène nog een laatste keer wilde spelen. Ditmaal zouden we onderzoeken wat er zou gebeuren als Marthijn haar, nog steeds in de rol van de jongen, uiteraard, zou *spiegelen*. Wat zou daar het effect van zijn? Op dit moment wisselden Marthijn en ik even een korte blik van verstandhouding. We hadden deze oefening inmiddels talloze keren gedaan, maar een heftige onderzoeksvraag als deze hadden we nog niet eerder meegemaakt. En dat voor een zaal vol psychiaters en psychologen. Marthijn maakte echter een 'komt wel goed'-gebaar, de vrouw nam plaats in de fictieve isoleer en Marthijn kwam aanlopen als de psychologe. Dit keer ging hij niet gehurkt naast de jongen zitten, maar nam, net als hij, *volledig* plaats op de grond. Ook hier geldt – net als voor de kleine dialoogjes bij de ontmoeting met de directeur van de Stadsschouwburg – dat de *details* doorslaggevend zijn. Als jij op de grond zit, en de ander zit gehurkt, dan kan er *per definitie* geen sprake zijn van contact. Dan is de relatie er per definitie één van helper, degene die gehurkt zit, en geholpene, degene die op de grond zit. De enscenering van de twee lichamen in de ruimte definieert de een als 'de moedeloze' en de ander als 'de opbeurende'. Voor mensen die dit niet kunnen navoelen, klinkt dit misschien als abacadabra, maar een perfecte symmetrie en synchroniciteit zijn, als het gaat om de eerste seconden van een ontmoeting, van doorslaggevende betekenis. Dat Marthijn ging zitten was dus niet alleen logisch en simpel, het was bovenal *cruciaal*.

Wat gebeurde daarna? Daar waar in de eerste scène de vrouw *oogcontact* had gezocht met de jongen – wat vervolgens beantwoord werd met een afgewende blik – maakte Marthijn dit keer juist *geen* oogcontact. Hij keek weg van de jongen, ging zitten en deed verder niets. Na enige tijd zei de vrouw: 'Ik wil dood.' Ze had haar blik nog steeds van Marthijn afgewend. Er viel een korte stilte. Honderdvijftig mensen hielden hun adem in. Alsof wat hier gespeeld werd niet een geinige reconstructie was, maar een meer dan werkelijk gegeven. Een soort *hyperrealiteit.* Verdichte werkelijkheid. Hier onderzochten we met elkaar op het scherpst van de snede hoe een situatie als deze zich *feitelijk* afspeelt. Niets aan alles wat er op dat moment gebeurde voelde als 'gespeeld'. Toen zei Marthijn, precies op dezelfde juiste toon, precies het juiste moment 'ik ook'. Weer één, twee tellen was het stil en toen... draaide de vrouw haar gezicht in de richting van Marthijn. Marthijn keek schichtig terug. Contact. Nog een korte stilte. Toen schoot de vrouw in de lach en keek mij en de zaal aan.

Entiteit

'Ik kan het niet geloven,' was het eerste wat ze zei. 'Wat niet?' vroeg ik. 'Ik weet het niet, ik weet niet wat er precies gebeurt...' De vrouw zocht naar woorden. Dit moment hadden we eerder meegemaakt. Uit ervaring wisten we dat als mensen *helemaal precies* gespiegeld werden, dit leidde tot een vreemde gewaarwording die mensen moeilijk onder woorden konden brengen. Eerst was er meestal een verbaasde blik, een aarzeling, mensen schoten in de lach, daarna kwamen er teksten als 'ik weet het niet, ik kan niet meer boos worden', 'alles lijkt ontregeld' of – misschien nog wel het meest accuraat onder woorden gebracht – 'het lijkt alsof ik mezelf zie, hoe kan ik nou in conflict komen met mezelf?!' Al deze woorden – ook als ik ze nu hier opschrijf – vallen echter in het niet bij de *ervaring* van het moment. Alsof er een magische eenwording plaatsvindt tussen twee individuele 'zelven' tot een groter zelf. En het vreemde is, het ziet er volkomen vanzelfsprekend, eenvoudig en vooral weerstandsloos uit. Alsof spiegelen de meest natuurlijke staat van zijn is waarin twee mensen zich kunnen bevinden. Twee zielen, niet alleen één gedachte, maar ook één gevoel, één entiteit, één *zijn.*

We bespraken de scène met het publiek. De psychologe voegde nog toe dat het effect van de 'hulp' in de tweede scène eigenlijk alleen maar was dat ze zichzelf als jongen in de isoleer nog meer *alleen* voelde staan. Daarmee bracht ze precies onder woorden wat er gebeurt als mensen *contrasteren*. De kloof tussen beiden wordt alleen maar groter. In plaats van contact is er alleen maar meer afstand. In de derde scène, zo vertelde de psychologe, waarin Marthijn als psychologe uitsprak 'ik ook', vond precies het tegenovergestelde plaats. Ze had, zo verklaarde ze, in haar rol als jongen onmiddellijk de neiging uit haar wereld te stappen en contact te maken met de psychologe.

Resoneren

Er viel een stilte. Alsof bij iedereen, ook bij ons, moest bezinken wat zich hier zojuist had afgespeeld. Als een stofwolk die neerdaalt na een explosie. Hoe kan zo'n korte interventie zo'n ingrijpend effect hebben? Daarna stelde iemand uit de zaal de vraag aan Marthijn waar hij de tekst 'ik ook' vandaan haalde. Marthijn dacht even na. Daarna antwoordde hij dat hij die woorden pas uit zijn mond kon krijgen, nadat hij zich eerst oprecht voor de jongen had opengesteld. 'Je verstand verzet zich daartegen. Je wilt op een bepaalde manier wég van het gevoel van die jongen, maar als je open, geïnteresseerd en nieuwsgierig bent en het *risico* durft te nemen om te voelen wat de jongen voelt, als je zijn gedrag spiegelt, dan voel je in je *eigen lichaam* wat die jongen voelt. Zijn ervaring 'dood te willen' resoneert dan als het ware in jouw lichaam mee. Ik ken het gevoel dood te willen van mezelf ook wel, het is niet helemaal vreemd of nieuw, maar ik ben ervan overtuigd dat je dat gevoel niet eerst zelf hoeft te hebben ervaren om te kunnen voelen wat de jongen voelt. Sterker nog, als je dénkt te weten wat hij voelt, is de kans groot dat je het vooral over je eigen herinnering hebt, je eigen verleden, kortom, je *eigen* emoties en niet die van de jongen. Ik ben er dan ook van overtuigd dat ik het gevoel 'ik wil dood' ook had ervaren als ik het niet gekend had. Wij kunnen dingen voelen van anderen die we zelf niet eerder hebben meegemaakt. Toen ik ervan overtuigd was dat ik werkelijk de beleving van *de jongen* oppikte, wist ik ook dat ik niet bezig was hem als een papegaai na te praten, maar dat ik contact gelegd had met een wezenlijk deel van hém. Hij en ik deelden op dat moment hetzelfde gevoel. Het is niet zo dat ik *zijn* gevoel spiegel, ik laat zien dat op dat moment zijn gevoelens in mij *resoneren*. Als ik dat niet zo had ervaren, had ik de tekst ook nooit uit mijn mond gekregen.'

Puzzelstukjes

Deze en vergelijkbare ervaringen deden we halverwege en eind jaren negentig op, alles gebaseerd op casuïstiek en logisch huis-tuin-en-keukendenken. Zoals gezegd, twijfels en vragen over wat wij deden hadden niet alleen de bezoekers van onze workshops, maar ook wijzelf. Het was alsof we elke keer een lichtschakelaar bedienden. Het licht ging aan, we bedienden de schakelaar opnieuw, het licht ging uit, en zo ging dat alsmaar door. Elke keer weer. Spiegelen *werkte*. Diepgaand. Onomkeerbaar. Alleen waarom? Wat gebeurde hier precies? Ondertussen deed in Parma de Italiaanse neurofysioloog Vittorio Gallese in 1991 – min of meer bij toeval – een aantal ontdekkingen die tot op heden de psychologie diepgaand hebben beïnvloed. De inzichten braken eerst in wetenschappelijke kring door, daarna verbreidden ze zich in hoog tempo ook daarbuiten. Het bleek precies het ontbrekende puzzelstukje te zijn waar wij naar op zoek waren. Galleses bevindingen gaven *woorden* aan onze ervaringen.

De Van der Vriesjes gingen tot het uiterste om hun peuter te begrijpen.

Wetenschap

Gapen

Je ziet iemand geeuwen. Wat doe je? Je geeuwt *onwillekeurig* mee. Het is geen bewuste keus of een weloverwogen besluit, integendeel, het is meer een gevoel dat je overkomt. Zien geeuwen doet geeuwen. Geeuwen is misschien wel een van de meest directe ervaringen van de *onontkoombaarheid* van het spiegelen. Eén persoon begint ermee en al snel verspreidt het gaapvirus zich door het hele gezelschap. Robert Provine ontdekte dat geeuwen zelfs zo aanstekelijk is, dat alleen al de aanblik van een open mond voldoende impuls is om mensen te doen gapen. Sterker nog, tijdens het lezen van de eerste versie van het manuscript van dit boek rapporteerde een aantal lezers dat alleen al het *zien* van het woord 'gapen' voldoende was om hen tijdens het lezen te doen geeuwen.

Gapen is een van de vele, letterlijk duizenden gedragingen die we spontaan van elkaar overnemen. Wat doe je als je vrolijk pratend een restaurant betreedt waarin op gedempte toon getafeld wordt? Je gaat zachter praten! Waarom is ingeblikt gelach bij televisieprogramma's zo aanstekelijk, zelfs als we ons er bewust van zijn hoe stompzinnig het is dat er een bandje met gelach meedraait? Omdat het werkt! We lachen mee. Horen lachen *doet* lachen. Wat doe je als je ziet dat iemand pijnlijk zijn teen stoot? Je gezicht krimpt ineen tot een grimas, je hand schiet naar je mond, je bevriest. Je hele lichaam lijkt op zo'n moment te reageren alsof *jij* je teen gestoten hebt. Wij voelen wat anderen voelen. Alleen waarom? Hoe kan het dat alleen al het *zien* van iemand die pijn heeft, maakt dat wij ineenkrimpen?! Waarom gaan *onze* haren overeind staan als in een horrorfilm degene met wie we ons identificeren plotseling bedreigd wordt? Hoe werkt dat? Wij worden op dat moment zelf toch niet bedreigd?! Wij zitten veilig met chips en cola op de bank. En toch *voelt* het zo. Maar waarom?

Empathie

De term *empathie* werd voor het eerst in 1903 gebruikt door de Duitse psycholoog Theodor Lipps. Hij gebruikte de term om te beschrijven dat mensen over een vermogen beschikken waardoor ze dingen kunnen voelen die zich *buiten* hun lichaam afspelen. Dat vinden wij misschien vanzelfsprekend, maar als je er goed over nadenkt is het nogal opmerkelijk dat wij dingen kunnen 'voelen', zonder er zelf direct lichamelijk contact mee te hebben. Hoe doen we dat? Om uit te leggen wat hij ermee bedoelde, gebruikte hij het beeld van een koorddanser. 'We kijken vol spanning naar een koorddanser, omdat we in ons voorstellingsvermogen zijn lichaam binnen gaan en zodoende deel hebben aan zijn ervaring.' Lipps betoogde dat ons lichaam blijkbaar over een speciaal soort *kanaal* moest beschikken, een soort zintuig, dat dit bijzondere vermogen bezit. Daarmee voelde Lipps intuïtief aan waar de wetenschap nog bijna honderd jaar voor nodig zou hebben. Op dat moment konden wetenschappers echter slechts gissen naar een fysieke, biologische verklaring voor dit menselijk vermogen.

De wetenschap beschikte dan wel niet over bewijzen dat er zoiets als een 'empathisch kanaal' bestond, maar dat verhinderde onderzoekers uiteraard niet om te onderzoeken hoe mensen zich *gedragen*. Ook al heb je geen idee wat er onder de motorkap zit, dan wil dat nog niet zeggen dat je niet kunt bestuderen hoe een auto zich gedraagt. Zo merkten wetenschappers al snel op dat baby's tot ze één jaar oud zijn geneigd zijn om als ze hun moeder zien huilen de 'tranen' op hun eigen gezicht weg te vegen. In de belevingen van baby's is er nog geen 'ik en de ander'. Als moeder huilt, huilen zij dus ook. Sterker nog, 'moeder' en 'zij' verwijzen naar een manier van denken die vreemd is aan hoe een baby in elkaar zit. Voor de baby is er op dat moment slechts één ding, namelijk 'huilen'. De Amerikaanse psycholoog Edward Titchener zag dit 'motorisch nabootsen' van gedrag zelfs als de *bron* van empathie. Door te doen wat de moeder doet, *ervaart* het kind wat de moeder *ervaart.* Met deze hypothese was Titchener – hij publiceerde evenals Lipps rond het jaar 1900 – zijn tijd ver vooruit.

Tong uitsteken

Dat baby's hun ouders veelvuldig *imiteren*, viel ook latere psychologen als Jean Piaget op. Wat was hier aan de hand? Piaget kende, geheel in lijn met het mensbeeld van zijn tijd, een centrale rol toe aan het *denken.* Hij hanteerde – in grote lijnen – de volgende logica: eerst neemt de baby een handeling *waar* (zien, voelen, horen), vervolgens construeert hij in zijn hoofd beelden, taal en logica. Daarna zal het kind, als het de wereld *begrijpt*, vanuit dit inzicht kunnen handelen. Imitaties zijn dus het eindresultaat van observatie- en denkwerk. Een baby kan gedragingen pas imiteren als hij ze eerst *geleerd* heeft. Je zou dit het *eerst-denken-dan-doen-model* kunnen noemen.

In 1977 publiceerde Andrew Meltzoff in het Amerikaanse vakblad *Science* echter een opzienbarend artikel dat fundamenteel in tegenspraak was met deze theorie. Meltzoff had het gevoel dat gedrag veel sneller gereproduceerd werd. Volgens zijn aanname waren baby's in staat *instinctief* te imiteren. Imitatiegedrag was in zijn visie niet aangeleerd maar *ingebakken.* Het behoorde tot de hardware van de mens. Baby's imiteren *van nature*, zonder eerst de werkelijkheid te hoeven afkijken. De vraag was alleen hoe hij deze hypothese zou kunnen onderzoeken. Hoe zou hij moeten vaststellen dat baby's spontaan imiteren? Dat kon uiteraard maar op één manier. Door baby's *zodra ze geboren zijn* te observeren. En dat is precies wat Meltzoff deed. Hij observeerde zes baby's vanaf het moment dat ze de baarmoeder verlaten hadden. Vervolgens liet Meltzoff de baby's drie gezichtsuitdrukkingen en één gebaar zien. Wat bleek? De baby's waren *zonder uitzondering* in staat de gedragingen perfect te imiteren. De jongste baby die een gebaar van Meltzoff imiteerde – in dit geval het uitsteken van de tong – was slechts 41 minuten oud. De uitkomsten bevestigden Meltzoffs vermoeden: blijkbaar beschikt de mens over een *natuurlijk* vermogen te imiteren. Het was een revolutionair inzicht. Waar psychologen er eerst nog van uitgingen dat baby's eerst begrijpen en dan doen, was klaarblijkelijk het omgekeerde eerder het geval. Baby's imiteren spontaan en onmiddellijk en al doende ontwikkelen ze daarna inzichten over de hen omringende wereld. Daarmee was een fundament gelegd voor het *eerst-doen-dan-denken*-model.

Na-apen

Het onderzoek van Meltzoff zorgde voor een stroom aan vervolgonderzoeken, die alle leidden tot de inmiddels stevig onderbouwde aanname dat leren – zelfs het leren van een toch typisch aan 'denken' gerelateerde vaardigheid als taal – primair via *het lichaam,* via fysieke imitatie, verloopt. Bij baby's, maar ook bij jongeren en zelfs volwassenen. Zo ontwikkelde de Canadese psycholoog Albert Bandura in 1977 de 'sociale leertheorie', waarin een centrale plaats is toebedeeld aan het 'modelleren' ofwel *imiteren* van gedrag. De sociale leertheorie neemt in de psychologie een belangrijke plaats in. Naar Bandura's overtuiging is imiteren het krachtigste opvoedings- en leermechanisme dat de mens tot zijn beschikking heeft. In essentie is de theorie heel simpel. Wat is het idee? Je observeert een persoon, een *model,* die iets kan wat jij ook zou willen kunnen. Je doet vervolgens het gedrag van dat model na, je imiteert hem of haar. Daardoor krijg je een nieuw resultaat, en als dat resultaat *gewenst* is, neem je het nieuwe gedrag op in je repertoire. Om een voorbeeld te geven: ik zie dat iemand op een lichtschakelaar drukt, het licht gaat aan, dus druk ik daarna *ook* op een lichtschakelaar. Simpel. Het werkt. Hoe het licht werkt, wat überhaupt de essentie van elektra is, hoe de leidingen in de muur verwerkt zijn, waar stroom vandaan komt, is allemaal niet interessant. Waarom zou ik me er in verdiepen? Als gedrag een gewenst resultaat oplevert, zal ik het kopiëren, ongeacht of ik het begrijp of niet. Waarom zou ik de principes van de elektriciteit herontdekken als een ander dat al heeft gedaan? Gedrag dat functioneel is, dat het gewenste resultaat oplevert, kortom, gedrag imiteren dat wérkt, nadoen *zonder* nadenken, is dan ook de meest efficiënte manier van leren. Het scheelt simpelweg veel tijd en gedoe. In de woorden van Bandura: 'Leren zou uiterst moeizaam verlopen, om niet te zeggen levensgevaarlijk zijn, als mensen zich alleen konden beroepen op de gevolgen van hun *eigen* acties om hen te informeren wat te doen. Gelukkig genoeg is veruit het meeste menselijke gedrag geleerd door te observeren en modelleren. Zelfs de meest zelfverzekerde mens zal zijn gedrag bijstellen als anderen hem laten zien dat er een betere manier is om hetzelfde resultaat te behalen.' We zeggen wel dat apen elkaar na-apen, maar gezien de centrale rol van imitatie bij de mens, zouden we net zo goed kunnen stellen dat mensen elkaar *'na-mensen'*.

Kortom. Wetenschappers ontdekten steeds meer over het belang van spiegelen, ze beseften meer en meer dat de auto over een aantal bijzondere *gedragingen* beschikt, maar de motorkap had men nog steeds niet open kunnen krijgen. De 'waarom'-vraag was daarmee niet beantwoord. Waarom werkt het, zoals het werkt? Een 'empathisch kanaal' was vooralsnog niet gevonden. De raadsels rond imitatiegedrag bleven zich dus verder opstapelen.

Armpje drukken

Een geraffineerd onderzoek – dat achteraf gezien misschien wel het eerste 'bewijs' was voor het feit dat zich onder de kap wel een motor *moest* bevinden – werd in 1975 uitgevoerd door twee psychologen, Seymour Berger en Suzanne Hadley. De opzet was in principe heel simpel. Een proefpersoon kreeg overal, op het voorhoofd, de handpalmen, lippen en armen elektroden opgeplakt. Het enige wat hij hoefde te doen was zo ontspannen mogelijk zitten en *kijken*. Vervolgens werd hij geconfronteerd met twee situaties. In de eerste situatie moest hij kijken naar twee mensen die armpje drukten, in de tweede moest hij kijken naar een stotteraar, die met moeite een tekst voorlas. Wat bleek? Als de proefpersoon observeerde hoe de stotteraar voorlas was de spieractiviteit in zijn *lippen* groter dan normaal, als de proefpersoon keek naar de twee mensen die armpje drukten, nam de spieractiviteit in zijn *armen* toe. De proefpersoon had hier zelf echter hoe dan ook niets van in de gaten. De spieractiviteiten speelden zich op een *onderbewust* niveau af. Op een wonderbaarlijke manier leek het lichaam van de observant slechts door te *kijken* spontaan mee te bewegen met de geobserveerde.[4]

Al was er een duidelijk *uiterlijk* verschil tussen de manier waarop de proefpersonen van Berger en Hadley zich gedroegen en de manier waarop baby's dat deden – bij baby's waren de spieractiviteiten zo sterk dat ze leidden tot waarneembaar gedrag, bij volwassenen was dit gedrag slechts met gevoelige apparatuur meetbaar – in principe vond in beide gevallen hetzelfde verschijnsel plaats: *zodra* wij gedrag van andere mensen waarnemen, reflecteren wij dit gedrag *onmiddellijk* in ons eigen lichaam. De Italiaanse neuroloog Marco Iacoboni omschrijft het als volgt: 'Zoals objecten in experimentele natuurkunde gaan trillen wanneer ze door energie op specifieke frequenties worden gestimuleerd, zo lijken de spieren van de waarnemer te resoneren met de hardwerkende spieren van de actieve personen.'[5] Kortom, als we andere mensen observeren *doen* we na wat we zien. Of we het ons bewust zijn of niet, of we het willen of niet, dat maakt niet uit. Het gebeurt vanzelf. *Onwillekeurig.*

Spiegelneuronen

Toch zou het nog bijna twintig jaar duren voordat de motorkap van het menselijk brein voor het eerst een stukje open zou gaan. In 1991 verrichtten, zoals ik hiervoor al aankondigde, de Italiaanse neurofysiologen Vittorio Gallese en Giacomo Rizzolatti in hun laboratorium aan de universiteit van Parma een serie onderzoeken met een bepaald soort apen, de zogenaamde makaken. Door middel van elektroden die in de hersenen van de apen bevestigd waren, probeerden de onderzoekers te bepalen welke hersengebieden actief waren als de apen bepaalde handelingen uitvoerden. Zodra een aap een bepaalde beweging maakte, bijvoorbeeld het oppakken van een banaan, registreerde de computer de hersenactiviteit van de aap. Op die manier hoopten Gallese en Rizzolatti een soort kaart van de hersenen van de aap te maken. Welke beweging wordt precies waar aangestuurd? Het was regulier, bijna saai wetenschappelijk onderzoek, waarvan de onderzoekers op dat moment geen idee hadden dat het tot spectaculaire nieuwe inzichten zou kunnen leiden.

Tijdens een pauze liep Vittorio Gallese door het lab. Een aap zat rustig op zijn stoel en volgde de onderzoeker met zijn blik. Gallese pakte iets – achteraf doen hier allerlei verhalen de ronde over, van een ijsje tot een pinda of kop koffie, de grap is dat hij zelf geen idee meer had wat het precies was – en op precies dat moment produceerde de computer plotseling een serie geluiden op grond waarvan Gallese onmiddellijk begreep dat hier iets bijzonders aan de hand moest zijn. Bij nader onderzoek bleken bepaalde motorische hersencellen van apen, die verantwoordelijk zijn voor de aansturing van bepaalde spieren, te 'vuren' (activiteit te vertonen) op hetzelfde moment dat een aap de beweging van Gallese *waarnam*. De onderzoekers begrepen meteen dat ze iets bijzonders ontdekt hadden. Slechts door naar een bepaalde beweging te *kijken*, bijvoorbeeld het oppakken van een stok, werden bij een aap precies die cellen geactiveerd, die nodig waren om exact dezelfde beweging uit te voeren. Als je puur naar de activiteit in zijn brein keek, leek het alsof de aap de stok zelf ook oppakte. Gallese en Rizzolatti ontdekten een soort cellen in de hersenen, die ze pas veel later, om precies te zijn in 1996, zouden definiëren. Welke naam kozen zij – in een poging met name de unieke *reflecterende* werking te benadrukken – voor deze bijzondere cellen? Spiegelneuronen!

Intenties

Na de eerste observaties, die vooral technisch van aard waren (een voorwerp oppakken), werden in de loop der jaren steeds complexere onderzoeken gedaan, waarbij steeds duidelijker werd dat spiegelneuronen het vermogen hadden onderscheid te maken tussen ogenschijnlijk subtiele verschillen. Als een onderzoeker bijvoorbeeld een stukje appel naar zijn mond bewoog, reageerden de spiegelneuronen van een aap veel heftiger dan wanneer exact dezelfde beweging *zonder* appel gemaakt werd. Blijkbaar zijn spiegelneuronen begiftigd met het vermogen *intenties* van bewegingen te voorspellen. Iacoboni zegt daarover: 'Ik heb ruzie met mijn vrouw over een familiekwestie. We staan in de keuken en ze pakt een glas. Wil ze iets drinken of het glas in de vaatwasser zetten? Of wil ze het naar mijn hoofd gooien? Het is heel nuttig om te kunnen voorspellen wat anderen gaan doen.'

Emoties

Ons lichaam doet dus wat we anderen zien doen en het 'begrijpt' de *intentie* van anderen. Tot zover interessant. Maar hoe zit het dan met emoties? Het voelen wat anderen voelen? Zou de ontdekking van de spiegelneuronen ook de sleutel zijn tot het vinden van het *empathisch* kanaal? Al snel vond men enige interessante puzzelstukjes. Zo bleek dat als we emoties op een gezicht waarnemen – zelfs als het alleen maar gaat om een foto – we op hetzelfde moment *dezelfde* emotie ervaren. Zien we een blij gezicht? We voelen ons blij. Zien we dat iemand pijn heeft? In onze hersenen lichten precies die gebieden op die ook oplichten bij degene die de pijn op dat moment daadwerkelijk ervaart. Zo ontdekte William Hutchison van de Universiteit van Toronto dat als we zien dat iemand met een speld geprikt wordt, in onze hersenen de bijbehorende pijngebieden geactiveerd worden. Wordt de proefpersoon echter op precies dezelfde manier met een wattenstaaf 'geprikt', dan gebeurt er niets.[6]

Daarmee leveren spiegelneuronen de biologische verklaring voor ons vermogen ook *buiten ons lichaam* te voelen. Ze vormen de sleutel tot *empathie*. Dankzij deze cellen begrijpen we waarom wij verdrietig zijn als anderen dat zijn en blij als anderen blij zijn. We zijn dat namelijk niet 'voor' of 'over' hen, we ervaren de blijdschap alsof het *onze eigen* blijdschap is. Voor spiegelneuronen maakt dit verschil tussen 'ik' en 'de ander' niet uit. Het zijn onze hersenen die op dat moment 'blij' ervaren. De internationaal befaamde neuroloog Vilayanur Ramachandran was zelfs zo onder de indruk van de werking van deze bijzondere cellen dat hij voorspelde dat 'de ontdekking van de spiegelneuronen voor de psychologie net zo belangrijk is als de ontdekking van DNA voor de biologie'.

Dankzij de ontdekking van de spiegelneuronen begrijpen we nu waarom gapen zo aanstekelijk werkt of waarom we ineenkrimpen van pijn als we zien dat iemand zijn teen stoot. Bij de waarnemer vindt op zo'n moment op neurologisch gebied namelijk precies dezelfde activiteit plaats als bij de waargenomene. Kortom, spiegelneuronen hebben exact de functie van het empathisch kanaal die Lipps reeds vermoedde. Na bijna honderd jaar werd de biologische *missing link* gevonden.

Potlood

Leuk allemaal, denk je misschien, maar wat heb ik aan deze inzichten? Wat kan ik ermee en vooral, wat kan ik ermee in relatie tot andere mensen? Blijkbaar is het zo dat in ons brein, alleen door iets te *bekijken*, spiegelneuronen geactiveerd worden. Waarom zou ik andere mensen dan ook nog eens *fysiek* moeten spiegelen? Wat is daar dan de toegevoegde waarde van? Zouden we de emoties van anderen door actief te spiegelen *beter* aanvoelen dan wanneer we de ander alleen bekijken? Om deze te vraag onderzoeken voerde Paula Niedenthal, een Amerikaans sociaal psychologe, een onderzoek uit, waarbij twee groepen deelnemers moesten kijken naar mensen die een gelaatsuitdrukking met een specifieke emotie vertoonden. Om te verhinderen dat de observanten hun eigen gezicht konden *meebewegen*, moest de ene groep een potlood tussen de tanden klemmen, terwijl de controlegroep dat niet hoefde te doen. Aangezien het moeilijk is een potlood tussen je tanden te klemmen en tegelijkertijd te glimlachen, verbaasd te kijken of te fronsen, was Niedenthal benieuwd of dit ook een negatieve invloed zou kunnen hebben op het kunnen aanvoelen van de emoties van de ander. Haar vermoeden bleek te kloppen. De deelnemers die het potlood moesten klemmen bleken veel *minder* goed in staat te zijn de emoties te benoemen dan de controlegroep. Conclusie. Als wij niet fysiek kunnen meebewegen, voelen we de ander *minder* goed aan. Andersom kon ook dezelfde conclusie worden getrokken: de groep die *beter* kon meebewegen, kon de emoties ook *beter* benoemen.[7]

Deze conclusie, dat het meebewegen met de ander maakt dat je hem beter aanvoelt, levert de bevestiging van onze persoonlijke ervaringen dat in onze workshops iets bijzonders, bijna magisch, gebeurt. Op het moment dat Marthijn de jongen in de isoleer spiegelt, is de kans dat hij voelt wat de jongen voelt *groter* dan wanneer hij hem alleen zou observeren. Zoals ik ook door het fysiek, tempo en ritme van de directeur van de Stadsschouwburg te spiegelen, de *kans* dat ik voel wat hij voelt positief kan beïnvloeden. Andere mensen spiegelen is de meest directe en efficiënte manier om toegang tot iemands gevoelsleven te krijgen, om te voelen wat de ander voelt. Niet door de ander te observeren, maar door hem te *spiegelen.*

Overigens. Mogelijk interessant in dit verband. Uit onderzoek blijkt dat mensen met een botoxbehandeling bij het lezen van 'trieste zinnen' zes procent meer tijd nodig hebben om deze zinnen tot zich te nemen. Welke verklaring geven de onderzoekers? Als we trieste informatie tot ons nemen, fronsen we automatisch het voorhoofd. Ons brein pikt dit fronsen op en begrijpt *daardoor* de emotionele lading van de tekst. Nu dit fronsen niet meer kan – na een botoxbehandeling zijn de gezichtsspieren die nodig zijn om te fronsen verlamd – wordt dit proces belemmerd.[8]

Autoriteit

Tot zover de wetenschappelijke inzichten in *neurologisch* opzicht. Ondertussen kwamen ook gedragswetenschappers meer en meer te weten over het effect van spiegelen. Door te bestuderen wanneer mensen elkaar – al dan niet – spiegelen, kunnen we inzicht krijgen in een veelheid aan verschijnselen. Bijvoorbeeld over de vraag hoe de *machtsverhoudingen* liggen. Zo blijken ondergeschikten sterker geneigd hun leiders te spiegelen dan andersom. De psychologen Stanford Gregory en Stephen Webster ondekten bijvoorbeeld dat Larry King, de presentator van CNN's gelijknamige talkshow, zijn stem *aanpast* aan gasten die in hoger maatschappelijk aanzien staan dan hijzelf en andersom. Zo bleek Larry King zijn stem aan te passen aan Bill Clinton, Liz Taylor en George Bush. Ontving hij echter gasten die tegen hém opkeken – Larry King is zelf immers ook een autoriteit – zoals de schrijver Garrison Keillor of de filmregisseur Spike Lee, dan vond precies het tegenovergestelde plaats: de gasten stemden af op Larry King. Opmerkelijk was dat van alle geobserveerde gasten de toenmalige vicepresident Dan Quayle het meest *onderdanig* overkwam. Dit leidde meteen na publicatie van het onderzoek dan ook tot een vernietigend oordeel in de media. *'Bill Clinton has it, Liz Taylor has it, but Dan Quayle definitely does not.'*

Op een vergelijkbare manier is er in *The Sopranos* – als je de serie niet kent, vandaag gaan kopen, gordijnen dicht, alle jaargangen bekijken – een prachtige scène waarin Tony Soprano, maffialeider en hoofdpersoon van de serie, van zijn psychiater te horen krijgt, dat ondergeschikten hun leiders imiteren. Als voorbeeld vertelt de psychiater dat ondergeschikten het hardst om de grappen van hun baas lachen. Tony knikt beleefd, vergeet de opmerking van de psychiater, totat hij tijdens een bijeenkomst plotseling merkt dat dit precies is wat er gebeurt. Een van zijn ondergeschikten komt na een jaar of tien uit de gevangenis. De man is ouder dan Tony, was vroeger een belangrijk figuur en heeft een *fantastisch* gevoel voor humor. Helaas voor hem staat hij in rangorde onder Tony. Om zijn positie in de groep te bevechten, vertelt de nieuwkomer grappen.

Niet zomaar grappen, de ene grap is nog beter dan de andere. Aan de oppervlakte lijkt het een geinige situatie, maar het is heimelijk een strijd om de macht. Tony gaat namelijk mee in het spel, hij vertelt ook grappen. Zijn Tony's grappen goed? Nee. Ze zijn slecht. Geen plot, verhaallijn, punchline, niks. Wat gebeurt er? Als de ondergeschikte een grap vertelt, reageert de groep met af en toe een lachje, om Tony's grappen wordt gebulderd. Uiteindelijk beseft de ondergeschikte dat hij beter zijn mond kan houden. Op hetzelfde moment zie je dat Tony zich de woorden van de psychiater herinnert. Hij realiseert zich dat zijn mannen niet lachen omdat hij grappig is, maar omdat hij de *baas* is. Een treurige constatering.

Leiderschap

Overigens. Uit ander onderzoek, verricht door ontwikkelingspsychologe Mirella Dapretto, blijkt dat pubers die het gedrag van leeftijdsgenoten spiegelen *populairder* zijn dan pubers die minder spiegelen. Pubers die meer spiegelen, hebben als het gaat om sociale status dan ook een *hogere positie* in de groep. Blijkbaar is spiegelen een manier om *sympathie* te verwerven.[9] Deze uitkomst lijkt tegengesteld aan de observaties van de *Larry King Show*. Daar spiegelden immers juist degenen die zich als ondergeschikte zagen. Hoe zit het dan met macht en spiegelen? Wel, het is te simpel om te concluderen 'wie spiegelt is de ondergeschikte, wie gespiegeld wordt de baas'. De werkelijkheid is blijkbaar iets subtieler en complexer. Aangezien leiders tegenwoordig meer en meer afhankelijk zijn van de *sympathie* van hun medewerkers, kan spiegelen juist voor hen ook een manier zijn om aanzien en status te *verwerven.* Deze vooronderstelling komt overeen met de uitkomsten van ons tweede onderzoek (waarover later meer) onder een groep leidinggevenden bij IFS. De leidinggevenden die beter spiegelden, komen – op een bepaalde manier nogal raadselachtig, het lijkt immers alsof ze zich vooral *aanpassen* aan de ander – als wilskrachtiger directer en eerlijker over.[10] Een intrigerende uitkomst die tot nadenken stemt. Blijkbaar ervaart de ander ons als wilskrachtiger, naarmate wij ons gedrag *meer* aanpassen aan de ander. De belangrijkste en cruciale conclusie die we dan ook kunnen trekken over de relatie tussen spiegelen en macht is dat spiegelen vooral leidt tot meer *sympathie.* Blijkbaar spiegelt degene die er belang bij heeft sympathie te verwerven. Dat kan dus zowel iemand met weinig, als iemand met veel macht of status zijn.

Emotionele besmetting

Spiegelen speelt niet alleen een rol als het gaat om het bepalen van de status in een groep, maar ook in allerlei andere sociale situaties. Als mensen alleen zijn, lachen ze *minder* vaak dan wanneer ze samen zijn. Zo ontdekte Robert Provine, dezelfde onderzoeker die we al eerder tegenkwamen bij het gaaponderzoek, dat deelnemers aan een ander onderzoek – waarbij hij mensen observeerde die naar grappige videoclips keken – maar liefst *dertig keer* meer lachten als ze in gezelschap keken dan wanneer ze alleen waren. Hij stelde vast dat in gezelschap slechts in 15 procent van de keren dat gelachen werd er daadwerkelijk iets te lachen viel, de andere 85 procent heeft vooral de functie van het leggen van contact.

Niet alleen plezier, maar ook andere emoties als verdriet, hysterie en woede kunnen zich razendsnel en met groot gemak onder een groep mensen verplaatsen. Een menigte heeft soms aan een gil of een knal al genoeg om – net als een school vissen of een kudde paarden – binnen een paar seconden van volkomen rust in radeloze paniek te transformeren. Om de snelheid en de onweerstaanbaarheid waarmee emoties tussen mensen zich kunnen verspreiden te benadrukken, wordt dat verschijnsel door psychologen omschreven als emotionele *besmetting.* We kunnen in veel gevallen simpelweg geen weerstand bieden aan de emoties van andere mensen.

Beïnvloeden

Als spiegelen zo'n cruciale rol speelt in het sociale verkeer – en dat doet het dus klaarblijkelijk – dan roept dat een andere, misschien nog wel interessantere vraag op: is de redenering niet *om te keren*? Zou het niet zo kunnen zijn dat je, door *bewust* iemand anders te spiegelen, de ander kunt beïnvloeden? Met andere woorden, zouden we spiegelen – zoals ik dat bij de schouwburgdirecteur deed – ook als bewuste en doelgerichte strategie in kunnen zetten, niet alleen om de ander aan te voelen, maar ook om de ander te *beïnvloeden*? Ook hier is het antwoord 'ja'. Er zijn de afgelopen jaren veel onderzoeken verricht, waarin deelnemers gevraagd werd de ander *bewust* te spiegelen. Uit deze onderzoeken blijkt dat mensen die goed spiegelen interesse en nieuwsgierigheid van anderen kunnen opwekken, door de ander als sympathieker ervaren worden, als ober hogere fooien krijgen, bij salarisonderhandelingen een beter resultaat behalen, bij zakelijke conflicten een *voor beiden* bevredigende uitkomst realiseren en in staat zijn andere mensen te bewegen om eerlijker tegen hen te zijn. Op al deze verschijnselen heeft spiegelen een positief effect en de kans is aannemelijk dat deze lijst de komende jaren alleen maar groter zal worden.

Spiegelen, omspiegelen

Kortom. Als we onze relaties met andere mensen willen *omdenken*, is spiegelen het meest krachtige instrument dat we tot onze beschikking hebben. Onderzoek heeft ons in dat opzicht overtuigende bewijzen geleverd en onze eigen workshops geven mij de directe ervaring *hoe* het werkt, hoe het er in de praktijk uitziet. Deze praktische kennis en inzichten wil ik in de volgende delen van dit boek met je delen.

In eerste instantie zal ik het hebben over de directe effecten van het *spiegelen*. Je zou kunnen zeggen dat spiegelen de manier is om 'ja' te zeggen tegen de ander. Hem 'waar' te nemen, te zien zoals hij is. Mensen lijken overal op voorbereid te zijn, behalve gezien te worden zoals ze zijn, te mogen *zijn* wie ze zijn. Vreemd genoeg heeft dat vaak het meest ontregelende effect op een relatie. Het is positie die je ook als 'ik ben oké, jij bent oké' zou kunnen omschrijven.

Daarna zal ik een fenomeen beschrijven dat ik 'omspiegelen' noem. Omspiegelen zou je kunnen beschouwen als de versterkende stap van spiegelen. Zoals spiegelen in de Ja-maar-filofosie gelijk is aan 'ja', zo is omspiegelen gelijk aan *'ja-en'*. Het is de overtreffende trap van spiegelen. Je zou het ook als het erop-en-over-fenomeen kunnen betitelen. Door de ander *om te spiegelen* ontstaat er altijd en per definitie een omkering der dingen. Je accepteert namelijk de ander *in sterkere mate* dan hij zichzelf accepteert. Was spiegelen al ontregelend, omspiegelen is dat helemaal. Voor de ander, maar misschien nog wel meer voor *jezelf*. Om die reden zou je deze positie ook kunnen definiëren als 'ik ben oké, jij bent een goudmijn'.

Dansleraar

Uiteraard besef ik dat dit gehele project een nogal hachelijke onderneming is. Het verloopt immers via papier. Ik voel me een beetje als een dansleraar die een boekje schrijft over de chachacha of tango en dan met van die voetjes – ken je die boekjes? – op papier de stappen probeert uit te leggen. Spiegelen is, net als dansen, iets wat je vooral moet *doen*. Het gaat om voelen, ervaren, uitproberen. Naast kennis en inhoud gaat het vooral over zaken als ritme, toon, houding en timing. Vooral voor de wat meer analytisch ingestelde lezer is het misschien lastig van papier te leren 'dansen', maar ik heb er alle vertrouwen in dat we, ondanks de barrières van taal en de afwezigheid van een dialoog, samen een heel eind kunnen komen. Uiteindelijk is het, net als bij dansles, de kunst om het stap voor stap, met vallen en opstaan en af en toe op de tenen staan van je danspartner, onder de knie te krijgen. Na enig oefenen zal je merken dat spiegelen, net als dansen, uiteindelijk gepaard gaat met plezier, schwung, humor en energie. Bewegen zonder nadenken. Zoals je ook leert fietsen of autorijden. Het lichaam weet wat het moet doen.

Is spiegelen een techniek die we moeten *aanleren*? Nee. Integendeel. Spiegelen is de basistaal van de mens. We worden ermee geboren, het is natuurlijk, oorspronkelijk en *spontaan* gedrag. We doen het al binnen 41 minuten na onze geboorte. Het is vooral de kunst om het ons te *herinneren*, ons bewust te worden van de momenten dat we het spontaan al doen en ontelbare keren gedaan hebben. De kans is dan ook groot dat je eerste passen op de dansvloer – hoe onwennig ze misschien ook voelen – niet anders zijn dan een herhaling van eerdere danslessen. 'O ja, natuurlijk, zo gaat dat.' Je zal merken dat het in eerste instantie niet zozeer de kunst is om het spiegelen aan te leren, alswel om het *niet* spiegelen af te leren.

Naar mijn overtuiging is spiegelen vanuit liefde, betrokkenheid en nieuwsgierigheid dan ook het meest *natuurlijke* gedrag dat we tot onze beschikking hebben. Het is een daad van oprechte, volledige en onvoorwaardelijke overgave. Het is de fysieke uitingsvorm om ongecensureerd 'ja' te zeggen tegen de ander. Spiegelen is het meest krachtige bewijs dat we ons openstellen voor de ander. Zoals baby's en ouders dat doen, zoals geliefden dat op hun meest intieme momenten doen. Door te spiegelen kunnen we de ander het mooiste geschenk geven dat we tot onze beschikking hebben. Onszelf. In ruil daarvoor krijgen we we het mooiste geschenk terug dat we kunnen ontvangen. De ander.

Let's dance

Overigens. Als ik nog even mag? Is het je nog steeds gelukt om de sokken van je partner niet op te ruimen, minzaam te glimlachen naar je te drukke zoontjes en met een binnenpretje te kijken naar je irritante levenspartner? Zo ja, top. Ik ben benieuwd of zij het al in de gaten hebben. Of ze misschien zelf de sokken al zijn gaan opruimen. Zo nee, mocht je je alsnog ergeren, ook top. Als we al niet eens minzaam, op een ja-manier, naar onszelf kunnen kijken, hoe kunnen we dan anderen zo beschouwen? Ja toch?! Anyhow. Genoeg gepraat. Op naar het antwoord op het grote 'hoe'. *Hoe* kunnen we met spiegelen relaties omdenken? Ik zou zeggen, pak je dansschoenen, strik de veters, plaats je voeten in de eerste positie, *let's dance.*

II

Spiegelen

Ja

ik ben oké, jij bent oké

spiegelen

Argibald had zijn eigen methode om met relatieproblemen om te gaan.

Afstemmen

Tim

Stel, je bent kleuterjuf. Het nieuwe jaar is begonnen. Een jongen komt voor het eerst de klas binnen. Laten we hem Tim noemen. Zijn moeder neemt afscheid en hij blijft wat schuchter in de hoek van de klas staan. Zijn belangrijkste gedragskenmerk is dat hij je niet in de ogen durft te kijken. Wat is, denk je, een verstandige manier om hem op zijn gemak te stellen? Wat zou jij als kleuterjuf op zo'n moment doen? Ik kom er straks op terug.

Florence Nightingale

In de omgang met andere mensen zijn we nogal snel geneigd hen te *helpen*. En hoe doen we dat, hoe helpen we? Door datgene wat we als hun gebrek of tekort zien te *compenseren*. Is iemand gedemotiveerd? We beuren hem op! Is iemand verdrietig? We maken haar aan het lachen! Is iemand onrustig? We brengen hem tot rust! Door ons gedrag met dat van de ander te contrasteren, hopen we op een soort gezond gemiddelde uit te komen. Uiteraard doen we dat voor de ander. Ons motief was de ander te *helpen*.

'We krijgen ons huis maar niet verkocht, nou hebben we al negen maanden dubbele lasten.'
'Nou, hoe erg is dat?! Ik ken genoeg mensen die helemaal geen huis hebben!'

'Ik heb gehoord dat ik terminaal ben. Nog drie maanden. Hoogstens.'
'Gelukkig. Komt er eindelijk een eind aan een periode van onzekerheid!'

Het patroon is vergelijkbaar met hoe ik geneigd was de schouwburgdirecteur binnen twintig seconden na onze ontmoeting 'op te leuken'. Maar wat hopen we ermee te bereiken? Dat we het gedrag van de ander daarmee ten positieve veranderen? Helaas werkt deze aanpak bijna per definitie averechts. Wat is namelijk de *impliciete* boodschap van jouw tegenovergestelde houding? Dat de ander niet goed is zoals hij is. Wie verdrietig is, moet blij zijn. Wie onrustig is, moet gekalmeerd worden. Wat ben je dus – als je er goed over nadenkt – *eigenlijk* aan het doen? Je bent de ander (on)bewust aan het beleren, veranderen en opvoeden. En dan ook nog eens op een heel akelige manier. Je doet namelijk voor, je laat met je eigen gedrag zien, hoe de ander zich *hoort* te gedragen. Zonder dat met zoveel woorden te zeggen, is de boodschap 'kijk, ik zal je even laten zien hoe het moet'. Wel, de meest effectieve manier om mensen tegen je in het harnas te jagen is ze ongevraagd *op te voeden*. Het is een levensles die we allemaal vroeg of laat ontdekken. De ander tegen zijn of haar zin willen veranderen is een van de meest tragische doelstellingen die je je als mens kan stellen. Het gaat ook de hele tijd mis. Als je het wilt, gebeurt het *niet*. Als je het niet wilt, gebeurt het juist *wel*. Aan het begin van een relatie denken sommige vrouwen nogal eens dat *zij* hem wel kunnen veranderen. Deze vrouwen denken over het soort geheimzinnige krachten te beschikken waardoor mannen die door iedereen als hopeloos worden gezien opeens hun menselijke kant laten zien. Om die reden krijgen juist de ergste mannen – seriemoordenaars, zedendelinquenten – regelmatig hartveroverende liefdesbrieven van vurige 'aanbidsters'. In een Florence Nightingale-achtig scenario zien deze vrouwen zichzelf als opofferende heldin het leven van deze voor de hel bestemde man alsnog richting hemel kantelen. Helaas. Het resultaat van dergelijke pogingen is vaak nogal teleurstellend.

Kortom. De ander willen *veranderen* is een nogal heilloze onderneming. Er is dan ook geen mooier geschenk dan de ander te accepteren. Het geeft rust, een gevoel van tevredenheid en vooral

– als het gaat om relaties – *verbinding*. Want wat is er mooier dan ons volledig geaccepteerd te weten door de ander? Niet in woorden, maar in daden. Niet door ons eigen gedrag, maar het gedrag *van de ander* leidend te laten zijn.

Oogcontact

Wat betekent dit voor onze ontmoeting met Tim, de schuchtere leerling? Misschien was het je eerste impuls om de jongen *op z'n gemak* te stellen. Dat klinkt nobel, maar als je daar niet de goede vorm voor kiest, zal het snel uitlopen op een ongevraagde poging tot instant-verandering van een medemens. Wat is onze valkuil? Aangezien we geleerd hebben dat 'aankijken' *gelijkstaat* aan 'contact maken' – van jongsafaan wordt dit er ook ingepeperd, 'geef een hand, kijk de ander even netjes aan' – zijn we op zo'n moment geneigd *oogcontact* te zoeken. We denken 'als Tim en ik elkaar even in de ogen kijken, kan hij zich ontspannen'. Hoe zou de dialoog vervolgens kunnen verlopen?

> juf (met luide stem) *'Hé, een nieuwe leerling! Je mag me wel even aankijken, hoor!'*
> Tim (kijkt haastig weg) '...'

Helaas is alles in de trant van 'je mag me wel even aankijken, hoor' op zo'n moment zo'n beetje het ergst wat je kunt doen. Waarom? Omdat Tim al schuchter wás. Precies *daarom* keek hij weg. Tot nu toe slaagde zijn strategie om niet al te veel op te vallen redelijk goed. En nou moet hij opeens oogcontact maken! En dat terwijl van alle vormen van menselijke communicatie 'aangekeken worden' zo'n beetje de gevaarlijkste is. De kans is dan ook levensgroot dat de leerling zich juist *geïntimideerd* zal voelen. Oeps. Ik moet de juf aankijken. Wat is dus het resultaat? Precies het tegenovergestelde van wat je beoogde. De leerling raakt alleen maar meer gestrest. Blijkbaar, zo zal hij concluderen, is het niet oké om weg te kijken. Blijkbaar *moet* er oogcontact met de juf gemaakt worden. Zelfs áls de leerling dat al zal doen – de kans is groot dat hij op zo'n moment juist onder een tafel duikt of snel naar zijn moeder rent – geeft dat hem een uiterst geforceerd en ongemakkelijk gevoel. Dus hoe dan wel? Simpel. Kijk ook even weg! Wees ook even 'schuchter'. Ik besef heel goed dat jij zelf niet schuchter bent. Je hoeft ook niet *toneel te spelen* alsof dat zo is. Daar gaat het niet om. Waar het wél om gaat is dat je door weg te kijken de leerling letterlijk *de ruimte geeft* om zélf het tempo van de ontmoeting te bepalen. Je laat hem even met rust, precies waar hij op dat moment behoefte aan heeft. Geroutineerde juffen en meesters weten hoe je dit moet doen. 'Zo'n jongen of meisje moet je even met rust laten, dan geef ik even de plantjes water of rommel wat in een bureau.' Blijkbaar geldt hier een paradoxale regel: door op gedragsniveau ogenschijnlijk *geen* 'contact' te maken, ontstaat er op dieper niveau juist wél contact. Er zijn twee mensen in de ruimte die elkaar begrijpen en aanvoelen. De juf voelt aan dat het voor het kind spannend is om voor het eerst in de klas te zijn. En ze laat dat merken, niet door het te benoemen, maar door het in haar eigen gedrag te weerspiegelen.

Zou moeten, zou kunnen

Om daadwerkelijk met andere mensen contact te kunnen maken, is het dan ook van belang onze manier van denken, onze aannames over wat hoort en niet hoort, los te kunnen laten. Hoe vastomlijnder onze ideeën zijn over hoe mensen zich *moeten* gedragen, des te minder zullen we in staat zijn te accepteren hoe mensen zich *kunnen* gedragen. En des te minder zullen we hun gedrag kunnen spiegelen. Bijvoorbeeld. Als jij een meisje bent dat geleerd heeft dat het 'niet beleefd' is mensen *aan te kijken* en je wilt contact maken met een zelfverzekerde potentiële opdrachtgever, dan zal je je doel niet bereiken als je steeds naar beneden blijft kijken. Logisch. Maar andersom geldt precies hetzelfde. Als jij bemiddelaar bent in een conflict en je hebt te maken met een gesprekspartner die geleerd heeft met name in het begin niet te veel oogcontact te maken, dan kan je nog zo beleefd zijn, vriendelijke dingen zeggen en interesse tonen, maar op het moment dat je daarbij de ander recht in de ogen kijkt, kan het niet anders of je komt als dominant, arrogant en te zelfverzekerd over. Het *klikt* niet. De gewoontes, gedragingen, normen, waarden en cultuur van andere mensen kunnen *accepteren* is dan ook een absolute voorwaarde om contact te kunnen maken. Door te spiegelen geven we aan dat we bereid zijn ons aan te passen aan de ander.

Lauw bier

Nou begrijp ik goed dat 'aanpassen' de nodige weerstand oproept. Moet ik me als vrouw in een door mannen gedomineerde omgeving dan ook mannelijk gaan gedragen? Moet ik als natuurkundeleraar het gegiechel van veertienjarige meisjes overnemen? Moet ik als vrouw respecteren dat een overtuigd moslim mij geen hand wil geven? Tja. Lastige vragen. Er zijn verschillen tussen mensen en die zijn vaak niet makkelijk op te lossen. Toch, als je werkelijk contact wilt met de ander, is het de kunst om in eerste instantie zo veel mogelijk de *overeenkomsten* te spiegelen. En of je verschillen of overeenkomsten ziet, heeft vooral met jouw *manier van kijken* te maken. Ook als de verschillen ervan afspatten, kunnen mensen soms op een wonderbaarlijke manier de overeenkomsten benadrukken. Vaak met een onmiddellijk verbroederend effect. Zo was er een eigenaar van een beddenwinkel, wiens – wegens een verbouwing – leegstaande pand op een nacht demonstratief door een groep krakers in bezit was genomen. De volgende ochtend arriveerde hij bij zijn winkel. Wat zag hij? Zwarte vlaggen met het teken van de kraakbeweging voor de etalage, een groep van zo'n twintig krakers met hanenkammen, piercings en leren jacks op de stoep, harde muziek. Wat deed de eigenaar? Hij kocht twee kratjes bier, kwam in z'n gewone kloffie de winkel binnen, zette vriendelijk de twee kratten neer. Het eerste wat hij deed? Zijn excuses aanbieden.

'Sorry, dit bier komt zo uit de supermarkt, beetje lauw.'
'Is geen punt, joh. Wie ben je? Buurtbewoner of zo?'

Tot verbazing van de krakers vertelde de man dat hij de eigenaar was. Vriendelijk informeerde hij naar de plannen van de krakers. En zijn eigen belang? Daar sprak hij niet over. Zelfs niet toen de krakers hem ernaar vroegen. Een maand later, toen de geplande verbouwing van start ging, verlieten de krakers netjes het pand. Hij wenste ze verder succes met hun acties.

Is spiegelen een garantie voor succes? Nee, natuurlijk niet. Kan elke kraker tot vriend gemaakt worden door 'zijn taal' te spreken? Nee, dat zou wel heel naïef zijn. Wat ik in elk geval wél weet, is dat contrasteren, het benadrukken van de *verschillen*, bijna per definitie averechts werkt. Als de eigenaar van de winkel in een keurig pak met stropdas was komen aanlopen, was hij waarschijnlijk niet eens binnengelaten. Alleen al door zijn kleding zou hij meteen als 'een ander' gezien worden.

Aanleren? Afleren!

'Hoe werkt spiegelen?' Dat is de centrale vraag van deze eerste dansles. Met de voorgaande constatering is een eerste antwoord gegeven. Het begint ermee, zoals we ook al aan het slot van het vorige hoofdstuk zagen, dat we ons bewust worden van onze neiging om te *contrasteren.* De impuls om te contrasteren kan soms zo krachtig werken – een leerling kijkt weg, wij kijken hem aan – dat het voelt als de meest logische en vanzelfsprekende reactie. Voor je het weet schiet je in een *tegenrol.* Terwijl je misschien denkt op een authentieke en natuurlijke manier te reageren, is je gedrag op zo'n moment echter een reactie op de ander, een compensatie van zijn ogenschijnlijke 'tekortkoming'. Spiegelen begint, kortom, met de bewustwording dat we vaak juist *niet* spiegelen.

De logische volgende vraag is dan ook, *hoe* kunnen we ons daarvan bewust worden? Hoe kunnen we *voorkomen* dat we in een tegenrol schieten? Om die vraag te kunnen beantwoorden is het van belang met name de eerste seconden van een ontmoeting wat nauwkeuriger te bestuderen. Hoe verloopt precies een eerste contact?

Komabinne

Stel je voor, vrijdagavond acht uur. Je belt aan bij je beste vriend Fred. Jullie gaan stappen. Bioscoop, kroeg, het zal laat worden, je hebt er zin in, lang niet gezien, dat idee. Je vriend doet echter met een bedrukt gezicht open en mompelt half hoorbaar iets in de trant van *komabinne*. Hoe reageer je dan? 'Ha Fred, tijger! Pak je jas. We gaan!' Nee. Natuurlijk niet. Alhoewel je nog *geen idee* hebt wat er aan de hand is, vertelt je intuïtie je *meteen* dat er iets mis is. Je hebt alleen nog geen idee wat precies. Laat staan waarom. Maar dát er iets aan de hand is voel je meteen aan. En dus zal je je gedrag op Fred *afstemmen*. Je vertraagt je tempo, neemt enigszins zijn houding over, zet je voorpret over de avond even aan de kant en vraagt, in overeenstemming met zijn stemming, 'is er iets?'

Dit alles, dit proces van afstemmen, gebeurt in een fractie van een seconde. We doen het voortdurend, spontaan en volledig automatisch. Eerst stemmen we af, maken we *contact* met de ander, pas daarna wordt *informatie* uitgewisseld. Het is een simpele en logische regel: eerst contact, dan informatie. Dit gaat zo snel en zo vanzelfsprekend dat we ons het meestal niet bewust zijn. Net zoals de baby's die Piaget observeerde bij nader inzien *eerst* de wereld imiteerden en hem pas *daarna* begrepen, zo doen wij dat als volwassenen nog steeds. Eerst imiteren we Fred. Onbewust. Vanzelf. Pas daarna begrijpen we *waarom*.

Modem

Dit afstemmen zou je als een *voorfase* van spiegelen kunnen beschouwen. Zolang je niet afgestemd bent, spiegel je de ander nog niet. Als je eenmaal bent afgestemd, spiegel je de ander. Afstemmen is misschien nog wel het best te vergelijken met hoe vroeger twee computers met elk een eigen modem contact met elkaar moesten maken. Modems konden namelijk met verschillende snelheden data versturen en ontvangen. Zogenaamde *bauds*. Om met elkaar te communiceren moesten die apparaten dus eerst informatie uitwisselen op het niveau van 'welke snelheid zullen we kiezen', pas daarna vond de daadwerkelijke informatie-overdracht plaats. Eerst contact, daarna communicatie. Voor diegenen die het zich nog herinneren, eerst hoorde je dan een aantal piepjes, piep-tuut-pauze, piep-tuut-piep en even later volgde er dan een stroom piepjes. Prrrriiieet-prrrieettt-prrrriieeettt. En er rolden in nog geen minuut wel drie mailtjes binnen! Het was een wonder.

Als het gaat om het maken van contact tussen mensen werkt het in feite op precies dezelfde manier. Eerst vindt afstemming plaats – zoals gezegd, dit zou je de voorfase van spiegelen kunnen noemen – daarna spiegelen we pas daadwerkelijk het gedrag van de ander en kan informatie-overdracht plaatsvinden. Zonder goede afstemming is spiegelen niet mogelijk.

Hé Beer, hé Bert

Helaas stemmen we vaak nogal beroerd af. We zijn zozeer bezig met onszelf dat we de ander simpelweg niet waarnemen. Het Ha-Fred-jas-aan!-syndroom. Dat kan allerlei oorzaken hebben. We willen ons verhaal kwijt. Onze emoties zitten ons in de weg of we zijn er met ons hoofd even niet bij. Kortom, hoe beter we in staat zijn onszelf – al is het maar even – aan de kant te zetten en ons open te stellen voor de ander, des te beter zal het ons lukken af te stemmen op de ander. Dus hoeveel voorpret we ook hebben Fred te ontmoeten, het is de kunst *vlak voor het aanbellen* even uit te ademen, de geest leeg te maken – zoals kinderen vroeger een tekengerei hadden, een soort grijs tableau, je kon er dan met een speciale pen iets op tekenen, als je het dan niet mooi vond, kon je met een soort schuif, rits-rats, de tekening verwijderen en volledig blanco opnieuw beginnen – en zodra Fred de deur opendoet even 'leeg te maken' en af te stemmen. Dat klinkt misschien kunstmatig, maar dat is het niet. Integendeel. Het is een *instinctief* vermogen. We hoeven er niets voor te *doen*, we moeten er vooral iets voor *laten*. Namelijk onze eigen verwachtingen. Toen Beer, onze jongste zoon, vijf jaar was – op die leeftijd was hij nogal in zichzelf gekeerd en schuchter – en zijn beste vriend Bert kwam langs – een wat extraverter en daadkrachtiger manspersoon – kon ik als ouder vaak een geraffineerd palet aan subtiele gedragingen waarnemen als zij elkaar begroetten. Het mooie van kleuters is namelijk dat zij nog 'onbewust bekwaam' zijn, ze weten nog niet echt 'hoe het hoort'. Toch konden ze perfect afstemmen. Hoe ging dat? Bert belde aan, Beer deed open. Eerst zei Bert dan – ondertussen aftastend in welke stemming Beer verkeerde – enigszins blijmoedig 'hé Beer'. Beer begroette dan met een bromstem terug 'hé Bert'. Dan was het even stil. Je zag dat Bert in tempo en toon wat terugschakelde, terwijl Bert juist wat opschakelde en anderhalve seconde later – als de afstemming zo'n beetje gerealiseerd was – vervolgde Bert met 'spele?!', waarop Beer antwoordde 'ké'.

Bandbreedte

Dit proces van afstemmen op de ander gaat soms gemakkelijk, maar soms kost dat ook meer moeite. Iedereen communiceert immers op zijn of haar manier. Sommige mensen hebben een – wat ik noem – ruime *bandbreedte*. Ze kunnen zich aanpassen aan verschillende culturen, gewoonten en normen, spreken vaak letterlijk meerdere talen en hebben niet zoveel moeite hun houding af te stemmen op de ander. Als ze in Afghanistan door een stamhoofd uitgenodigd worden op de grond thee te drinken, zullen ze niet lopen zeuren over een stoel, tegen een kind praten ze anders dan tegen een volwassenene en als iemand ze een grote mond geeft, zullen ze zich – als dat nodig is – er niet ongemakkelijk bij voelen een grote mond terug te geven. Andere mensen hebben daarentegen een nogal *smalle* brandbreedte. Ze zijn op een bepaalde manier ééntypisch. Communiceren moet vooral op *hun* manier. Ze hebben een specifieke 'stijl', 'cultuur' of 'manier van doen' die ze, los van de context, bijna dwangmatig inzetten. Ze noemen dat dan 'wie ik ben', of 'zo doe ik dat nou eenmaal' en weigeren consequent onderscheid te maken tussen *wie ze zijn* en *wat ze doen*. Ze rechtvaardigen hun eendimensionale manier van doen met verwijzingen naar hun *identiteit* – die is natuurlijk onwankelbaar – hun *cultuur* – die is uiteraard superieur of op zijn minst uiterst belangrijk – en vooral hun *eerlijkheid* en *oorspronkelijkeid.*

> *'Ja, zo ben ik nou eenmaal, ik ga me niet mooier voordoen dan ik ben.'*
> *'Ik was gewoon boos, moet ik dan soms doen of ik vrolijk ben, of zo?!'*

Door een smalle koker kijken ze de wereld in, zoals een radar met een smalle lijn voortdurend de horizon aftast naar potentiële vijanden. De enige manier om bij hen in beeld te komen, is door precies af te stemmen op hun golflengte.

Nou kunnen we wel allemaal *meningen* over 'deze mensen' gaan vormen (foute mensen), maar voor we het weten maken we – omdat we vinden dat deze mensen niet binnen *onze* bandbreedte vallen – deel uit van hetzelfde probleem. We doen wat we hen verwijten. Wat mij betreft is er dan ook niets leukers dan te onderzoeken in hoeverre je *juist* mensen die ogenschijnlijk vér van je af staan kunt begrijpen en respecteren. Daarbij zijn de mensen met de smalste bandbreedte uiteraard het meest interessant. Als je te maken hebt met iemand die zijn best doet zich naar jouw stijl te voegen, dan is het makkelijk. Dan vind je beiden wel een frequentie waarop je elkaar begrijpt. Maar precies die ene frequentie vinden waarop iemand zich soms uitdrukt, *met zijn dans mee te kunnen dansen*, dat is veel uitdagender.

Waar moeten we concreet op letten als we op andere mensen willen afstemmen, zodat we hun gedrag kunnen spiegelen? Is dat wat ze zeggen? Hoe ze zich voelen? Een gebaar dat ze maken? Het antwoord is: *al deze dingen*. Al deze dingen zijn van belang als we mensen spiegelen. Mensen zenden letterlijk duizenden signalen uit. Om enige grip te krijgen op deze hoeveelheid signalen, onderscheid ik – van uiterst makkelijk tot (zeer) moeilijk, van aap-noot-mies- tot hbo+-niveau – vier verschillende niveaus.

De vier niveaus

Het eerste niveau is dat van het *gedrag*. Gedrag is wat mensen doen, wat we aan de buitenkant kunnen waarnemen. Dit niveau is het meest *zichtbare* niveau. Het tweede niveau is al wat minder goed waarneembaar, het gaat daarbij om *emoties*, wat mensen voelen. Soms spatten emoties er vanaf, maar soms zijn ze ook lastiger of nauwelijks waarneembaar. Wij zijn immers prima in staat onze gevoelens te verbergen. Het derde niveau is dat van de *identiteit*. Onder identiteit vallen overtuigingen, ons zelfbeeld, normen en waarden en de cultuur waartoe we behoren, kortom, alles wat bepaalt wat en wie we zijn. Het laatste niveau, tegelijkertijd het minst zichtbare niveau, is dat van de *intenties*. Onder intenties vallen behoeften, wensen en verlangens, alles wat mensen (on)bewust willen, maar ook alles wat ze (on)bewust niet willen, waar ze bang voor zijn. Intenties hebben dus betrekking op de diepere *drijfveren* van mensen, hun beweegredenen. Met name dit laatste niveau is het meest lastig te spiegelen, aangezien we vaak zeer terughoudend zijn om onze bedoelingen kenbaar te maken. We laten ons nou eenmaal niet graag in de kaart kijken.

Hoe hoger het niveau waarop we in staat zijn iemand te spiegelen, des te sterker zal het effect zijn. Tegelijkertijd geldt de regel dat hoe hoger het niveau, des te *moeilijker* het is om de ander te spiegelen. Je kan wel meteen zien hoe iemand zich gedraagt, maar naar wat de ander denkt, voelt, laat staan wil, kan je in eerste instantie slechts *gissen.* Dit brengt ons derhalve in een lastig parket. Voor spiegelen gelden namelijk twee – elkaar tegengestelde – regels: hoe lager het niveau, des te *makkelijker* het is om te spiegelen, hoe hoger het niveau, des te *belangrijker.*

Tja.

Als je de ander dus accuraat wilt spiegelen – en dat zal in de praktijk dus vaak uiterst *snel* moeten, mensen gaan hun gedrag natuurlijk niet vertragen, zodat jij ze eens rustig kunt observeren – zul je je dus per definitie moeten behelpen met de eerste uiterlijke indrukken, en *neigt* spiegelen dus in eerste instantie naar een oppervlakkige imitatie van de ander. Toch hoeft dit geen onoverkomelijke belemmering te zijn. Integendeel. Door accuraat het gedrag van de ander te spiegelen, kan je vaak verrassend snel toegang krijgen tot zijn binnenwereld. Identiteit, emoties en intenties zijn namelijk *zichtbaar* en *voelbaar* in iemands gedrag. Ze sijpelen er als het ware doorheen. Je kan het spiegelen van gedrag dan ook zien als een sleutel die je in een slot steekt. Als je goed spiegelt heb je de sleutel in handen om de deur naar iemands binnenwereld te openen. Spiegelen van gedrag is het *middel,* contact krijgen met iemands binnenwereld het *doel.*
Hóé je de sleutel in het slot kunt steken en tot welke – vaak onvermoede – binnenwerelden je jezelf daarmee toegang kunt verschaffen, is de kernvraag die hierna aan de orde komt. Ook hier geldt dat deze vraag in eerste instantie vooral over *de ander* lijkt te gaan.

Johnny's vocabulaire bestond vrijwel geheel uit prikkelwoorden.

Gedrag

Fright, fight, flight

Als er iets is wat mensen *goed* kunnen, dan is het wel op basis van een eerste indruk van iemands lichaamshouding een vrij nauwkeurige inschatting van de ander maken. Binnen een paar seconden bepalen we of de ander geïnteresseerd, onzeker, belangstellend, open of wantrouwig is. We beschikken over een verfijnde intuïtie om dat razendsnel te kunnen. Evolutionair gezien is het een cruciale vaardigheid. Om te overleven was het immers van doorslaggevend belang om in een fractie van een seconde te besluiten 'rennen', 'aanvallen' of 'niets doen'. *Fight, fright, flight.* Loopt de ander rechtop of gebukt, kijkt hij schichtig om zich heen of juist (over)geconcentreerd naar één punt, is zijn rug gespannen of ontspannen, al deze waarnemingen zullen we razendsnel verwerken, zodat we binnen een paar seconden een redelijk nauwkeurig eerste oordeel hebben. De ander doet op zijn beurt hetzelfde. Nog voordat er een woord gezegd is, hebben beide gesprekspartners een eerste indruk van elkaar.

Goed, fout

Nou is dit allemaal niks nieuws en waarschijnlijk heb je, net als ik, juist om die reden van jongs af aan meegekregen dat een eerste indruk van groot belang is en dat je daarbij goed op je houding moet letten. Wat vinden we (zeker in het Westen) normaal gesproken een 'goede' houding? Rechtop staan, open armen (zeker niet over elkaar), oogcontact maken, (maar zeker ook niet wegkijken), een vriendelijk gezicht (glimlachen), et cetera, et cetera. Is dit slecht? Nee, natuurlijk niet. Met een open en vriendschappelijke houding als uitgangspositie is de kans groot dat je je in negentig procent van de gevallen prima kunt redden. Wanneer namelijk? Als de ander *precies dezelfde* beleefdheidsregels hanteert en een vergelijkbare houding kiest. Op dat moment is er namelijk sprake van gelijkgestemdheid. Jullie spiegelen elkaar. Niks aan de hand. Het wordt alleen lastig als de ander zich *niet* aan dergelijke conventies houdt. Want als jij je ook dan keurig blijft gedragen, 'hoe het hoort', vindt er geen klik plaats. Sterker nog, hoe *meer* je je best doet je keurig te gedragen, des te groter het probleem.

Voorover, achterover

Een voorbeeld. Stel, je voert een sollicitatiegesprek. Je doet je best het gesprek goed te laten verlopen, maar wat je ook probeert, het lijkt niet te klikken. Je vraagt je af, wat doe ik verkeerd? Als je op zo'n moment even halt houdt en de situatie van een afstandje bekijkt, is de kans groot dat jij op dat moment *voorover* zit en je gesprekspartner *achterover*. Wat zeggen julllie lichamen op dat moment namelijk? Dat jij heel erg je best doet, je probeert de ander te overtuigen, je beweegt letterlijk naar hem toe, terwijl de ander jou – letterlijk – van een afstand bekijkt. Als je in zo'n situatie beland bent, is de kans groot dat je, om het contact te herstellen, juist *nog meer* je best gaat doen dus nog meer voorover gaat zitten. Het effect is slechts averechts. Hoe meer jij voorover zal zitten, des te meer zal de ander juist achterover gaan zitten. Het is als olie op het vuur gooien. Een typisch voorbeeld van vastdenken.

werkgever (zakt achterover) *'Nou, we weten wel genoeg, dank u vriendelijk.'*

sollicitant (nog verder voorover) *'Wilt u anders misschien nog weten wat mijn vier kerncompetenties zijn?! Dat kan heel snel hoor, geen probleem! Mijn eerste kerncompetentie is namelijk dat ik heel efficiënt ben! Komt dat even mooi uit, niet?!'*

Asymmetrie

Als je goed contact met mensen wilt houden, is het van belang dit soort primaire, in het oog springende signalen serieus te nemen. En te leren vertrouwen op lichaamstaal. Die moet *eerst* goed zijn, daarna volgt de inhoud van het gesprek meestal vanzelf wel. Andersom, zo durf ik te zeggen, werkt het in elk geval niet. Het is onmogelijk fysiek *niet* afgestemd te zijn en toch een goed gesprek te voeren. Zo zat ik een keer in een overleg bij een organisatie in de gezondheidszorg. De organisatie had vijf mensen vrijgemaakt om met mij, de dagvoorzitter die het programma aan elkaar zou praten, na te denken over de precieze invulling. Het gesprek leek prima te lopen. De sfeer was goed, er was koffie, geen onvertogen woord. Toch 'voelde' het niet goed. Dit is een voorbeeld van de lichamelijke ervaring waar ik het eerder over had. Je *voelt* dat er iets niet klopt. Ergens in je lichaam bouwt een onbehaaglijk gevoel zich langzaam op. Zoals gezegd, het is de kunst op dit gevoel, deze lichamelijke gewaarwording, te leren vertrouwen. Ik keek om me heen en opeens realiseerde ik me dat ik als enige voorover zat en alle anderen achterover. Op het moment dat ik dat zag, hield ik halt. Terwijl ik verder nog *geen idee* had wat er aan de hand was, had ik inmiddels geleerd dat een dergelijk opvallende fysieke *asymmetrie* ook inhoudelijk iets betekent. En dus ging ik ook achterover zitten. Even later, pas nadát ik dat had gedaan, realiseerde ik me dat terwijl ik de hele tijd voorstellen deed, zij vooral bezig waren ideeën te beoordelen. Onze houdingen weerspiegelden perfect onze houding in het gesprek. Het interessante was alleen dat ik dat pas begreep, *nadat* ik achterover was gaan zitten. Wat gebeurde er? Er viel een korte stilte. En niet veel later veranderden twee deelnemers aan het gesprek van houding. Zij gingen nu voorover zitten en namen het initiatief. Blijkbaar voelden zij aan dat dit het moment was om het stokje over te nemen.

Waren zij nu 'foute' en 'passieve' mensen, die ik door zelf van gedrag te veranderen, had gedwongen om ook mee te doen? Nee, natuurlijk niet. Het mes snijdt natuurlijk aan twee kanten.

Zoals ik me eraan ergerde dat ik 'allerlei ideeën had' en zij ze 'beoordeelden', zo is de kans groot dat zij zich eraan ergerden dat ik voor hun gevoel 'het tempo en de agenda bepaalde' en zij er – noodgewongen – alleen maar achteraan konden hobbelen. Spiegelen gaat niet over de ander veranderen. Spiegelen gaat over *contact maken*.

Weerstandsloosheid

Het leren spiegelen van gedrag dat we als 'fout' definiëren, is van cruciaal belang om relaties te kunnen omdenken. Het is de kunst om voortdurend ons eigen oordeel opzij te zetten, de ander te accepteren en dat *meteen* in gedrag te laten merken. Twijfelt iemand? Dan twijfelt hij! Is iemand geïrriteerd? Dan is hij geïrriteerd! Wat is daar zo erg aan?! Dit inzicht is van cruciaal belang. Waarom is het zo belangrijk, vraag je je misschien af. Simpel, omdat wij – zodra wij vinden dat iemand zich 'fout' en 'ongepast' gedraagt – daar vaak zélf onbewust op reageren. We zijn geneigd tegenovergesteld gedrag te kiezen. Iemand zit achterover? Wij gaan juist *voorover* zitten. Iemand is geïrriteerd? Wij manen hem tot kalmte. Zonder dat we daar bewust voor kiezen, laten we met ons gedrag op dat moment zien hoe we vinden dat de ander zich zou *moeten* gedragen. Wat is het effect? Onze reactie maakt dat we daarmee het contact *verbreken*.

patiënt (geïrriteerd) *'Aargh. Het jeukt zo verschrikkelijk onder het gips. Ik voel me zo machteloos. Kunt u daar nou echt niets aan doen, zuster Jannie?!'*

verpleegster (sussend) *'Meneer De Jong, het komt allemaal goed. U zult zien. Over twee maanden is het er alweer af. Of drie. Hoogstens.'*

De kans is echter groot dat de ander daardoor de hakken alleen maar meer in het zand zal zetten. De asymmetrie wordt alleen maar groter. Spiegelen lijkt misschien een vorm van manipuleren, maar naar mijn overtuiging is het tegendeel eerder het geval. Spiegelen is de ultieme uiting van het volledig *loslaten* van elke poging de ander te manipuleren. Paradoxaal genoeg heb je daardoor vaak een veel grotere invloed op het gedrag van de ander dan wanneer je de ander probeert te veranderen. Ik zou dat echter geen manipulatie noemen, eerder de ander in zijn waarde laten, de ander accepteren zoals hij is.

patiënt (geïrriteerd) *'Aargh. Het jeukt zo verschrikkelijk onder het gips. Ik voel me zo machteloos. Kunt u daar nou echt niets aan doen, zuster Jannie?!'*
verpleegster (geïrriteerd) *'Helaas. Ik sta net zo machteloos. Als ik mocht zou ik het gips er acuut af slopen. Dan pakte ik toch zo de hamer, meneer De Jong?!'*

55-38-7

Tot dusver hebben we het vooral gehad over houding, de manier waarop mensen met hun *lichaam* communiceren. Niet voor niets. Lichaamstaal is van alle vormen van gedrag de belangrijkste. Als het gaat om gedrag zijn er echter nog twee andere manieren waarop wij met elkaar communiceren. In 1971 publiceerde de psycholoog Albert Mehrabian de 55-38-7-regel. Op basis van onderzoek kwam hij tot de conclusie dat 55 procent van wat wij communiceren met onze houding te maken heeft, slechts 7 procent met wát we zeggen, de letterlijke *inhoud*, en maar liefst 38 procent met de *manier waarop* we het zeggen.

Met name dit laatste cijfer, 38 procent, is van groot belang. We zijn ons ervan bewust dat we goed op moeten letten wát we zeggen. Taal is een machtig instrument. Als je iets verkeerd onder woorden brengt, kan dat een ongewenst effect hebben. Maar dat het ook van belang is *hoe* we onze stem gebruiken – of we hard of zacht praten, staccato of melodieus, hoe we articuleren, maar ook of we hoesten, kuchen, onze keel schrapen met een mooi woord ook wel aangeduid als 'paralinguïstische communicatie' alles wat we doen met onze stem, behalve de letterlijke tekst – daarvan zijn we ons veel *minder* bewust. Alhoewel latere onderzoeken de cijfers van Mehrabian enigszins nuanceren, is men het er sindsdien wel over eens dat ze de verhoudingen goed weergeven. *Hoe* we de dingen zeggen, is blijkbaar veel belangrijker dan wát we zeggen. Als er iets is wat acteurs weten, dan is het wel dat ze door te variëren in toon één en dezelfde tekst duizenden invullingen kunnen geven. Kijk alleen al eens naar het verschuiven van klemtoon.

'Met MIJN man kan ik niet zo goed praten.'
(Met die van iemand anders wel soms? Wat is hier aan de hand?!)

'Met mijn MAN kan ik niet zo goed praten.'
(Met je minnaar wel? O. Vertel!)

'Met mijn man kan IK niet zo goed praten.'
(Met zijn voetbalvrienden of andere sukkels wel, is dat wat je bedoelt?)

'Met mijn man kan ik NIET zo goed praten.'
(Maar met allerlei andere mensen op de wereld wel?!)

'Met mijn man ik niet niet ZO goed praten.'
(Zo goed als wat precies? Is er een soort ideaal praatniveau!?)

'Met mijn man kan ik niet zo goed PRATEN.'
(Wat kan je dan wél met hem? Vertel, maak me gek!)

Toon

De manier waarop we onze stem gebruiken is kortom een onderschat medium. Verschillen in klank en toon kunnen allerlei nauwkeurige informatie geven over emoties en intenties. Naar het effect van stemgebruik is door Nalini Ambady een fascinerend onderzoek gedaan. Ze was benieuwd of er een relatie bestond tussen de manier waarop artsen hun stem gebruiken, de *toon* waarop ze praten, en het aantal keren dat ze door patiënten worden aangeklaagd. Ze had het vermoeden dat artsen die op een onaardige toon praten *meer* vervolgd worden dan artsen met een prettiger toon. Hoe toetste zij haar hypothese? Ze bewerkte geluidsopnames van honderden gesprekken tussen artsen en patiënten door ze zo te filteren dat alleen de toonhoogte, stembuiging en het ritme bewaard bleven. Wát er gezegd werd, de letterlijke tekst, was niet meer te verstaan. Ze liet vervolgens uiterst korte fragmenten van de gesprekken, zogenaamde *thin slices,* horen aan proefpersonen en vroeg hun de artsen te beoordelen op eigenschappen als warmte, vijandigheid, dominantie en bezorgdheid. Wat was haar bevinding? Als proefpersonen een arts als *dominant* beoordeelden, was de kans significant groter dat hij in het verleden aangeklaagd was; als de stem van de arts daarentegen als zachter en meer bezorgd beoordeeld werd, dan betrof het meestal een niet-vervolgde chirurg. Conclusie. Alleen al door een paar seconden naar slechts de toon van een arts te luisteren, kunnen proefpersonen voorspellen of deze arts vervolgd zal worden of niet.[11]

Bakkie koffie?!

Alweer enige tijd geleden, ik was ongeveer 25 jaar, werkte ik als beginnend regisseur in de Utrechtse wijk Betonbuurt. Het was mijn eerste kennismaking met 'oorspronkelijke Utrechters' en in eerste instantie was dat nogal schrikken. Waarom zijn ze steeds zo onaardig? vroeg ik me af. Peter van der Hoek, een collega die inmiddels enige jaren ervaring had in hetzelfde werk, snapte mijn verzuchting niet zo goed. 'Waarom denk je dat?' vroeg hij. 'Ik weet het niet,' antwoordde ik, 'gewoon de hele manier van doen. Hard, cynisch, direct.' Nou klopte deze analyse op zich wel. Ik kwam uit Apeldoorn, in verhouding is het leven daar wat gemoedelijker en gezelliger. Harde humor kent de Apeldoorner – voor zover 'de Apeldoorner' überhaupt bestaat, het grootste deel der Apeldoorners is import – niet echt, laat staan cynische humor. Toch ging ik met deze constatering voorbij aan het belangrijkste verschil: de mensen met wie ik te maken had, praatten *voor mijn doen* bijna allemaal uitzonderlijk hard. Volumineus. Alsof de hele stad mee moest luisteren.

'Ha jochie, bakkie koffie?!
Of hei-je liever kruide-thee?!'

Wat was het belangrijkste probleem? Daar waar zij voor hen gevoel 'normaal' praatten, ervoer ik het volume als 'intimiderend'. Zoals zij op hun beurt mijn volume mogelijk als *timide* ervoeren. In de loop der jaren – ik heb uiteindelijk tien jaar in Utrechtse wijken gewerkt – paste ik als vanzelf mijn volume aan. Daar hoefde ik verder niets voor te doen. Het was een natuurlijk proces.

Hard, zacht

Hard of zacht praten is een van de makkelijkste, maar ook een van de meest onderschatte manieren, is mijn ervaring, om de ander te spiegelen. Het is een vergeten gebied. Terra incognita. Terwijl er aantoonbare en belangwekkende verschillen tussen mensen bestaan. Zo praten Duitsers bijvoorbeeld gemiddeld *harder* dan Nederlanders. Een mogelijke verklaring voor dit verschijnsel zou gelegen zijn in het feit dat het Duits met zijn vervoegingen – mir, mich, dir, dich – gebaat is bij een duidelijke articulatie. Als je als Nederlander in Duitsland werkt, is het handig om je dit te realiseren en af en toe een tandje bij te schakelen. Misschien moet je soms iets harder praten dan voor jou als 'natuurlijk' voelt.

Holländer (brüllt) *'Gesellig hierzo! So mit die Muziek in die Kneipe!'*
Deutscher (brüllt) *'Keine Ahnung was du meinst, aber du bist supertoll!'*

Als je in volume niet afstemt, *klinkt* het simpelweg niet. En als het niet klinkt, klikt het niet. Overigens. Tussen Nederlanders en Belgen is het weer precies andersom. Zoals Duitsers voor ons gevoel voortdurend 'te hard' praten, zo ergeren we ons bij Belgen aan hun voortdurende gefluister. Het voelt als onnodig schuchter, bang en onzeker. Omgekeerd geldt echter hetzelfde. Als je als 'Hollander' in België in de kroeg een biertje bestelt, word je – hoe zachtjes je dat voor jouw gevoel ook probeert te doen – al snel als arrogant of dominant ervaren. Moet je dan nog zachter? Ja, nog zachter!

Hollander (fluistert) *'Hedde gij misschien een bierske, of nee, wacht, een pintke?'*
Belg (buigt naar voren) *'Ik kan u nie goe verstaan, èe. Zijde gij soms een Belg!?'*

Melodieus, staccato

Wat voor hard en zacht geldt, geldt ook voor melodieus, vloeiend praten en monotoon, staccato. Stel, een staccato en monotoon pratende acteur doet auditie voor een film bij een vloeiend en zangerig pratende regisseur. Dat werkt niet. Hoe klinkt dat?

regisseur (melodieus) *'Zooo fijn dat je er bent, en wat een éeenig colbert, zelf gemaakt?'*
acteur (monotoon) *'Nee. C&A. Uitverkoop.'*

Niet fijn toch? Die arme acteur kan de auditie verder wel vergeten. Tussen deze twee mannen is er geen chemie. Het gaat niet werken. En dat weten ze allebei. Hoe dan wel?

regisseur (melodieus) *'Zóoo fijn dat je er bent, en wat een éeenig colbert, zelf gemaakt?'*
acteur (melodieus) *'Jaaaa, ik zou wel willen, maar ik ben zóoo onhandig met kleren.'*

Andersom werkt het ook niet. Als je melodieus praat, terwijl de ander staccato praat, klikt het natuurlijk evenmin. Zelfde auditie, zelfde rollen, alleen ditmaal een staccato pratende regisseur.

regisseur (monotoon) *'Zo. Daar ben je. Mooi. Ga zitten. Naam?'*
acteur (melodieus) *'Hier op dit schattige turquoise poefje? Ooo, zo'n leuk poefje, zou ik thuis ook wel willen hebben, zo'n poefje. Enig!'*

Gaat niet werken.
Hoe dan wel?!

regisseur (monotoon) *'Zo. Daar ben je. Mooi. Ga zitten. Naam?'*
acteur (monotoon) *'Henk. Vertel. Wat gaan we doen?'*

Het is niet zo moeilijk om wat meer op stemgebruik te letten. Maak er een studie van, heb plezier in het bijleren en zie je stem vooral als een *instrument.* Als er íéts is wat acteurs leren is het wel dat ze niet alleen hun lichaam, maar vooral ook hun stem als een instrument kunnen *bespelen.* Onze stem ligt niet vast. Hoe we klinken is ook aan mode, trends en cultuur onderhevig. We hebben, afhankelijk van waar we geboren zijn, op een bepaalde manier léren praten. Zo blijkt uit onderzoek dat vrouwen sinds de emancipatie in de jaren zeventig gemiddeld *lager* zijn gaan praten. Prachtig toch?! Als we onze stem blijkbaar passief al voortdurend aanpassen, waarom zouden we dat dan niet *actief* doen? Niet om 'iemand anders te worden', maar om meer uit ons instrument 'de stem' te halen. Hoe beter we daarin slagen, des te meer we met andere mensen kunnen harmoniëren. Het heet niet voor niets af*stemmen.*

Zwijgen

Je kan *hoe* iemand praat spiegelen, je kan echter ook *of* iemand praat spiegelen. Een vriend van mij heeft een therapiepraktijk. Op een dag kwam er een vrouw die door 'iets wat gebeurd was' erg van streek was. Ze wilde er graag over praten, alleen kón ze dat niet. Wat nu? Mijn vriend dacht even na en antwoordde toen: 'Wie zegt dat je *moet* praten?' De vrouw was verbaasd. 'Maar hoe moet ik dan aan mijn probleem werken?' Mijn vriend antwoordde: 'Hm. Misschien werk je wel aan je probleem door juist *niet* te praten. Wat mij betreft mag je ook zwijgen, geen probleem.' De vrouw was verbaasd. 'Maar hoe zie je dat dan voor je?' vroeg ze hem. 'Simpel,' antwoordde hij, 'we spreken een tijd af, de sessie begint, ik doe gewoon wat dingen, werk wat achter de computer of lees wat. Als je wat wilt zeggen is dat prima. Als je niks wilt zeggen is dat ook goed.' 'Stel je ook geen vragen dan,' vroeg de vrouw. 'Nee,' antwoordde mijn vriend, 'je wilt toch liever niet praten?!' 'Nee,' antwoordde de vrouw, 'dat klopt, maar wat als ik nou helemaal niks zeg?' 'Wel, als je helemaal niks zegt, dan is dat blijkbaar voor dat moment het best.' De vrouw stemde in met het vreemde voorstel. De eerste sessie was ze in het begin heel nerveus en gespannen. Hoe zou de bijeenkomst verlopen? Maar mijn vriend begroette haar relaxed, gaf haar een stoel, een kopje koffie en wat tijdschriften en boeken. Meteen daarna ging mijn vriend aan het werk achter zijn computer. Zo verliep de eerste sessie. De vrouw las wat in de tijdschriften, mijn vriend werkte. Na vijftig minuten beëindigde hij de sessie.

vriend *'Zo, het is tijd. Zie ik je volgende week weer?'*
vrouw *'Prima.'*

Mijn vriend had zelf ook geen idee hoe deze 'therapie' zich zou ontwikkelen, maar de vrouw leek zich er goed bij te voelen, want de week erop kwam ze weer. Zo ging het drie maanden door. Toen nam de vrouw het woord. 'Ik heb een besluit genomen,' zei ze, 'ik ga praten.' En aldus geschiedde. Alles waar ze vanaf haar jeugd niet over had kunnen praten, kreeg voor het eerst woorden. Waarom durfde zij nu wél te praten? 'Voor het eerst in mijn leven heb ik me bij iemand werkelijk vertrouwd gevoeld. Ik had het idee dat als ik hier nog jaren zou blijven zitten, je het ook prima zou vinden. Je accepteerde me zoals ik ben.'

Rimpels

We hebben bij gedrag tot dusver houding en stemgebruik behandeld. Dat betekent dat we nog één laatste aspect overhouden, namelijk dat van de *taal*. In percentages uitgedrukt, we hebben het over zeven procent, ogenschijnlijk niet zo belangrijk, maar in de praktijk zijn we veel taalgevoeliger dan we misschien denken. Woorden kunnen ons gedrag op een uiterst subtiele manier beïnvloeden, zo blijkt uit een onderzoek van de psycholoog John Bargh. Met een simpel experiment wist hij nietsvermoedende proefpersonen sneller of juist langzamer te laten *lopen*. Puur door ze op taalniveau te beïnvloeden. De proefpersonen zelf hadden echter geen idee van dit effect. Hoe hij dat deed? Met een geraffineerde onderzoeksopzet.

Eerst zorgde Bargh ervoor dat de proefpersonen in een bepaalde ruimte werden ontvangen. Na enige tijd kwam de onderzoeker, die hen de weg wees naar de ruimte waar de test zou plaatsvinden. Daar aangekomen moesten ze een eenvoudige opdracht uitvoeren. Uit een rijtje zinnen moesten ze een aantal *woorden* kiezen, waarmee ze zelf nieuwe zinnen moesten maken. Dat was alles. Waaróm ze dat moesten doen, werd hun echter niet verteld. Nadat ze de opdracht hadden afgerond, verlieten ze de testruimte en liepen ze terug naar de ruimte waar ze ontvangen waren. Wat ze echter *niet* wisten, was dat de tijd was opgenomen die ze nodig hadden om van én naar de onderzoeksruimte te lopen. Wat bleek? In het ene geval liepen de proefpersonen op de heenweg langzamer dan op de terugweg. In het andere geval was precies het omgekeerde het geval. Hoe kon dit opmerkelijke verschil in looptempo verklaard worden? Door het *soort woorden* dat de onderzoekers stiekem in de opdracht hadden verwerkt. Bevatte de tekst woorden als 'oud', 'bingo' en 'rimpels' – woorden die met ouderdom geassocieerd worden – dan liepen de proefpersonen *langzamer* terug. Bevatte de tekst daarentegen woorden die met jong en jeugdig geassocieerd werden, dan liepen de proefpersonen *sneller* terug. Blijkbaar was alleen al het waarnemen van woorden met deze strekking voldoende om het gedrag van de proefpersonen meetbaar te beïnvloeden.[12] Sinds de ontdekking van spiegelneuronen weten we dat als we de woorden 'bal trappen' lezen, in ons brein het motorisch programma geactiveerd wordt om tegen een bal aan te trappen. Dat taal echter zo ingrijpend *rechtstreeks* op ons gedrag kan doorwerken, weten we dankzij experimenten als die van John Bargh. We gaan letterlijk langzamer lopen als we 'langzame' woorden lezen.

Jargon

Kortom. Wát we zeggen is van groter belang dan we misschien denken. Als het goed is houden we daar rekening mee en spiegelen we ons taalgebruik aan dat van de ander. Een arts met enig invoelend vermogen zal jargon vermijden – tenzij hij een collega spreekt – en zijn taalgebruik afstemmen op de ander. Hoe vertel je een kind dat last heeft van zijn knie wat er gaat gebeuren?

> kind (huilend) *'Dokter, moet ik nou naar het ziekenhuis?'*
> arts (geruststellend) *'Jongeman, ik begrijp de ondraaglijkheid van uw huidige fysieke lijden, maar als pre-operatief in de vorm van röntgenfotografie uitwijst dat een kraakbeen- of stofwisselingsziekte moet worden uitgesloten, is bezorgdheid tamelijk prematuur. Weest dus vooralsnog niet al te bevreesd! De lijdensbeker hoeft in casu quo mogelijk niet ad fundum leeggedronken te worden.'*

Op dezelfde manier zal een arts, als hij goed afstemt op een volwassen, hoogopgeleide, weldenkende vrouw, haar taalgebruik spiegelen. Omdat hij weet dat ook in dit geval een verkeerde afstemming averechts werkt.

vrouw *'Dokter, denkt u in dit stadium een enigszins betrouwbare diagnose te kunnen stellen?'*

arts *'Mevrouwtje, ik zal het zo simpel mogelijk uitleggen. Dat u het ook begrijpt. Als u op dit plekje 'au' voelt, wanneer u hier drukt, dan wil dat nog niet zeggen dat de 'au' ook door de 'drukkiedrukkie' komt! Snapt u wel?! Daar moet de dokter nog eens heeeeel goed over nadenken. Jaaa! Misschien denkt u wel, nou, de dokter is heel lang naar school geweest, dat is een heel slimme meneer, die weet dat wel, maar de dokter weet ook niet alles. Neeee!'*

Taartje

Het spiegelen van taal is dus uiterst vanzelfsprekend en we doen het dan ook voortdurend. Waarom zouden Duitsers anders Duits praten en Roemenen Roemeens? Dat er überhaupt zoveel verschillende talen bestaan, is een teken van het vermogen van mensen om op taalniveau zeer accuraat, gedetailleerd en nauwkeurig op elkaar af te stemmen. En zoals we geleerd hebben om op onze houding te letten, zo hebben we ook van jongs af aan geleerd om 'op onze woorden' te letten. 'Zo zeg je dat niet', '*mind your language*', 'let op je woorden'. In de ene cultuur zeg je 'taartje' en in de andere juist 'gebakje'. Woorden zeggen van alles over hoe oud je bent, waar je vandaan komt en tot welke groep mensen je behoort. Mensen die in een 'auto' op vakantie gaan, zijn andere mensen dan diegenen die 'de wagen' nemen. Zo hebben sommige mensen ook een 'garage' en anderen een 'garaazj'. Mensen die naar 'het toilet' gaan matchen ook niet met mensen die 'de wc' bezoeken. Dat is een ander slag. Ander volk. Daar wil je niet bij horen. Je hebt soms aan één woord genoeg om iemand in te delen. Wat is het belang van dit gegeven in het kader van het spiegelen? Dat we ons ervan bewust moeten zijn – als we het gedrag van de ander willen spiegelen – dat alleen al een verkeerd woord kan leiden tot het gevoel *niet* gespiegeld te worden. Net zoals het wél goed spiegelen van taal een verbinding tot stand kan brengen.

ober *'Meneer, had u al een keus kunnen maken?'*
gast *'Pf. Heb je niet iets simpels, patatje mét of zo?!'*

Kijk, dat werkt natuurlijk niet. Terwijl er *inhoudelijk* geen enkel probleem hoeft te zijn. Het ongemakkelijke van de situatie zit 'm niet in wát de klant bestelt, maar hóé hij het bestelt. Hoe dan wel?

ober *'Meneer, had u al een keus kunnen maken?'*
gast *'Zeker. Graag eenmaal de pommes allumettes.'*

Maar, denk je misschien, de klant wilde toch een patatje mét?! Hoe zit het dan met de mayo? Maak je geen zorgen. De ober kan ook praten. Betracht enig geduld. Je zal merken dat de ober het vraagstuk wat er naast de friet geserveerd moet worden, vanzelf zal agenderen.

ober *'Goede keus. Had u daar een sauce mayonnaise bij geserveerd willen hebben?'*
gast *'Lijkt me een prima idee! Heeft u misschien een mayonnaise naturel?'*

Rot

De woorden die je kiest bepalen of je ergens bij hoort of niet. We corrigeren elkaar dan ook voortdurend op ons taalgebruik. Zo kregen wij op de lagere school, ik was een jaar of tien, een nieuwe jongen in de klas. Hij heette Karel en kwam uit Rotterdam. Karel was 'anders' dan de andere kinderen. Hij had zichtbaar moeite aansluiting te vinden bij de klas. Hij was meestal ook wat stil. Tijdens een les over taal legde de juf ons het begrip *synoniem* uit. Ze vertelde dat je één ding soms op meerdere manieren kan zeggen. 'Weet iemand bijvoorbeeld een synoniem voor blij?' vroeg de juf. Vingers gingen omhoog. 'Vrolijk,' zei een kind. Een ander zei 'dat je je fijn voelt'. De juf gaf complimenten. Dat waren goede antwoorden! Zo ging de les verder. Tot het woord 'vervelend' werd behandeld. Of iemand daar een synoniem van wist. Trots deed Karel zijn vinger omhoog. Tot zijn blijdschap kreeg hij de beurt. 'Rot, juf,' zei Karel beslist. Een onderdrukte 'ooohhh' echode door de klas. Alle ogen van de kinderen schoten naar de juf. 'Dat is niet goed, Karel, dat is geen net woord, zo praten we hier niet.' 'Dát,' zei de juf, '*dat* is geen net woord.' Het was zó'n erg woord, dat de juffrouw het zelfs niet herhaalde.

Prikkelwoorden

Nou kunnen wíj wel op onze woorden letten, maar hoe gaan we om met mensen die dat níét doen? Hoe gaan we bijvoorbeeld om met mensen die – al dan niet bewust – woorden hanteren die niet bij ons passen, of nog erger, die ons kwetsen? Moeten we die woorden dan *spiegelen*? De gezinstherapeute Virginia Satir bemerkte dat stellen elkaar het leven vaak onmogelijk ingewikkeld maken door bepaalde – wat zij noemde – 'prikkelwoorden' te gebruiken. Met prikkelwoorden bedoelde ze woorden met een heftige *lading*. Het woord in de titel van dit boek 'sukkel' is natuurlijk zo'n woord. Maar ook ogenschijnlijk onschuldige woorden als 'ik', 'wij', 'altijd', 'nooit' en 'jij' hebben in een bepaalde context al snel een zeer sterke, negatieve lading. Overigens. In haar opsomming van 'de tien woorden waar je zorgvuldig mee moet zijn' noemt Virginia Satir ook 'ja, maar'. Kortom, hoe om te gaan als anderen dit soort woorden gebruiken? Moet jij dan ook dat soort woorden gebruiken?

Sukkel

Laten we ons eens een concrete situatie voorstellen. Stel, je hebt op het werk een fout gemaakt, niet zo'n grote, maar toch, een fout. Je bent bijvoorbeeld een afspraak met een belangrijke klant *totaal* vergeten. Kan gebeuren toch?! Da's erg en het spijt je. En stel, je hebt een baas die zijn emoties niet altijd in de hand heeft. Zo zou hij in dit geval, om zijn woorden kracht bij te zetten, het woord 'sukkel' kunnen gebruiken. Jezelf tegen zo'n aanval verdedigen, *contrasteren* met zijn woordkeus, is niet zo slim.

baas *'Wat ben je toch een ongelooflijke sukkel!'*
jij *'Ik vind uw woordgebruik eerlijk gezegd nogal beledigend.'*

Hoe begrijpelijk je reactie ook is, hij geeft natuurlijk geen 'klik'. Jij voelt je beledigd, je zet je hakken in het zand, corrigeert de baas op zijn woordkeus. Het is een scenario dat van kwaad tot erger gaat. Hoe zou je nu zijn gedrag kunnen spiegelen? Wel, als je vindt dat hij gelijk heeft is het makkelijk. Spiegel gewoon zijn woordgebruik. Wat is er erg aan om soms een sukkel te zijn?! Prikkelwoorden zijn alleen prikkelwoorden, zolang jij ze als zodanig ervaart. Haal de lading ervan af. Hoe? Door zelf het woord ook te gebruiken.

baas *'Wat ben je toch een ongelooflijke sukkel!'*
jij *'Klopt. Ik ben een sukkel! Ongelooflijk stom.'*

Als je dat nét zo heftig zegt als je baas – zoals je merkt lopen we met het thema 'prikkelwoorden' al enigszins vooruit op *emoties* – gebeurt er iets vreemds. Stel je maar even voor dat je je baas bent. In de eerste situatie, waarin je zijn woordkeus als 'beledigend' omschrijft, heb jij hem, voor zijn gevoel, duidelijk niet begrepen. En dus zal hij het gesprek voortzetten om je er maar vooral van te overtuigen hoe erg het was wat je gedaan hebt. Nu, in de tweede situatie, is dat opeens niet meer nodig. Je hebt het blijkbaar helemaal begrepen! Waarom zou hij nog langer tegen je schreeuwen? Je doet het zelf toch al! Klets-boem. De angel is uit het conflict. Stop dus met jezelf te verdedigen. Het is in zo'n situatie de kunst zelf de *geringste* vorm van tegenspraak te vermijden. Blijf meebewegen. Ook in het vervolg. Stél, de dialoog tussen jou en je baas verloopt vervolgens met de volgende twee zinnen:

baas *'Besef je dan niet hoe belangrijk die klant is voor ons?'*

jij *'Natuurlijk besef ik dat, ik heb denk ik alleen niet opgelet, stom.'*

Dit lijkt goed, nietwaar?! Maar dat is het – als je precies leest – niet. Je blijft namelijk de suggestie dat je niet beseft hoe *belangrijk* de klant is *tegenspreken.*

baas *'Besef je niet...'*
jij *'Natuurlijk besef ik...'*

Je geeft dus deels toe, maar deels ook niet. Als je zorgvuldig leest, is dit een zin met een ja-maar-structuur. De term ja-maar wordt wel niet letterlijk gebezigd, op taalniveau wordt er geen ja-maar gezegd, maar op *inhoudsniveau* wél. Want wat zeg je eigenlijk?! 'Natuurlijk besef ik dat de klant belangrijk is, *maar* ik heb denk ik alleen niet opgelet.' Om het nog simpeler te zeggen: 'Je moet niet denken dat ik belangrijke klanten niet serieus neem, toevallig heb ik deze keer even niet opgelet. Sorry, hoor...' En de ondertekst luidt (nog steeds), 'is dat nou een reden om je zo over op te winden?' Kortom, het is nog steeds een smoes, een zwak excuus, een halfhartige verdediging. Als je op bovenstaande manier reageert, blijft het conflict nasmeulen. Het wordt er onnodig warrig, wazig en ingewikkeld van. Hij zal zeer waarschijnlijk ook boos *blijven* en vervolgen met zoiets als 'let de volgende keer dan beter op!' Misschien opnieuw aangevuld met 'sukkel'. Niet doen, dus. Spreek duidelijke taal. Spreek ook vooral *zijn* taal. Onomwonden. Hoe dan wél?

baas *'Besef je dan niet hoe belangrijk die klant is voor ons?'*
jij *'Blijkbaar niet. Wat een ellende. Het is onze grootste klant!'*

Kijk, nu beweeg je wél volledig mee. Wat is in deze reactie het gouden woord? Het woord 'blijkbaar'. Door dat woord te gebruiken, geef je aan dat in *zijn beleving* dat niet het geval *blijkt* te zijn. Nu spiegel je met taal *zijn* optiek. Is dat een zwaktebod?

Nee. Als je namelijk puur en alleen naar je *gedrag* kijkt, is het een onweerlegbaar feit dat je het belang van de klant niet voldoende beseft hebt. Of dat nou jouw schuld is of niet, is helemaal niet van belang. Het is een gegeven. En dat gegeven *accepteer* je.

Blijkbaar

Het is een voorbeeld van verfijnd woordgebruik, want 'blijkbaar' geeft aan dat je én erkent dat je *blijkbaar* niet beseft hoe belangrijk de klant is en tegelijkertijd daarmee *niets zegt* over of dat ook daadwerkelijk het geval is. Je hebt namelijk *niet* gezegd 'dat is waar, ik besefte niet hoe belangrijk deze klant is'. Kortom, je accepteert het feit dat uit je gedrag blijkt dat je de klant niet belangrijk vindt en of dat al niet daadwerkelijk het geval is, is geen punt van bespreking. Sterker nog, dat punt is helemaal niet aan de orde, het staat simpelweg niet op de agenda. Kortom, *wie jij bent* is geen onderwerp van gesprek, voor *wat je doet* neem je je volledige verantwoordelijkheid. Door het woord 'blijkbaar' te gebruiken plaats je *zijn* visie centraal, niet de jouwe. En door die visie in taal te spiegelen, laat je merken dat je beschikt over *empathie.*

IJzergroothandel De Boer

Misschien denk je – terwijl je dit alles leest – ja leuk, maar ik heb een baas die dit gedrag ook vertoont als ik *geen* fout heb gemaakt. Die gaat per definitie in de aanval. Moet ik dan ook meebewegen? Het antwoord is simpelweg 'ja'. In taal, houding en toon wel. Inhoudelijk uiteraard niet. Het zou onzin zijn om onterecht de schuld op je te nemen. Stel, je baas dénkt dat jij de klant vergeten bent te bellen, alleen vergist hij zich. De klant, meneer De Boer, eigenaar van IJzergroothandel De Boer, zou *jou* bellen. Je zou dat je baas, in de hoop dat hij daardoor kalmeert, kunnen proberen *rustig* duidelijk te maken. Dat zou dan als volgt kunnen gaan.

baas *'Hoe kon je de afspraak vergeten?! Wat ben je toch een ongelooflijke sukkel!'*
jij *'Rustig nou, haal even adem, zo zit dat niet, wat er eigenlijk aan de hand is...'*

Hoe zal je baas reageren? Waarschijnlijk zal hij je niet eens uit laten praten. Waarom niet? Omdat uit jouw reactie *blijkt* dat je geen enkel gevoel hebt voor het feit dat er iets ergs gebeurd is. De kernboodschap van je baas is 'paniek, we moeten wat *doen*', de kern van jouw boodschap is 'hé hé, rustig aan, eerst even *nadenken*'. Hoe begrijpelijk, verstandig en correct je reactie ook is, er vindt geen *klik* plaats. Waarschijnlijk zal hij zelfs na je woorden 'rustig nou' al ontploffen.

jij *'Rustig nou, haal even...'*
baas *'Wat nou "rustig"?! Besef je wel om hoeveel geld het gaat?!'*

Hoe meer je het het conflict wil de-escaleren, des te meer loopt het juist op. Het is de kunst de *energie* die in het woord sukkel is samengebald, te accepteren en te spiegelen. Los van de vraag wie al dan niet een fout gemaakt heeft. Hoe dan wel?

baas *'Hoe kon je de afspraak vergeten?! Wat ben je toch een ongelooflijke sukkel!'*
jij *'Ben je gebeld door De Boer zelf?! Wat een ongelooflijke sukkel!'*

Zeer waarschijnlijk heb je nu de aandacht van je baas te pakken – vergelijkbaar aan hoe modems communiceren: eerst contact, dan informatie – en is hij ontvankelijk voor verdere informatie. Kortom, je baas verlegt de aandacht van het *uitzenden* van informatie, (in de hoop jou van de ernst van de situatie te doordringen. Wat nu niet meer hoeft, je begrijpt hem immers al), naar het *ontvangen* van informatie. In plaats van te praten zal hij luisteren.

baas *'Wat dan? Wat is er aan de hand? Wat is er gebeurd?'*
jij *'Ik dacht het gisteren al. Die sukkel van een De Boer gaat dat vergeten!'*

Vervolgens zal je baas, op grond van de *emoties* waarmee je het zegt, niet anders kunnen dan concluderen dat jij de situatie uiterst serieus neemt. Waarom zou je anders zo heftig reageren? Kortom, hoe rustiger je reageert, des te minder hij zich begrepen voelt, hoe heftiger je reactie, en in dit geval, hoe makkelijker je het woord *sukkel* spiegelt, des te meer begrip. Ondertussen, bijkomend voordeel, is het woord *sukkel* subtiel opgeschoven van jou naar meneer De Boer. Is dat erg? 'Tuurlijk niet. Het is een vorm van volkomen terechte *collateral damage*. Had die De Boer er maar aan moeten denken dat hij jou zou bellen. Sukkel.

Jan-Kees begon voorzichtig met het spiepelen
van Levenloze voorwerpen.

Emoties

Tempo

Hoe spiegelen we emoties van anderen? Waar moet je op letten? Ik zou nu allerlei emoties afzonderlijk kunnen omschrijven – blijdschap, verdriet, irritatie – maar ik wil het eerst op een wat abstracter niveau over emoties hebben, namelijk het niveau van *snelheid*. De eerste indicatie in welke emotionele staat de ander zich bevindt, is namelijk zijn tempo. Als we ons tempo goed op dat van de ander afstemmen, is de kans groot dat we zijn emoties goed aanvoelen. Het accuraat spiegelen van tempo is daarom de meeste simpele manier om af te stemmen op de emoties van de ander. Maar hoe simpel het in principe ook is, met name op het gebied van tempo gaat het nogal eens mis. Met onmiddellijk effect. Het leidt onherroepelijk tot een verkeerde afstemming, een pijnlijke *mismatch*.

> (klant belt, tring, tring, tring, tring...)
> (na vijf keer rinkelen, uiterst langzaam pratend) *'Halloooo. Met de helpdesk. Met Koos hierrr. Wat kan ik voor u betekenen op deze stra-le-nde vrij-dag-mor-re-gen?'*
>
> (snel) *'Met Petra. Ik heb een klacht.'*
> (langzaam) *'Ai ai ai, dat is niet zo best, Petra. Een klacht. We zullen eens kijken wat we daaraan kunnen doen. Heb je misschien een dossiernummer...'*

Eén van de grootste onhandigheden die we kunnen begaan als we contact willen maken, is het niet goed spiegelen van tempo. Hoe irritant is het niet als je verschrikkelijke haast hebt – voor drie uur vanmiddag moet een rapport af zijn – en een collega komt in een ijzingwekkend langzaam tempo nog even 'gezellig bijkletsen'. Of je staat klokkijkend in de rij bij de supermarkt, je vriendinnetje komt vanavond voor het eerst eten, en een bejaarde muts – het zijn op zo'n moment natuurlijk altijd bejaarde mutsen – begint doodgemoedereerd een kletspraatje met de caissière over de voor- en nadelen van de nieuwe bonuskaart. Irritant! Andersom geldt echter precies hetzelfde. Hoe vervelend is het niet als op de snelweg iemand met de knipperlichten seinend op je bumper kleeft?! Kortom, of het nou gaat om opgejaagd of vertraagd worden, beide gevallen zijn irritant. Het *contrast* in snelheid geeft per definitie stress. Heb je in je werk met klanten te maken, dan is het je kunnen voegen naar hun tempo dan ook een van de belangrijkste vaardigheden. Zoals gezegd, tempo is de duidelijkste *indicatie* in welke stemming de ander verkeert. Als je dus de emotie van de ander wilt spiegelen, *begin* dan met zijn tempo te spiegelen. Heeft een klant haast? Wees snel!

(klant belt, tri...)
(meteen) *'Met de helpdesk. Met Koos.'*

'Met Petra. Ik heb een klacht.'
'Vertel.'

'De pc start niet op.'
'Ik stuur een collega.'

'Wanneer kan die hier zijn?'
'Hij is al onderweg.'

'Hé, hoor ik daar niet de bel?'
'Dat zal hem wezen...'

Kijk, da's fijn! Andersom kan het voor een klant – om maar even in het bedrijfsleven te blijven – soms juist ook heel prettig zijn als je de tijd neemt. De klant wil bijvoorbeeld gehoord en begrepen worden. Sterker nog, misschien gebruikt hij het probleem zelfs als *excuus* om even gezellig met je te kunnen bijkletsen. Wat zeg ik, misschien *heeft* hij niet eens een probleem. Weet jij veel?! Als je dan *snel* bent, dan voelt dat kortaf, zakelijk of ongeïnteresseerd. Tragisch! De kans is namelijk heel groot dat jij juist heel erg je best doet om zijn probleem zo snel mogelijk op te lossen. Maar daar belde hij helemaal niet voor! Dus hoe dan wel?

(klant belt, tring, tring)
'Met de helpdesk. Met Koos.'

'Hallo, Koos, ouwe reus! Gabber. Met Pieter. Van De Jong Gordijnen BV.'
'Hé Pieter, tuinkabouter van me! Alles kits? Hoe gaat het met de gordijnenbusiness?'

'Z'n gangetje, lekker rustig. We mogen niet klagen. En bij jullie?'
(terwijl achter hem paniek uitbreekt) *'Relaxed. Business* as usual.*'*

(neemt hoorbaar slok koffie) *'Zeg Koos, heb jij nog X-Factor gezien, gister?'*
'Pieter, hoe kan je dat nou vragen?! We zijn fan hier. Vertel, op wie heb jij gestemd?'

Et cetera, et cetera. De kans is zo groot dat het gesprek zo prettig verloopt dat Pieter aan het eind zelfs vergeten was waar hij voor gebeld had. Helemaal niet zo erg, sommige problemen lossen zich namelijk prima vanzelf op.

'Wij hebben gestemd op die ene jongen, hoe heet ie ook alweer...'
'Zeg Pieter, sorry dat ik je in de rede val, maar voor we het vergeten, waar belde je eigenlijk voor?'

'O ja, goed dat je er over begint. De pc startte niet op!'
'Jeetje. Da's ook wat. En nu?'

(bukt voorover) *'O, wacht, het snoer zit er niet in.'*
'Nou, da's dan ook weer opgelost, niet?'

'Ja. Als ik jullie niet had...'
'Zo is dat. Maar ik onderbrak je daarnet, sorry. Vertel, op welke jongen hadden jullie gestemd?!'

Bedrijven beseffen dat dit *spiegelen* van tempo van groot belang is. Sommige bedrijven testen sollicitanten er zelfs op, door voor aanvang van een sollicitatiegesprek de kandidaat in de hal te ontvangen en dan zo snel mogelijk *voor hem uit* naar de ruimte te sprinten waar het sollicitatiegesprek plaats zal vinden. Ondertussen natuurlijk nauwlettend in de gaten houdend of jij dit moordende tempo wel bij kan houden. Als je er dan een beetje achteraan hobbelt, is dat natuurlijk einde sollicitatie. Ze zullen je – of dat nou terecht is of niet – als een *niet daadkrachtig* persoon ervaren. Binnen twintig meter afgeserveerd. Mocht je dus ooit zo'n situatie bij de hand hebben, haal je gastheer of -vrouw soepeltjes in, doe de deur voor hem open en merk ontspannen op, 'doe maar kalm aan, hoor, ik heb geen haast'.

Mwoahhh...

Als het gaat om het spiegelen van emoties gaat het er niet om of mensen zich begrepen wéten, het gaat er primair om of ze zich begrepen *voelen*. Zolang communicatie zakelijk is en gericht op het uitwisselen van feitelijke informatie, zijn woorden de primaire boodschappers. Zodra er echter emoties in het spel zijn, zijn woorden slechts de *transporteurs* van gevoelens. Het is de kunst in dat geval niet zozeer te reageren op de letterlijke betekenis van de gebruikte woorden, maar vooral op de onderliggende gevoelens. En dat kan nogal eens lastig zijn. We zijn vaak zozeer gericht op de inhoud, dat we de beleving vergeten. Zo hebben wij mannen bij verdriet, pijn en ongeluk nogal eens de neiging de situatie te willen oplossen. Het probleem te verhelpen. Dat kan door het bijvoorbeeld te *relativeren.* Niet zo handig. Bij emoties werkt dat niet zo goed. Sterker nog, het is bijna per definitie olie op het vuur.

vrouw (verdrietig) *'Bobby is dood.'*
man (informatief) *'Bobby? Wie is Bobby?'*

vrouw (nog verdrietiger) *'Weet je dat niet?! M'n hond!'*
man (relativerend) *'Oooh een hond. Ik schrok. Ik dacht dat er wat ergs gebeurd was!'*

Een beleving *relativeren* is – hoe goedbedoeld ook – hetzelfde als hem *ontkennen.* Reacties als 'zo erg is het toch niet', 'nou, dat valt toch wel mee' of een relativerend 'mwoahhh' – ook zo typisch Nederlands, trouwens, dit *mwoahhh* – zijn dodelijk. Niet doen.

'Jan-Peter, poepje van me, lekker ding, hou je nog wel van me?'
'Mwoahhhh, hou-en van. Weet jij wat dat precies is, Marie-Louise?'

Lekke band

Gelukkig heeft de gemiddelde man nog meer methoden in zijn bagage om het probleem op te lossen, de probleemanalyse! Hoe werkt dat? Eerst het probleem definiëren, dan de oorzaak vinden, oorzaak wegnemen, hup, probleem opgelost. De 'Lekke-band?-Waar-zit-het-gaatje?-Plakken.-Klaar!'-strategie. Ziet er bij emoties als volgt uit.

vrouw *'Bobby is dood.'*
man *'Hoe kwam dat?'*

vrouw *'Hij rukte zich los en sprong onder een auto.'*
man *'Had je het palletje wel vastgezet?'*

vrouw (snikkend) *'Ik denk het niet.'*
man *'Jouw schuld, dus. Lekker handig.'*

Toch begrijpt de gemiddelde man wel dat dit niet zo handig is. Hoe oplossingsgericht zijn reactie op de langere termijn ook is, daarmee is het *huidige* verdriet nog niet weggenomen. Bobby is niet meer, en hoe je de situatie ook analyseert, dat is gewoon erg. Dat begrijpen de meeste mannen ook wel. En een beetje *proactieve* man zal dan ook een oplossing voorstellen, waarmee dit verdriet *onmiddellijk* kan worden opgelost.

vrouw *'Bobby is dood.'*
man *'Koop je toch een nieuwe hond?!'*

Een van de wijze lessen, die ik zelf – ik ben ook een man – met schade en schande heb moeten leren, is dat iemand met verdriet meestal helemaal niet op een oplossing zit te wachten. Emoties kunnen delen is vaak van veel groter belang dan het probleem oplossen. Dus vanaf nu, heren, als je vrouwelijke partner huilend thuiskomt met een lekke band, meehuilen, begrijpen, knikken, hummen, alles is toegestaan, zolang je één ding maar *niet* doet. De band plakken.*

Euforie

Hoe zit het dan met blijdschap en euforie? Moet je die ook spiegelen? Wat voor 'lastige' emoties als verdriet en boosheid geldt, geldt ook voor andere emoties. Als gevoelens als vreugde, plezier en euforie niet weerspiegeld worden, kan dat net zo teleurstellend zijn. Zo werd Joost, een goede vriend van me, tot zijn verrassing aangenomen voor een spannend project bij Rijkswaterstaat. Met-

* Vrouwelijke lezers zullen deze aanbeveling, zo durf ik te voorspellen, verontwaardigd tegenspreken. Logisch. Zij willen de *full monty*. Een troostende man én een geplakte band.

een nadat hij het goede nieuws gehoord had, belde hij enthousiast zijn vriendin en de volgende dialoog speelde zich af.

(verheugd) *'Luister, Petra, ik ben aangenomen voor de klus bij Rijkswaterstaat!'*
(droog) *'O. Nou moet ik zeker blij worden?'*

Tja, dat schiet niet zo op, natuurlijk. Petra zal misschien duizenden redenen hebben gehad om zo te reageren. Ik weet het niet. Misschien was Joost nooit blij voor haar als zij eens wat leuks meemaakte. Misschien zou het betekenen dat Joost door de nieuwe betrekking veel van huis zou zijn – of misschien juist veels te weinig, *who knows* – misschien was euforie een taboe-emotie in het gezin waarin Petra opgroeide, wie weet waren *alle* emoties in haar opvoeding wel taboe, misschien was ze ook gewoon jaloers, ik weet het niet. Wat ik in elk geval wél weet, is dat deze manier van *contrasteren* dodelijk is.

Emotionele reflectie

Tijd voor een uitstapje naar wat trainingsjargon. Voor de doorgewinterde lezers misschien een bekend begrip, het zogenaamde *emotioneel reflecteren*. Wat is de bedoeling bij emotionele reflectie? De achterliggende gedachte is dat je in taal de emoties van de ander benoemt. Teruggeeft. Dat jij dus, als iemand woedend je kantoor binnenstormt en uitroept 'waar is die @#%*?!$ nietmachine gebleven!?' treffend reflecteert 'ik begrijp dat je boos bent'. Op taalkundig niveau is dit een prima interventie, maar je snapt wel, hoe *rustiger* je blijft, des te irritanter dat voor de ander is. Heeft de ander er, *op dat specifieke moment*, namelijk behoefte aan zijn emoties in taal weerspiegeld – let wel 'benoemd' – te krijgen? Nee! Natuurlijk niet. De ander heeft primair behoefte aan maar één ding. Een nietmachine! En wel snel. Hoe sneller, hoe beter. Dus hoe dan wel?

'Waar is die @#%?!$ nietmachine gebleven?!'*
'Daar naast het @#%?!$ kopieerapparaat!'*

Kijk, nou is er sprake van wederzijds begrip! We ergeren ons in dit geval namelijk *samen* aan spullen die weg zijn. En ze worden ook nog eens meteen teruggevonden. Bij het kopieerapparaat, om precies te zijn.
Voor de nuance. Ik begrijp natuurlijk ook wel dat trainers die onderwijs geven in emotioneel reflecteren – tenminste, de goede trainers – daar duidelijk bij vermelden dat ook de *toon* waarop je reflecteert passend, ofwel *congruent*, moet zijn. En uiteraard is het zo dat als je deze techniek goed toepast, het een fantastisch middel kan zijn waardoor mensen zich gehoord én begrepen kunnen voelen. Jij geeft namelijk taal aan hun gevoelens. En als je dat goed doet, creëert het een diepe ervaring van verbondenheid en begrip. Soms kan het namelijk zo zijn dat jij perfect begrijpt wat de ander voelt, maar niet kan verwoorden. En in dat geval zal de ander het gevoel hebben 'ja, zoals jij het zegt, zo is het, zo voelt het!' Het probleem is alleen dat het soms nogal eens betweterig overkomt. Hoe goedbedoeld ook. Een kort uitstapje om dat te verduidelijken.

Dominee

'Emotioneel reflecteren' is dan wel modern trainingsjargon, maar het is precies de functie die dominees en pastoors van oudsher hadden. Hoe werkte dat? Geletterd als zij waren, konden ze bijvoorbeeld *woorden* geven aan het immense verdriet van kerkgangers die een geliefde verloren waren. En dat was zinvol. Door de bank genomen was de kerkganger minder geletterd dan de voorganger. En dus had de relatieve taalvaardigheid van de laatste ook een *toegevoegde waarde*. 'Hij heeft het mooi gezegd,' zeiden de deelnemers na afloop van de dienst in dat geval. Hun verdriet was verwoord. Het had op taalniveau een label, en daarmee *bestaansrecht,* gekregen. In die zin kan het verwoorden van emoties uiterst zinvol zijn. Toch wil ik je adviseren in de omgang met anderen uiterst voorzichtig met deze techniek om te gaan. Zodra je namelijk iemands emoties *benoemt*, creëer je impliciet afstand, een situatie waarbij jij als het ware door een glazen ruit de ander observeert – net zoals psychiaters dat in onderzoekssituaties doen – terwijl de ander op hetzelfde moment het gevoel heeft door een onafhankelijk waarnemer beschreven te *worden*. De kans is groot dat – hoe treffend je de gevoelens van de ander ook beschrijft – jouw opstelling als arrogant wordt ervaren. Je gedraagt je superieur, als een *dominee*. Belerend en eigenwijs. Niet altijd even wenselijk. Vooral niet in de thuissituatie.

'Wanneer doe je nou eindelijk de wc-bril eens omhoog!?'
'Klopt het dat ik hier een stukje teleurstelling voel?'

Troost

Sommige emoties zijn zo groot dat het bijna *ongepast* is er woorden aan te geven. Zo beschrijft de kunstenares Marte Röling de dood van haar man, de psycholoog en kunstenaar Henk Jurriaans. 'De dagen dat hij dood thuis was, ben ik niet bij hem weggegaan. Een plas en dan weer terug, zeg maar.' Toen Henk gecremeerd werd, wilde Marte daar getuige van zijn. Ze keek ernaar als partner én kunstenares. 'Ik keek in het raampje van de verbrandingsoven en zag de botten van Henk. Het zag er zo prachtig uit, die gloeiende schedel en ribbenkast. Ik werd gek dat ik het zag, maar ik wilde het wél zien.' Op dat moment besloot ze een portret van Henk te gaan maken. 'Of ik loop met mijn kop tegen de muur, of ik ga er wat mee doen. Dat verdriet van die dood is zo'n grote bal, dat is bijna niet te verwerken. Ik ga hem levend maken!' Uiteindelijk zou Marte meer dan vijftig levensgrote portretten van haar man maken. Was dat een vorm van 'rouwverwerking', zoals sommige mensen suggereerden? Marte heeft daar een uitgesproken antwoord op. 'Rouwverwerking? Nee. Mensen zeggen: "Je moet je verdriet een plekje geven." Dan denk ik, gatverredamme, ik wil hem helemaal niet kwijt! Dat verdriet? Kom maar op!'[13]

Als het gaat om zulke heftige emoties als het verliezen van een partner is spiegelen geen gemakkelijke opgave. Hoe ga je om met mensen die immens verdriet hebben? Elke poging het te *benoemen* is gênant. De emoties zijn er. Het beste wat we kunnen doen is ze erkennen. Juist in al hun pijnlijkheid. Zoals ik een andere vrouw, die eveneens haar partner had verloren, eens hoorde zeggen: 'Uiteindelijk heb ik slechts één keer woorden gehoord die me enige troost gaven. Dat was van een vrouw die ook haar man was kwijtgeraakt. Ze zei: "Het verdriet is zo groot, dat gaat nooit meer over." Toen ik dat hoorde, dacht ik, ja, zo is het.'

Proefwerk

We zagen al eerder dat als het gaat om emoties *tempo* een van de belangrijkste elementen is waar je op af kunt stemmen. Tempo en emotie hangen vaak nauw met elkaar samen. Dingen hebben tijd nodig. Mensen hebben tijd nodig. Zo vertelde Maaike dat zij vroeger op de middelbare school haar proefwerken niet op tijd afkreeg. In het begin was dat probleem niet zo erg, maar mettertijd nam het steeds grotere proporties aan. Ze had regelmatig een onvoldoende, simpelweg omdat alle niet beantwoorde vragen per defenitie fout werden gerekend. Het dilemma was alleen: hoe meer ze zich zorgen maakte of ze het proefwerk af zou krijgen, des te meer tijd ze nodig had. Logisch. Het was een zichzelf versterkend proces. Ze had er slapeloze nachten van en piekerde over een oplossing. Gelukkig kwam er hulp van buiten. Op een dag zei een leraar aardrijkskunde tegen haar: 'Als je met het proefwerk van vandaag wat meer tijd nodig hebt dan is dat geen probleem. Je mag wel wat langer doorwerken. Sterker nog, als het moet mag je je proefwerk ook wel mee naar huis nemen. Ik weet dat ik je kan vertrouwen.' Maaike was helemaal verbaasd en opgelucht. Wat was het gevolg? Ze was met het proefwerk aardrijkskunde binnen de tijd klaar. Sterker nog, na deze positieve ervaring had ze al vrij snel ook de proefwerken voor *alle andere* vakken op tijd af.

Verknocht

De essentie van het spiegelen van emoties is *erkenning*, de pure, ongecensureerde en onvoorwaardelijke acceptatie dat emoties er zijn en mogen zijn. Dat is niet altijd even makkelijk. Met name als het gaat om verdriet, rouw of boosheid, zijn we geneigd de emoties van de ander te verzachten. Niets heeft echter een sterker *helend* effect dan erkenning. Zo leerden mijn partner en ik tijdens een voorlichtingsavond over pleegouderschap een echtpaar kennen, Karin en Feike, die vertelden over hun ervaringen als pleegouders. Ze hadden in de loop der jaren meerdere kinderen opgevangen en elk kind was een verhaal op zich. Een spannend en soms ingewikkeld avontuur. Eén verhaal maakte diepe indruk op me. Het ging om een meisje, Astrid, dat op twaalfjarige leeftijd bij hen was gekomen.
Karin vertelde daarover: 'Met Astrid had ik van het begin af aan conflicten over werkelijk alles. Over hoe ze met haar speelgoed omging, haar grote mond, de rommel die ze maakte, je kon het zo gek niet bedenken of we hadden er een conflict over. Ik deed alles om haar gelukkig te maken, maar elke poging werd met afkeer beantwoord. Op het eind was ik radeloos. Dit was voor het eerst dat wij een kind in huis hadden met wie ik het gevoel had dat ik geen contact kon krijgen. Ik wilde zo graag dat ze van me zou houden, maar het lukte simpelweg niet. Met Feike had ik er lange gesprekken over en op een gegeven moment vroeg hij mij: "Je wilt dat Astrid van jou houdt, maar kan jij eigenlijk wel van Astrid houden?"

Die vraag sloeg in als een bom. Ik moest erkennnen dat ik wel van Astrid wílde houden, maar dat het me simpelweg niet lukte. "Maar dat kan toch niet," zei ik tegen Feike, "als wij niet van haar kunnen houden, wat moet ze dan?!" Ik voelde me er schuldig en machteloos onder. Maar Feike reageerde heel nuchter. "Tja, als je dat niet kan voelen, dan is dat zo. Misschien moet je dat maar gewoon onder ogen zien en verder proberen wel een goede verzorger voor Astrid te zijn. Dat is toch ook prima?!"

Ik had het er heel erg moeilijk mee, maar moest erkennen dat dit wel de enige juiste optie was en ergens luchtte het idee dat ik niet van Astrid zou *moeten* houden me ook wel op. Vanaf dat moment gedroeg ik me dus wat meer als verzorgster. Niet dat ik me liefdeloos opstelde, dat niet, maar ik hield gewoon wat meer afstand. Wat was echter het effect? Vanaf het moment dat ik emotioneel afstand van Astrid begon te nemen, kwam zij juist meer naar mij toe. Ze ging af en toe bij me op schoot zitten – wat ze tot die tijd nooit had gedaan – hield nauwkeurig in de gaten hoe ik me voelde en deed op het laatst echt bewust pogingen contact te zoeken. In het begin was ik nog afwerend. Ik was bang dat ik me te snel emotioneel op haar zou richten en dat dit een averechts effect op haar zou hebben. Maar Astrids pogingen om contact te zoeken waren op het laatst zo sterk, dat ik er als vanzelf in meeging. Ik moest wel. Het was, zou je kunnen zeggen, onvermijdelijk. Ze begon te vertellen over vroeger, wat ze had meegemaakt toen ze nog bij haar verslaafde moeder woonde, dat ze altijd bang was dat haar vader zomaar opeens langs zou kunnen komen, hoe fijn en veilig ze zich nu bij ons voelde en dat ze nog steeds heel erg van haar moeder hield, maar toch hoopte dat ze hier zou mogen blijven wonen, omdat ze ook wel wist dat haar moeder nooit goed voor haar zou kunnen zorgen.

Na verloop van tijd betrapte ik mezelf erop dat Astrid helemaal verknocht raakte aan Feike en mij en de kinderen en dat ik op mijn beurt het idee niet zou kunnen verdragen dat Astrid ooit weer bij ons weggehaald zou worden. Ze is gelukkig bij ons gebleven, studeert nu in Groningen en we hebben een heerlijke moeder-dochterrelatie. Ik weet zeker dat dit alles niet mogelijk was geweest als Feike destijds niet erkend zou hebben dat ik op dat moment niet van haar kon en vooral ook niet van haar *hoefde* te houden.'

Jan zocht de (buiten)grenzen van het spiegelen op.

Identiteit

Stephanie

Om te beginnen een absurd, maar waargebeurd verhaal. Een huisarts had een gesprek met Judith, de moeder van de vijfjarige Stephanie. Judith stond het huilen nader dan het lachen. Haar dochter plaste regelmatig in bed. Ze vroeg de huisarts om hulp. Waren er misschien pilletjes tegen bedplasssen? De huisarts hoorde Judiths verhaal aan en vroeg hoe het verder met haar dochter ging. Daarop vertelde moeder dat Stephanie op school erg stil en onzeker was, weinig vriendjes en vriendinnetjes had en thuis vooral televisie keek. ‘Geef je haar weleens complimenten?’ vroeg de huisarts. ‘Hoe bedoelt u?’ vroeg Judith.
‘Nou, als ze bijvoorbeeld een tekening gemaakt heeft, zeg je dan dat ze mooi getekend heeft?’
‘Ja, dat is ook zo wat,’ zei Judith, ‘tekenen kan ze ook al niet!’
‘Wat zeg je dan als ze je een tekening laat zien?’
‘De waarheid. Moet ik soms gaan liegen tegen mijn eigen dochter!? Als ik het niet mooi vind, dan zal ik dat zeggen. Als moeder wil ik eerlijk zijn.’

De dokter was perplex. De moeder hield oprecht van haar dochter en toch had ze niet in de gaten wat het effect van ‘eerlijk zijn’ op haar dochter was. En dus vroeg hij haar: ‘Hoe denk je dat Stephanie zich voelt als je zegt dat haar tekening niet mooi is? Daar wordt ze toch onzeker van?’ Er viel een diepe stilte. De moeder keek de dokter met grote ogen aan. Voor het eerst verplaatste ze zich in de wereld van Stephanie. Opeens realiseerde ze zich hoe pijnlijk haar ‘eerlijkheid’ voor haar dochter moest zijn. Daar had ze nog nooit bij stilgestaan! Dat verklaarde misschien ook waarom Stephanie zo onzeker was. Ze bedankte de dokter en ging enigzins verward, maar ook opgelucht naar huis.

Binnenkant

Tot nu toe hebben we het vooral gehad over de *buitenkant* van het menselijke gedrag, over datgene wat we aan anderen kunnen waarnemen; of mensen hard of zacht praten, hoe ze staan of zitten, in welk tempo en met welk ritme ze zich bewegen en welke emoties we daarbij kunnen *waarnemen*. Maar achter deze uiterlijke wereld gaat natuurlijk een innerlijke wereld schuil. Wat mensen doen is een reflectie van wie ze *zijn*. Als we mensen zo goed mogelijk willen spiegelen, is het de kunst aan te voelen wat er daarbinnen gebeurt.

Pose

'Aanvoelen wat binnen gebeurt' is nogal lastig. Want *waarom* praat iemand bijvoorbeeld hard? Wat denkt of voelt hij dan? Misschien praat hij wel altijd zo. Betekent het dus niks. Misschien probeert hij iemand ergens van te overtuigen. Of is hij gewoon boos. Of denkt hij – al dan niet terecht – dat zijn gesprekspartner hardhorend is. Kortom, één specifieke gedraging kan meerdere dingen betekenen. En, om het nog ingewikkelder te maken, mensen kunnen hun gedrag ook bewust *manipuleren* om een bepaalde indruk te wekken. Hoe zal een oplichter zich voordoen? Als een keurige man. Precies het tegenovergestelde van wat hij werkelijk is. Hoe zal een onzekere jongen indruk op een mooi meisje maken? Door zich juist *zeker* voor te doen. Toch is het ondanks deze barrières mogelijk om, als we de ander goed spiegelen, het gevoel te hebben dat we niet alleen iemands gedrag, maar ook zijn identiteit spiegelen. Dat is natuurlijk het makkelijkst met mensen die sterk op ons lijken. Als een ongetrouwde Japanse yoga-instructrice van 35 jaar op een stedentrip in Europa op de Kurfürstendamm in Berlijn een eveneens ongetrouwde Japanse yoga-instructrice van 36 jaar ontmoet, zullen beiden, ondanks het geringe leeftijdsverschil van één jaar, al snel het gevoel hebben 'hetzelfde' te zijn, en weinig moeite hebben elkaar te spiegelen. Maar ook met mensen van wie we ogenschijnlijk veel tot zeer veel verschillen, is het mogelijk een diep gevoel van wederzijds begrip te bereiken.

Ruimteschip

Erik en André verschillen in nogal wat opzichten. Zo is Erik de begeleider en André de cliënt. Erik is een volwassen man, André is een jongen van negen jaar. Erik is geestelijk 'gezond', André is licht autistisch. Erik is sportief, André heeft een slechte motoriek. Om precies deze laatste reden staan ze elke week een halfuurtje op de squashbaan. André is echter meer bezig met het fantaseren van verhalen dan te squashen. Zo wijst hij bijvoorbeeld op zijn servicevak en zegt: 'Mijn plek is Engeland en waar jij staat is Denemarken. Je mag niet van je plek af, want dan wordt het oorlog en komen daar, vanaf de IJszee, oorlogsschepen en die schieten alles kapot.' De eerste keren dat ze met elkaar spelen probeert Erik – zoals dat een 'goede begeleider' betaamt – André wat meer realiteitszin bij te brengen. Zonder resultaat. Dan zegt hij op een keer, meer uit meligheid dan als bewuste strategie:

> *'Zie je die vlek op de muur, André? Dat is een ruimteschip dat ons komt aanvallen. De enige manier om daar wat tegen te doen is het te bombarderen met ballen.'*

Een kort moment kijkt André naar Erik met een blik van 'hij is nog gekker dan ik', daarna slaan ze als een bezetene het ruimteschip van de muur. Na afloop zitten ze bij elkaar uit te hijgen. Opeens vraagt André aan Erik: 'Wat wilde jij nou eigenlijk worden toen je mijn leeftijd had?' Erik vertelt over dat moment: 'De tranen sprongen me bijna in mijn ogen. Ik had contact. Achteraf simpel in zijn genialiteit. Er was geen betere manier om te zeggen "jongetjes die in een fantasiewereld leven deugen" dan door zelf in die fantasiewereld te stappen.'[14]

Verhaal

Wat is identiteit precies voor ding? We zouden daar lang over kunnen filosoferen, maar om het simpel te houden: je identiteit is wat je *bent.* Simpel toch? Je bent bijvoorbeeld zoon, vader, politicus, filantroop, Europeaan, student, vakantieganger, postzegelverzamelaar, nieuwslezer, bejaarde of gothic. Je kan tegelijkertijd meerdere identiteiten hebben en met een beetje sociale vaardigheden wissel je vrij makkelijk van identeit. Ja toch? Zo kunnen ook bepaalde karaktereigenschappen tot je identiteit behoren. Je kan vrijgevig, liefdevol, extravert en empathisch 'zijn'. Nog steeds eenvoudig toch? Alleen, ben je het *altijd*? Je bent christen totdat je moslim wordt. Je bent nu misschien bejaard, maar was je het twintig jaar geleden ook? Je bent misschien vrijgevig, maar waarschijnlijk niet ten opzichte van een pizzakoerier die ondanks een fooi van vijf euro nogmaals zijn hand ophoudt en smekend vraagt:

> *'Hebt u ook nog vijf euro voor mijn oma? Voor de medicijnen. Ze is ziek. Heel erg. Echt. Hoesten. Bronchitis. Twee euro is ook goed. Of één. Alstublieft. Toe?!'*

Datgene wat we als onze 'identiteit' omschrijven is vooral een *verhaal* dat we over onszelf en ons eigen leven schrijven. Dankzij een samenhangend verhaal over 'wie we zijn' kunnen we ons leven zin en richting geven. Als het goed is, hebben we voldoende bewijsstukken voor ons verhaal, klopt wie we *zijn* met wat we doen, maar hoe je het ook wendt of keert, uiteindelijk is het een verhaal.

Identiteit

Waarom is dit inzicht van belang? Omdat er in dit opzicht een simpele wetmatigheid geldt: hoe meer jij het idee hebt dat je dat verhaal ook echt bént, sterker nog, naarmate je meer gelooft dat jij één specifiek verhaal bent, des te *minder goed* zul je andere mensen kunnen spiegelen. Ook als de ander zich nauwelijks anders *gedraagt* dan jij, zul je al tot de conclusie komen dat de ander 'dus' ook iemand anders *is.*

> meisje (met kakstem) *'Heb je gehoord hoe die kinderen de "rrrr" uitspreken?!'*
> ander meisje (eveneens met kakstem) *'Verschrikkelijk. Wat een kakkerrrrs. Daar wil je toch niet bij horen.'*

Ergens rond je vijftiende ga je heel hard op zoek naar je 'identiteit'. Da's fijn, want dan bén je iemand en hoor je ergens bij. Zo kon je in de jaren vijftig van de vorige eeuw een nozem zijn. Dat was wat. Nozems. Dan was je stoer. En anders. En dan hoorde je niet bij 'het klootjesvolk'. Later, in de jaren zestig, had je 'kikkers', hippies en provo's. Daarna kon je skinhead worden of rasta. En zo produceerde elk tijdsgewricht zijn eigen identiteiten. En diegenen die in dat verhaal *geloofden*, die wáren het voor hun eigen gevoel ook echt. Die konden niet alleen zeer overtuigend skinhead of gabber spelen, die 'waren' het.

Gothic

Nou is er niks mis met het zoeken naar een identiteit. En als je er een gevonden hebt, top, je hebt een verhaal over jezelf en een soort anker in het leven gevonden. En daarmee dus ook vrienden en gelijkgestemden. Je bént nu iemand.Op die manier word je later 'moeder', 'happy single' of 'carrièrevrouw'. Al naargelang je maatschappelijke en sociale positie. Maar het blijven natuurlijk per definitie *verhalen*. Met een tijdelijk karakter. Ben je nu voor de rest van je leven alto? Of gothic? Ook als je van de glijbaan in het zwembad naar beneden roetjst? Of ben je dan tijdelijk 'zwemmer'? Of ben je dan 'een gothic die zwemt'? Kortom, het is gezellig een identiteit te hebben, niks mis mee, vooral blijven doen, maar hoe meer je je vasthoudt aan één beeld van jezelf, des te meer zal je de *verschillen* met anderen waarnemen en des te minder zal je andere mensen kunnen spiegelen. Het is handig als je behoefte hebt om te *contrasteren*, aan een heldere ik-jij-plaatsbepaling. Maar als je wilt *spiegelen*, als je een wij-ervaring wilt creeren, is het zoeken, definiëren en vasthouden aan een identiteit contraproductief.

Moet je dan jezelf geweld aandoen? Jezelf anders voordoen dan je bent? Nee, dat hoeft niet. Je hoeft je eigen overtuigingen, waarden en normen niet overboord te zetten. Maar wat je wél kunt doen is ondanks soms grote verschillen vooral de overeenkomsten zoeken. Een vrouw die moslim is kan qua cultuur mijlenver afstaan van haar christelijke buurvrouw, maar als ze beiden moeder zijn van kinderen van dezelfde leeftijd, dan delen zij een belangrijk deel van hun identiteit.

Geduld

Iemand anders op identiteitsniveau diepgaand spiegelen, kan erg veel tijd en geduld kosten. Sommige mensen staan qua beleving zo ver van ons af dat het zelfs jaren kan duren contact te maken. Zo beschrijf ik in mijn eerste boek *Ja-maar wat als alles lukt?* de ervaringen van Barry en Samahria Kaufman. Ze krijgen een zoontje Raun die na ruim een jaar de diagnose 'autist' krijgt. Experts geven de ouders geen enkele hoop. Hij zou 'onbehandelbaar' zijn. Wat deden Barry en Samahria echter, min of meer intuïtief? Zij *spiegelden* alle gedragingen van Raun. Als hij met een autootje op de grond speelde, met het voorwerp monomaan duizenden keren een identieke ellips maakte, dan kopieerden zij die beweging tot in de finesses. Waar versnelde hij met het autootje in de bocht, welk geluid maakte hij precies op welk moment, wat was zijn lichaamshouding? Het mooie was, dat op die momenten dat ze het gevoel hadden één en dezelfde beweging te maken, als ze perfect op elkaar waren afgestemd, kortom, als ze *vergeten* waren dat ze hem nadeden, maar samen 'één beweging waren', in het spel verdwenen waren, dat op die momenten Barry soms even stopte en... oogcontact maakte. Barry schrijft over deze indentificatie met zijn zoon:

‘In plaats van het gedrag van onze zoon, dat anderen als ongepast beschouwden te ontmoedigen, stortten we ons vol overgave, met liefde en respect, in zijn bizarre, onvoorspelbare en fantastische wereld. Wat begon als een reis om onze zoon te vinden, eindigde in een tocht waarbij we onszelf vonden.’

Raun blijkt – als hij ouder wordt – volledig ‘genezen’ te zijn en uiteindelijk is de diagnose ‘autistisch’ zelfs niet meer op hem van toepassing. Op grond van hun ervaringen schrijven de Kaufmans een boek en ontwikkelen ze onder de naam Son-Rise een eigen methodiek voor het omgaan met autisme, met het spiegelen als belangrijkste ‘instrument’.

Als het verhaal van de Kaufmans één ding duidelijk maakt, dan is het wel dat zij spiegelen niet als een soort goocheltruc zagen om de ander te manipuleren, maar veel meer als een hulpmiddel om de ‘fantastische wereld’ van hun zoon te verkennen. Ging het hen erom Raun te veranderen? Nee! *Integendeel.* Hun aanpak werkte omdat ze primair gericht waren op het *accepteren* van Raun. En terwijl ze dat deden, waren *zij* degenen die veranderen. Zij betraden zijn mysterieuze wereld. Pas daarna kon Raun op zijn beurt een eerste stap zetten in *hun* wereld.

Gymschoenen

Wie zegt dat ‘onze’ wereld de juiste, enig werkende wereld is? Zodra je je openstelt voor het spiegelen van mensen, doe je dat in het besef dat jouw wereld ‘een’ wereld is, maar zeker niet ‘de’ wereld. Wat in jouw wereld logisch en vanzelfsprekend lijkt, kan in een andere wereld weleens als uiterst bizar ervaren worden. Of andersom. Zoals gezegd, de identiteit spiegelen van mensen die dicht bij ons staan is niet zo moeilijk, maar hoe spiegelen we mensen die we niet begrijpen, sterker nog, hoe spiegelen we mensen van wie we het idee hebben dat ze de wereld niet juist waarnemen? Die een aanwijsbaar onjuist zelfbeeld hebben? Moeten we die identiteit dan ook spiegelen? Hoe ga je bijvoorbeeld om met iemand met waanbeelden? Moet je die mensen dan in hun waan laten? De psycholoog Bernie Carter beschrijft dat hij in 1973 als student, om geld te verdienen voor zijn studie klinische psychologie, een bijbaantje heeft als hulpverlener in een tehuis voor mensen die als schizofreen waren gediagnosticeerd. Bernies taak bestaat eruit ervoor te zorgen dat de patiënten op tijd hun medicatie krijgen. Hij is er niet voor opgeleid schizofrene patiënten te behandelen en – uiteraard – wordt dat van hem in dit baantje ook niet verwacht. Op een avond rent een van de bewoners in volslagen hysterie zijn kantoortje binnen, ondertussend uitroepend: 'Ze proberen in me te kruipen, ik wil dat ze me met rust laten!' Bernie draait zich om en ziet een mannelijke bewoner naakt en druipnat voor hem staan. Het enige wat hij aanheeft is een paar gymschoenen. De man springt angstig heen en weer en probeert ondertussen onhandig zijn genitaliën te bedekken. Bernies eerste reactie is paniek. Hij heeft geen idee wat hij moet doen en dus vraagt hij de man of hij zélf misschien een idee heeft. Plotseling stopt de paniek van de bewoner. 'Ik heb eens mijn schoenen met de veters aan elkaar gebonden. Dat hield ze buiten.' Bernie en de bewoner keken naar beneden. Daar zien ze de twee – eveneens druipnatte – gymschoenen. De veters zijn los, de bewoner bukt en knoopt de twee schoenen snel aan elkaar vast. Giechelend staat hij op en loopt terug naar de douche. 'Dat zal ze buiten houden,' zegt hij triomfantelijk. Vijf minuten later komt de bewoner, ditmaal veilig in handdoeken gewikkeld, terug om zijn medicatie te halen. Daarna huppelt hij naar bed, gaat met schoenen aan in bed liggen en valt tevreden in slaap. Ook de volgende paar dagen, zo beschrijft Carter, houdt de bewoner zijn schoenen op deze manier aan elkaar geknoopt en is hij niet angstig meer.[15]

Zelfbeeld

Wat is nu de relatie met het spiegelen van identiteit? De man met wie Bernie moest zien om te gaan, had een zelfbeeld dat naar Bernies waarneming niet klopte met de werkelijkheid. En ik neem aan ook niet met dat van de gemiddelde medemens. Er zijn geen beestjes die buiten gehouden moeten worden en de kans dat schoenen aan elkaar binden een passende remedie is om ze te verjagen, berust ook niet echt op waarneembare, verifieerbare feiten. Toch?! De man leeft in een *verhaal*, een geconstrueerde identeit. In zijn beleving is hij iemand die dergelijke aanvallen van beestjes meemaakt. Ze horen bij hem, bepalen wie hij is. Als Bernie hem dat had proberen duidelijk te maken, was het probleem waarschijnlijk alleen maar groter geworden.

Bernie (rustig) *'Beestjes?! Waar dan? Ik zie helemaal geen beestjes!'*
bewoner (meer paniek) *'Dat is het probleem. Ze zijn onzichtbaar!'*

Door zich te verplaatsen in de wereld van de patiënt, zijn identeit te spiegelen, kon hij samen met de patiënt een mogelijkheid bedenken die paste bij *diens* zelfbeeld.

Conclusie. Om te kunnen spiegelen moeten we per definitie onze eigen ideeën over wat waar en niet waar is, over wie we *zijn*, los kunnen laten. Niet als een soort principe, maar concreet. In de praktijk. Actief en overtuigend. Dat lijkt makkelijk, maar dat is het niet. Waarom niet? Omdat we op het moment dat we denken dat iets waar is, wérkelijk denken dat het waar is. Het is bijna onmogelijk om in tegenspraak met ons eigen intellect te handelen. Het *interessante* is echter dat we daar bij mensen die in onze ogen 'minder toerekeningsvatbaar zijn' geen enkel probleem mee hebben. Daarom doet het verhaal van Judith met haar dochter Stephanie ook zo absurd aan. Iedereen begrijpt dat je tegen een kind niet altijd 'eerlijk' hoeft te zijn. Net zoals ook iedereen zal begrijpen dat 'eerlijk zijn' tegen een schizofrene patiënt die denkt dat er beestjes op zijn lichaam zitten, niet werkt.

Fietsen

Wij vinden het, kortom, niet moeilijk om te 'liegen' tegen mensen die we als 'minder toerekeningsvatbaar' beschouwen. Het probleem is alleen dat we, zodra we met mensen omgaan die we wél als toerekeningsvatbaar beschouwen, ons opeens gedragen alsof er wel één waarheid is. En uiteraard is die waarheid *onze* waarheid. En dus verwachten we dat onze partner net zo iemand is als wij, die *dus* zijn sokken opruimt. Het probleem is alleen dat de ander ons niet is. Het is de tragiek van het leven dat we met iedereen slechts een deel van *wie we zijn* kunnen delen. Soms is dat een groter, soms een kleiner deel, maar het is – hoe dan ook – altijd een *deel* van wie we zijn. En dus zullen we altijd in meer of mindere mate een deel van onszelf *niet* met de ander kunnen delen. Dat voelt misschien als 'liegen', niet helemaal 'jezelf zijn', maar dat is het niet. Het getuigt juist van sociale intelligentie. Mensen verschillen nou eenmaal. Bij spiegelen is het de kunst de verschillen tussen mensen te respecteren en de overeenkomsten te *benadrukken*. En dus is 'liegen' in veel gevallen een vorm van sociale intelligentie.

> kind (blij) *'Kijk papa, ik kan fietsen! Zonder zijwielen!'*
> vader (eerlijk) *'Eindelijk. Dat werd tijd. Drie maanden nadat het gemiddelde kind fietst. En dan nog trots lopen doen ook. Wat een stuitend gebrek aan zelfkennis.'*

Varkens

Zoals eerder gezegd, in verkooptrainingen wordt spiegelen met nadruk getraind en dat is niet zonder reden. Als je het goed doet, kan het zorgen voor een sterk wederzijds gevoel van verwantschap. Het lastige is alleen dat het, zolang je gericht bent op verkopen, juist niet zal werken. Alleen als je *werkelijk* geïnteresseerd bent in de ander, ook als hij helemaal niets van je zou kopen, is het mogelijk echt contact te maken. De grap is dat je misschien dan juist wél verkoopt. Zo moest Milton Erickson, de latere grondlegger van de hypnotherapie, als jongeman zijn collegegeld verdienen door huis-aan-huis boeken te verkopen. Op een dag bezoekt hij een boer, die totaal niet geïnteresseerd is in boeken. De man is alleen maar bezig met het fokken van varkens. Wat doet Erickson? Hij stopt er onmiddellijk mee om boeken te verkopen. In plaats daarvan begint hij varkens op de rug te kriebelen. Als kind van een boer weet hij hoe lekker varkens dat vinden. De boer ziet dat en is gecharmeerd van de jongeman. Omdat het klikt tussen de twee mannen vraagt de boer aan Erickson of hij wil blijven voor het avondeten. Erickson stemt daarin toe. Zo delen ze de maaltijd. Als Erickson na het avondeten wil vertrekken, vraagt de boer hem echter of hij niet 'toch nog even' wil vertellen welke boeken hij precies te koop heeft. Erickson laat ze zien, de boer bekijkt ze. Wat is – zo zal de boer later aan Erickson vertellen – zijn belangrijkste afweging of hij de boeken al dan niet zal kopen?

'Iedereen die van varkens houdt, wil ik beter leren kennen.'

Precies dat is het wat de boer wil. Erickson beter leren kennen. En dus koopt hij zijn boeken.[16] Het verhaal van Erickson en de boer treft me om twee redenen. Ten eerste door de eenvoud ervan. Het illustreert hoe simpel spiegelen in feite is. Ten tweede – misschien nog wel belangrijker – vanwege het feit dat Erickson vanaf het moment dat hij merkte dat de boer niet in zijn boeken geïnteresseerd was, zijn eigen agenda volledig losliet en opging in de wereld van de boer. Als Erickson geen boek verkocht had, zou het ook goed geweest zijn. En precies dat is van essentieel belang. De boer voelde dat Erickson *oprecht* in hem geïnteresseerd was. Hij spiegelde hem niet om boeken te verkopen, hij spiegelde hem om hem beter te leren kennen. En wat was het eindresultaat? Dat hij de boeken verkocht!

Tja

Voor een beleggingsmaatschappij heb ik een aantal jaren geleden een serie programma's verzorgd. De cursisten met wie wij werkten moesten belangrijke *accounts*, bij voorkeur DGA's – directeur-grootaandeelhouders – van bedrijven zien te verleiden hun geld bij deze beleggingsmaatschappij onder te brengen. Tijdens een van onze programma's hadden we het over het belang van afstemming op de klant. Een van de cursisten was zichtbaar geïrriteerd.
'Laatst had ik ook zo'n gast, ik had een afspraak met hem gepland, ik dacht, nou, die is dan wel geïnteresseerd in ons fonds, je maakt zo'n afspraak toch niet voor niets, maar het enige wat hij wilde was de hele tijd over zijn paarden praten! Dat zulke mannen een serieus bedrijf runnen! Zonde van de tijd.'
'Wat heb je gedaan?' vroeg ik.
'Gezegd waar ik voor kwam, ik wilde mijn én zijn tijd niet verdoen, vervolgens hebben we gesproken over de verschillende beleggingsmogelijkheden.'
'En,' vroeg ik, 'wilde hij zijn geld bij jullie beleggen?'
De cursist antwoordde: 'Hij zei dat hij er nog over na zou denken.' Tja. Wat een gemiste kans. Als onze cursist gewoon wat over paarden had gekletst, een beetje had rondgewandeld, dan had hij de klant waarschijnlijk kunnen behouden. Waarom? Omdat het niet over geld gaat, het gaat over *vertrouwen*. Het gevoel dat het klikt. De klant gaf hem een perfect platform om dat samen te onderzoeken. Is dat tijdverspilling? Nee. Het is de meest efficiënte 'strategie' waar mensen over beschikken om aan te voelen of we elkaar kunnen vertrouwen. Precies dat deden de Russen, toen ze met Frans van Seumeren de sauna in gingen en precies dat probeerde de man die 'alleen over paarden wilde praten' te doen. Contact maken.

Gastheer

Zoals ik al eerder vertelde heb ik een groot aantal jaren in Utrecht gewerkt en me de manier van doen van 'de Utrechter' met vallen en opstaan eigen gemaakt. Zo zou ik jaren later als dagvoorzitter een bijeenkomst leiden in het Utrechtse Jacobi Theater. De eigenaar, Ben van den Brink, is een geboren Utrechter. Zijn theater is de bakermat van onder andere de – eveneens rasechte – Utrechtse cabaretière Tineke Schouten. Voor aanvang van het evenement zouden we de planning van de avond met elkaar doornemen. Bij binnenkomst viel het me op dat werkelijk alles perfect in orde was. Het was schoon, netjes, tot in de puntjes verzorgd, het licht was aangenaam gedimd afgestemd, er stond een prettig muziekje op en als geroutineerd gastheer bood Ben me, nadat we elkaar de hand hadden gegeven, vriendelijk iets te drinken aan. Ik reageerde echter niet op zijn verzoek en merkte met een bezorgd gezicht op: 'Dat is niet goed, hè?' Ondertussen maakte ik een vaag gebaar door de ruimte. 'Is niet goed, hè?'

Geschrokken keek Ben me aan. 'Wat is niet goed?'

'Alles,' antwoordde ik, 'het geheel, het is gewoon slordig, rommelig.' Ben vond het niet leuk. Hij was van slag. Raakte enigszins geïrriteerd. 'Wat dan precies, wat is er slordig?'

'Ook hoe jij eruitziet,' vervolgde ik, 'dat pak, dat kan toch niet, zo'n pak, waar heb je dat vandaan!?' Bens kostuum zag er natuurlijk nog netter uit dan zijn zaak, dus nu begreep hij er helemaal niets meer van. Hij wachtte even, keek me voorzichtig, halflachend aan, ik wachtte ook even, beantwoordde zijn voorzichtige lach met een veelbetekende blik. Daarna volgde een bulderende lach. Beetgenomen! Lachen! Humor! Met de tranen nog in de ogen vroeg hij: 'Kom je ook uit Utrecht?!' Kijk, dan kan je dag natuurlijk niet meer stuk. Vergelijkbaar aan de ontmoeting met de schouwburgdirecteur – 'ken ik je niet ergens van' – ontstond er door te spiegelen een sterk gevoel van gedeelde *identiteit*. Alsof we elkaar al jaren kenden.

Geert-Willem had even een ONFORTUINLIJK spiegelmomentje.

Intentie

Fietsband

Er was eens een warenhuis in Amerika, Nordstrom Inc., dat in het kader van 'klanttevredenheid' een nieuw motto hanteerde: als een klant een klacht heeft, lossen we die klacht *eerst* op, stellen we de klant *eerst* tevreden, pas *daarna* gaan we – als dat nog nodig mocht zijn – op zoek naar de oorzaak. Wat heeft een klant eraan te weten waar het fout ging of wie de schuld heeft? Een klant wil *geholpen* worden! Op een dag komt er een klant met twee fietsbanden aan de balie. De klant is boos.

'Deze fietsbanden heb ik hier nog geen vier maanden geleden gekocht. Ze zijn helemaal versleten. Dat kan toch niet?!'

De baliemedewerker, doordrongen als hij is van het nieuwe bedrijfsmotto, biedt de klant zijn excuses aan en vervolgt: 'Als u zaterdag terugkomt, zal ik zorgen dat er twee nieuwe fietsbanden voor u klaarliggen.' 'Hm,' bromt de klant, 'het is je geraden.' De klant vertrekt en komt die zaterdag terug. Wat is het eerste wat de klant doet? Zijn excuses aanbieden. 'Ik had me in de winkel vergist. Ik had de uitleg van mijn vrouw niet goed begrepen. Het spijt me.'

De baliemedewerker antwoordt echter: 'Geeft niet, kan gebeuren, hier hebt u de fietsbanden.'

'Maar ik heb ze hier helemaal niet gekocht?!' reageert de klant verbaasd.

'Dat weet ik, meneer, dat wist ik vorige week ook al. Wij verkopen namelijk helemaal geen fietsbanden.'

Bondgenootschap

De hoogste vorm van spiegelen is niet gebaseerd op hoe iemand zich gedraagt of wat hij denkt of voelt, maar op zijn *intenties*. Op wat hij *wil*. Conflicten tussen mensen zijn bijna altijd gebaseerd op een (vermeend) verschil van belang. Op het moment dat je de intenties van de ander kunt spiegelen, *wat jij wilt is wat ik wil*, ontstaat er ogenblikkelijk een *gemeenschappelijk* belang. Daar waar spiegelen op de andere niveaus vooral contact en verwantschap oplevert, resulteert het spiegelen van intenties tot de hoogste vorm van verbinding, een *bondgenootschap*. Het gaat er bij spiegelen uiteindelijk dan ook niet alleen om, om te doen of voelen als de ander, maar vooral om door te dringen tot waar hij of zij ten diepste naar *verlangt*.

Waarom is verlangen zo essentieel? Omdat het per definitie geen pose is. De mens *is* in de kern zijn verlangen. Al ons gedrag valt te verklaren uit onze intenties, waar we naar streven. Van ons kleine, dagelijkse handelen tot doelen die een heel leven omspannen. Wat verklaart dat we ons – soms een leven lang – kunnen opofferen voor onze kinderen? Omdat we er ten diepste naar *verlangen* hen te beschermen en te helpen. Waarom kunnen mensen de beste jaren van hun leven ten dienste stellen aan dodelijk saaie fysieke training en doorbrengen in eenzame afzondering? Omdat ze intens gedreven zijn olympisch kampioen te worden. Wat verklaart dat Nelson Mandela jarenlange opsluiting trotseerde en vasthield aan zijn ideaal van een Zuid-Afrika zonder apartheid? Omdat hij onafgebroken een rechtvaardiger wereld nastreefde.

Dubbele bodem

Als je eenmaal iemands diepste verlangen kent, zijn werkelijke drijfveren, weet je wat je aan hem hebt. Vanaf dat moment is hij een betrouwbare bondgenoot. Gedrag is vluchtig, emoties komen en gaan, mensen kunnen van identiteit veranderen, maar verlangen is – hoe vaag en vluchtig het misschien ook klinkt – het meest *betrouwbaar*. Op alle andere niveaus kan iemand een pose aannemen. 'Doen alsof.' Voor verlangen geldt dat niet. Verlangen is zuiver en eerlijk. Als we eenmaal iemands verlangen kennen, begrijpen we wat hij denkt, voelt en in essentie is. Verlangen kent geen dubbele bodem. Het is de verklaring van de vorige drie niveaus.

Is het daarom makkelijk iemands verlangen te kénnen? Nee. Zeker niet. Omdat we kwetsbaar zijn als anderen onze verlangens kennen – de ander snapt nu onze werkelijke agenda en kan die dus ook frustreren – zullen we ons verlangen niet zomaar kenbaar maken. Mensen hebben allerlei strategische, politieke of praktische redenen om hun verlangen te verbergen. Zo zal een oplichter zich voordoen als een vriend. En een werknemer die meer salaris wil, kan spelen alsof de concurrent hem een beter salarisaanbod gedaan heeft. We zijn meesters in het verbergen van onze intenties. Ze opsporen is niet altijd makkelijk. Maar áls we ze eenmaal kennen, hebben we het meest krachtige instrument in handen dat er bestaat om onze relatie met de ander te beïnvloeden. En hoe kunnen we dit instrument het best gebruiken? Niet door de intenties van de ander te bevechten, te betwijfelen of ter discussie te stellen – dat zou je allemaal als ja-maar-strategieën kunnen definiëren – maar door de intenties van anderen *oprecht* te erkennen, er volledig 'ja' tegen te zeggen, kortom door ze zonder direct eigenbelang te spiegelen.

Zero-sum

Maar, denk je nu misschien, soms heb je toch gewoon een *conflict* met iemand? Wat jij wilt en wat de ander wil kan toch gewoon verschillen? Ja, dat klopt. Soms is dat zo. Soms is er slechts één taart. En die verdeel je dan zo eerlijk mogelijk. Nogal wat mensen hangen om die reden de *zero-sum*-filofosie aan, de *fixed-pie-bias*. Het idee dat er steeds één taart is. Wat de één krijgt, gaat per definitie ten koste van de ander. Hoe je het ook wendt of keert, aan het eind komt de 'sum' altijd op 'zero' uit. Als de een meer geld gaat verdienen, betekent het per definitie dat iemand anders *minder* geld heeft. Mensen die geloven dat de wereld zo werkt, zullen dan ook een zero-sum-*game* spelen. Als de ander iets *wil*, moet ik dus op mijn hoede zijn. Jouw verlangens gaan immers ten koste van de mijne. Deze manier van denken zou je ook als *schaarstedenken* kunnen omschrijven. Het spiegelen van intenties is vanuit deze filosofie dan ook een ondoenlijke opgave.

Win-win

Is het slecht of verkeerd om zo te denken? Nee, dat niet. Soms zijn er nou eenmaal tegenstrijdige belangen. En ik beweer ook niet het tegendeel. Alsof er *nooit* tegenstellingen zouden zijn. Het probleem is alleen dat het *strategisch* nogal zwak is. Waarom? Omdat deze gedachtegang voorbijgaat aan een uniek menselijk vermogen, namelijk – om nog even in de beeldspraak te blijven – dat we taarten kunnen *bakken*. Niet alles in de wereld vermindert door het te delen. Sterker nog, soms is het tegendeel het geval. Wat gebeurt er met liefde als je die deelt? Wordt die minder? Nee, natuurlijk niet. Die vermeerdert. Of, zoals George Bernard Shaw zei: 'Als ik jou een appel geef en jij geeft mij er een terug, hebben we samen nog steeds twee appels. Maar als jij mij een idee geeft en ik geef jou een idee terug, hebben we er ieder twee.' Deze manier van denken, de taarten-bak-benadering, zou je als *overvloeddenken* kunnen definiëren. Het spiegelen van intenties is gebaseerd op deze manier van denken. Het leidt tot het spelen van een *win-win-game.*

Free publicity

Als je de intenties van anderen spiegelt, is het de kunst om er, zelfs als je in eerste instantie slechts één taart waarneemt, van uit te gaan dat er, met enig geduld en vindingrijkheid, misschien wel meer taarten gebakken zouden *kunnen* worden. Zo zou een ogenschijnlijk verlies op de korte termijn, op de langere termijn weleens winst op kunnen leveren. Denk bijvoorbeeld even terug aan de anekdote aan het begin, het verhaal van de fietsbanden. Als de verkoper vanuit schaarste gedacht zou hebben, had hij de banden natuurlijk nooit gratis weggegeven. Nou zou je kunnen zeggen: 'Ja, leuk, maar het hééft hem toch simpelweg twee banden gekost?!' Ja, op dat logische denkniveau heeft hij inderdaad verlies geleden. Maar op hoger niveau bracht zijn actie hem en zijn bedrijf slechts winst. Wat was namelijk het vervolg van het verhaal?! De actie van de twee fietsbanden heeft het bedrijf oneindig veel *free publicity* opgeleverd. Allereerst natuurlijk via de klant zelf. Hoe vaak zal die zijn bizarre ervaring wel niet hebben doorverteld aan familieleden, vrienden en bekenden? Daarnaast hebben tientallen media er – uiteraard uiterst positieve – aandacht aan besteed. Als het warenhuis deze gratis reclame had moeten kopen, had dat heel wat meer geld gekost dan twee fietsbanden. Alleen al in puur financiële zin was de actie van de medewerker dan ook zeer geslaagd.

Daarenboven. Ook in breder perspectief – misschien nog wel belangrijker – had zijn actie een positief effect, niet zozeer op het bedrijf zélf alswel op de wereld eromheen. Managementguru Tom Peters heeft het verhaal namelijk opgetekend, in Nederland heeft Jos Burgers het in zijn klantprogramma's opgenomen, Eric de Haan heeft het via Jos weer aan mij doorverteld en ik schrijf het hier weer op in dit boek en wie weet vertel jij het weer door aan jouw vrienden, collega's of bekenden. Waarom? Omdat het verhaal een inspirerend voorbeeld is van de magie van het *geven*. Allemaal dankzij een bescheiden investering van twee fietsbanden. Niets is zo mooi als mensen *onverwachts* hun zin geven.

Dropjes

Hoe zou ja-zeggen tegen de intenties van anderen er in de praktijk uit kunnen zien? Laten we met een paradoxaal voorbeeld beginnen. De intenties van anderen zijn namelijk niet altijd wat ze *lijken.* Je zou zeggen, als je doet wat mensen willen, dan zijn ze blij, verrast en gelukkig. Toch hoeft dat niet per defenitie het geval te zijn. In die gevallen kan het spiegelen van intenties een nogal ontregelend effect hebben. Zo stond ik op een dag in Hoog Catharijne voor de Jamin. Mijn partner was binnen dropjes aan het kopen en ik verveelde me wat. Niet ver van mij vandaan stonden twee keurige jongemannen met een sandwichbord van de Mormonen. Ha, dacht ik, tijd voor een leermoment! Wat zou er gebeuren als ik helemaal met hen mee zou bewegen? Helemaal 'ja' zou zeggen? Ik draaide me ietwat in hun richting en jawel hoor, even later sprak een van de jongemannen me met een vriendelijke glimlach aan. Uiteraard beantwoordde ik zijn vriendelijke vragen met al even vriendelijke antwoorden.

> *'Meneer, mag ik u misschien what wrage?'*
> *'Netuurluk, ga je kang, wraag!'*
>
> *'Heeft u toevallik kehoort van de Mojmonen?'*
> *'Netuurluk heb ik kehoort van de Mojmonen!'*
>
> *'O. Kent u het geloof van de Mojmomen?'*
> *'Ja, natuurluk. How kan u dat nou vragen?!'*

Hier vond ik het al interessant worden. In plaats van verbaasd, blij of geïnteresseerd te reageren, beantwoordde de jongeman al mijn antwoorden met een volgende standaardvraag. Uiteraard bleef ik met hem meebewegen, dat ging dus ongeveer zo.

> *'Weet u dat al we sinds kort een chapel hebben in Joetrecht?'*
> *'Tuurluk weet ik dat, de chapel is vorike week keopent. In Lunette!'*

Dat laatste wist ik toevallig.
Gelezen. In de krant.

'Mak ik u uitnodige een keer te komen kijke bij ons?'
'Een keer komen kijke?! Ik ben er al lang geweest!'

'Maar we sijn afgelopen saterdag pas keopent.'
'Dat weet ik toch! Ik wasser zelf bij!'

'Was u bij de opening?'
'Ik was bij de opening!'

'O.'
'Ja!'

Wat gebeurde er daarna tot mijn fascinatie? Niets. Helemaal niets! Het gesprek viel volledig stil. Geen vervolgvragen, geen innige omhelzingen, gaan spontane samenzang. Niets van dat al. Hij was door al zijn vragen heen. Bizar, toch? Je zou toch verwachten dat iemand die zich in een keurig pak hijst om in Hoog Catharijne voor de Mormonen mensen te werven, ontzettend *blij* zou zijn om een geestverwant te ontmoeten? Dat ligt toch in de lijn der verwachting? Je zou op z'n minst denken dat de dialoog ongeveer als volgt verder was gegaan.

'Ekt waar? Wat fantastic keweldik. Ik was er ook. Ik had u niet herkend!'
'Ik u ook niet. Kan kebeure. Sulle we hier anders alsnok danse en springe?!'

Blijkbaar was de jongeman overal op voorbereid, in elk geval op elke mogelijke vorm van weerstand, maar werd hij juist door *medestand* volledig ontregeld. Nou is dit voorbeeld op anekdotisch niveau misschien niet veel meer dan geinig of leuk, maar op abstract niveau is het uiterst interessant. We kunnen namelijk het achterliggende principe – dat mensen niet voorbereid zijn op het meebewegen met hun intenties – in andere situaties soms zeer effectief en zinvol gebruiken.

Meester Joop

Een vrouw vertelde mij dat toen zij in de hoogste klas van de lagere school zat, inmiddels al zo'n vijftien jaar geleden, zij en haar medeleerlingen in korte tijd zowel een juf als een meester hadden 'weggepest'. 'We waren grote klieren met elkaar, niemand kon ons aan.' De derde leerkracht was meester Joop, een vrolijke man, die zijn best deed het voor de kinderen zo leuk mogelijk te maken. Maar wat hij die eerste ochtend ook probeerde, de klas bleef vervelend. Waarom? Omdat de kinderen afgesproken hadden elke volgende juf of meester het leven ook zuur te maken. Ze haalden het bloed onder zijn nagels vandaan. Aan het eind van de ochtend zei de meester echter tegen de klas: 'Blijkbaar willen jullie mij de klas uitpesten. Mij best, dan ga ik nu weg. Vergaderen jullie vanmiddag maar met elkaar of jullie mij als meester willen hebben of niet. Morgen kom ik terug en dan hoor ik het wel.' Wat was het effect? De klas bleef in totale verwarring achter. Een aantal kinderen moest huilen van de spanning. Ze overlegden met elkaar, kochten die middag zelfs cadeautjes en schreven lieve briefjes, die ze de volgende ochtend op het bureau van de meester legden. Of hij maar alsjeblieft wilde blijven. Ze zouden nooit meer vervelend zijn. Aldus geschiedde. De meester bleef. En het pesten was verleden tijd.

Nuance

Met het voorbeeld van meester Joop neemt – zo hoop ik dat je dat al lezend ook begrijpt – de *nuance* van het principe van het spiegelen toe. Als het gaat om spiegelen van intenties is het namelijk niet per se noodzakelijk om ook het *gedrag* van de ander te spiegelen. Meester Joop ging namelijk niet – zoals sommige meesters of juffen in zo'n situatie mogelijk zouden doen – een of meerdere kinderen terugpesten. Wie weet zou dat ook gewerkt hebben. De meester zou in elk geval hebben laten merken dat de kinderen niet over hem heen kunnen lopen. En wie weet hadden ze ontzag voor hem gekregen. Door echter vooral hun intentie te spiegelen – *moet ik weg? Oké, dan ga ik weg* – had meester Joop een volledig ontregelend effect op de klas. Sterker nog, op gedragsniveau *contrasteerde* meester Joop zelfs met de klas. Zij pestten, hij bleef rustig. Het is dan ook de kunst om per situatie, vaak intuïtief, in te schatten welk aspect je het best kan spiegelen. Zoals eerder betoogd: gedrag is daarbij het eerst waarneembare niveau, maar uiteindelijk heeft het spiegelen op het hoogste niveau, dat van de intenties, het sterkste effect. En die intenties kan je in veel gevallen dus spiegelen, zonder het uiterlijk *gedrag* van de ander te hoeven spiegelen.

Tuinsproeiers

In andere gevallen kan juist een *combinatie* van zowel het gedrag als de intentie spiegelen het beste resultaat geven. Zo beschrijven Rick Brinkman en Rick Kirschner – in hun boek over de omgang met 'lastige mensen' als betweters en ja-knikkers – de explosieve relatie tussen administratief medewerkster Doris en haar lichtgeraakte baas. Haar baas had het idee dat ze te weinig tijd besteedde aan het echte werk (in zijn ogen deed ze maar wat), terwijl Doris op haar beurt het idee had dat hij daar *zelf* de oorzaak van was. Hij liet haar voortdurend onzinnige dingen doen als koffie rondbrengen en de tuinsproeiers aanzetten. Probeerde zij dat echter op een vriendelijke manier met hem te bespreken, dan schold hij haar de huid vol.

'Als het je niet bevalt, dan sodemieter je toch op.'

Doris besefte dat ze met vriendelijkheid de zaak alleen maar erger zou maken. Vriendelijkheid en empathie waren nou niet bepaald de taal van haar baas. Ze besloot om hem op zijn manier te benaderen. Wat was zijn taal? Die van feiten en cijfers. Wat was daarbij zijn manier van doen? Haast en ongeduld en – niet onbelangrijk – de *controle* over de situatie willen hebben. Ze besloot hem precies op die manier aan te spreken. Op een dag klopte ze op zijn deur. 'Meneer, ik weet dat u het druk heeft, maar ik heb weinig tijd nodig. Ik wil de meest productieve assistent zijn die u ooit gehad heeft. Om dit doel te bereiken heb ik een logboek bijgehouden van hoe mijn tijd besteed wordt. Kunt u mij helpen mijn productiviteit te verbeteren?' Doris' baas keek verbluft naar het logboek. Toen hij tot zijn ontsteltenis zag dat ze haar tijd geheel en al besteedde aan *zijn* opdrachten, bood hij zijn verontschuldigingen aan en viel haar vanaf dat moment niet meer lastig met onzinnige klussen.[17]

Ze-leefden-nog-lang-en-gelukkig

Vond Doris het prettig of fijn om haar baas op deze manier toe te spreken? Nee, natuurlijk niet! Doris' voorkeurssysteem is dat van dialoog en wederzijds begrip. Ondanks de goede afloop van het conflict op zich is het ook maar de vraag of zij op de lange duur wel voor deze baas kan en wil werken. Wie weet komt zij op grond van deze ervaring tot de conclusie, 'zo wil ik niet met mensen omgaan'. En dat is uiteraard haar goed recht. Sterker nog, door het gedrag van mensen te spiegelen, ervaar je veel sneller of je dit soort gedrag al dan niet wilt vertonen dan wanneer je er alleen maar naar kijkt. Je hebt het immers *aan den lijve* ervaren. Je weet hoe het voelt. Deze ervaring kan dan ook twee kanten op gaan: of Doris kan vanaf nu wat beter met haar baas omgaan, of ze besluit zo niet verder te willen werken. Over de uitkomst is op voorhand met zekerheid weinig te zeggen. Spiegelen is geen ze-leefden-nog-lang-en-gelukkig-recept. En aantal dingen durf ik echter wél over deze situatie te beweren. Ten eerste wist Doris door de stijl van haar baas als uitgangspunt te nemen, het conflict te kantelen. In plaats van haar als 'een muts' te benaderen, had haar baas nu respect voor haar. Waarom? Omdat ze zijn taal sprak, zijn belangen respecteerde en *hem* zeggenschap gaf over het conflict. Precies de dingen waar hij behoefte aan had. Ze verdedigde zich niet, ze bracht onder woorden wat haar doelen waren. Kortom, ze spiegelde op die manier zijn *intentie.*

Bullebak? Kordaat!

Er is echter nog een tweede effect en dat is, voor Doris zelf, misschien nog wel belangrijker. De kans is namelijk groot dat Doris al doende bemerkt dat de manier waarop haar baas zich gedraagt helemaal niet zo angstwekkend is als ze in eerste instantie dacht. Hoe kwam haar baas voordat ze hem spiegelde op haar over? Als een bullebak. Die vooral bezig was haar het leven zuur te maken. Hoe denkt ze nu over hem? Waarschijnlijk wat meer als iemand die op zijn manier bezig is de dingen *goed te regelen.* Krachtdadig, direct, energiek. Een man een man, een woord een woord. Van dik hout zaagt men planken. Is dat altijd even handig? Nee, natuurlijk niet. Soms werkt het averechts. Maar het is *evenmin* altijd slecht. Sterker nog, soms is krachtdadigheid vereist. Als je eenmaal voor het altaar staat, zeg dan 'ja'. En zeg het luid en ferm. Wat heeft dialoog op dat moment voor nut? Zeg op zo'n moment wat je wilt zeggen. En zeg het goed. Daadkracht is in zichzelf een positieve kwaliteit. Door zich met de intenties van haar baas te *identificeren* wist Doris haar aandacht van 'hoe hij op haar overkomt' te verschuiven naar 'wat hij wil'. Van een beoordeling naar een waarneming. Of ze hem nu meteen *sympathiek* vindt kan ik niet zeggen. Wél is de kans groot dat ze in elk geval zal concluderen dat hoe hij zich gedraagt 'zo slecht nog niet is'. Sterker nog, het zou zomaar kunnen zijn dat Doris, na deze persoonlijke succeservaring met kordaat optreden, ook in andere situaties 'spontaan' dit gedrag zal vertonen. Waarom? Omdat Doris zichzelf al die tijd de *voordelen* van dit gedrag ontzegd heeft. Wat zijn die voordelen? Duidelijk zijn, grenzen stellen, mensen aanspreken. Door zich, al is het maar één keer, krachtdadig te gedragen heeft ze gemerkt dat ze het kan én dat het effect heeft. Mocht er in de supermarkt iemand voordringen in de rij, dan zou ze daar nu zomaar 'plotseling' iets over kunnen zeggen.

Eindexamen

De ander werkelijk loslaten is de kern van spiegelen. En bij het spiegelen van intenties is dat misschien wel het moeilijkst. Wat als de ander niet doet wat jij graag wilt? En wat als het gaat om je eigen zoon? Peter en zijn partner Annemarie ergeren zich aan het feit dat Hans, hun jongste zoon, het eindexamenjaar vwo niet lijkt te halen. Hans had bedacht na het vwo een wereldreis te maken, maar Peter en Annemarie denken dat hun zoon het examen schromelijk *onderschat*. Hij gooit er met de pet naar. Zijn eerste schoolonderzoeken zijn grotendeels onvoldoende. Hoe reageren Peter en Annemarie? Met duwen en wrikken. Ze wijzen hun zoon erop dat het op deze manier niet gaat lukken. Maar hoe meer druk ze uitoefenen, des te meer weerstand lijkt hun zoon te vertonen. Na afloop van een Ja-maar-seminar besluit de vader met deze aanpak te stoppen. Hij herkent het als een patroon van *vastdenken*. Hoe meer druk, des te meer weerstand. En dus overlegt hij met zijn vrouw. Hoe erg zou het zijn als hun zoon het examen *niet* haalt? Is dat echt wel zo'n ramp? Waarom doen ze eigenlijk zo hun best om te zorgen dat hij het haalt? Voor hem? Voor zichzelf? Al pratend komen ze tot de conclusie dat het eigenlijk wel heel gezellig is met Hans thuis. Hij is de laatste van drie kinderen, de laatste ook die het huis uit gaat, waarom zou hij niet gewoon het vwo over kunnen doen? Waarom al die haast? Misschien is het wel veel leuker als hij het jaar nog een keer over moet doen. En dus besluiten ze dit tegen Hans te zeggen. 'Hans, we hebben het er met z'n tweeën over gehad, als jij dit jaar niet haalt vinden wij het niet erg, wel gezellig zelfs, die wereldreis kan altijd nog.' Wat is het gevolg van hun opstelling? Hans kijkt ze met open mond aan, schrikt zich kapot, begint als een gek te leren en haalt zonder problemen zijn examen.

Je zin krijgen...

Het verhaal van Peter en Annemarie is niet alleen een mooi voorbeeld van het effect van loslaten, maar ook een voorbeeld dat aanleiding geeft tot interessante verdere bestudering. Hoe reageren mensen namelijk vaak op dit verhaal? 'Ha, de ouders kregen dus toch hun zin!' Naar mijn idee is dit echter precies de verkeerde conclusie. Wat is er namelijk aan de hand? De ouders waren juist *opgehouden* hun zin te krijgen. Ze vonden het écht leuk als Hans nog een jaar thuis zou blijven. Ze konden zich daar prima mee verzoenen. Het feit dat hij zijn examen alsnog haalde, was natuurlijk ook prima, maar de ouders hadden zich met *beide opties* verzoend. Ze hadden oprecht losgelaten dat Hans zijn examen zou moeten halen. En met name dit laatste is van essentieel belang, want *omdat* ze het volledig hadden losgelaten en *omdat* hun zoon ook echt geloofde dat dat het geval was – ze stopten daadwerkelijk hem te duwen, helpen, kortom redden – kon hij ook pas zijn eigen verantwoordelijkheid nemen. Hij overzag voor het eerst de *consequentie* van zijn gedrag. Dit verhaal gaat dan ook niet over je zin krijgen. Juist niet. Het gaat over het tegenovergestelde. Je zin *loslaten*.

Geluksrecept

Door mensen te spiegelen, door te *stoppen* ze te veranderen en te accepteren wat ze doen, denken, voelen en willen, ontstaat er per definitie een nieuwe situatie. Al was het maar omdat jij *zelf* van gedrag verandert. Zodra je dat doet, betekent dat voor de helft van de aanwezigen – jijzelf namelijk – al een verandering. De crux is dat je door mensen te spiegelen ermee stopt de *verantwoordelijkheid* van hen over te nemen. Je stopt ermee ze te veranderen en op te voeden. Dat alleen al is vaak een confronterende verandering. Soms ontstaat er dan – zoals bij meester Joop die zich 'liet pesten' – opeens een voor beiden *positieve* nieuwe mogelijkheid. Toch hoeft dit niet per definitie het geval te zijn. Spiegelen is geen geluksrecept. Dat kan het ook niet zijn. Het is van belang om voortdurend te beseffen dat spiegelen geen truc is om je zin te krijgen. Het is vooral een manier om op gelijk niveau *contact* te maken en daardoor bestaande patronen te doorbreken. Zodra je iemand spiegelt – terwijl je dat daarvoor *niet* deed – ontstaat er namelijk per definitie een nieuw patroon. Jíj verandert immers van gedrag. De uitkomst hoeft echter niet per definitie gezellig, fijn of positief te zijn. Integendeel. Hoe zou je bijvoorbeeld een partner die alcoholist is kunnen 'spiegelen'? Moet je dan ook gaan drinken? Het antwoord is 'ja en nee'. Letterlijk natuurlijk niet, dat is in dit geval niet de bedoeling. Maar figuurlijk wél. Spiegelen betekent – ook in dit geval – vooral dat je de intenties, of iets juister geformuleerd, de *gevolgen* van zijn gedrag spiegelt. Je spiegelt zijn onverantwoordelijkheid. En dus laat je de boel ook in het honderd lopen. Wat zeg ik, in het duizend. In feite gedraag je je, zonder zelf ook te drinken, *alsof* je drinkt.

Durf

Als zijn werkgever belt met de vraag waarom hij die ochtend niet op zijn werk is verschenen, wat moet je dan zeggen? Helemaal niets! Sterker nog, je neemt de telefoon niet eens meer op! Mensen die aan de alcohol zijn, nemen immers geen telefoons op. Wat moet je doen als hij 's nachts dronken in plaats van het toilet te bezoeken keurig netjes de klerenkast opent, netjes afwatert over de versgestreken broeken en overhemden, keurig de deur weer achter zich sluit en in bed terugkeert? Moet je dan alle kleren wassen? Nee. Laat de boel de boel. Als je zijn intenties spiegelt, is kleren wassen *het laatste* wat je doet. Op het moment dat je je zo durft te gedragen – en het woord 'durf' is in dit geval zeer van toepassing, stoppen met de ander te redden, de ander volledig *loslaten*, vergt namelijk moed. Ik besef heel goed dat het heel wat makkelijker is om dat als een soort 'strategie' op te schrijven dan het in de praktijk daadwerkelijk te doen, zeker als het gaat om een partner van wie je zielsveel houdt – kan de situatie zich op twee manieren ontwikkelen. Of de ander wordt wakker en verandert zijn gedrag. Hij ziet zichzelf in jou weerspiegeld en beseft dat dit niet is wat hij wil. Of dat gebeurt *niet*. Ook na verloop van tijd niet. Ondanks het feit dat jij stopt met redden, volhardt de ander in zijn gedrag. In dat geval loopt de situatie natuurlijk pas echt in het honderd. En dat is erg. Maar nu weet je in elk geval wel zeker dat de ander het op *eigen* kracht niet voor elkaar krijgt.

Is dat dan een 'oplossing' voor de relatieproblemen? Nee, uiteraard niet. De kans is zelfs groot dat je op dat moment besluit de relatie te beëindigen. Uiteraard is dat pijnlijk en tragisch. Maar ook in dat geval is er *in the end* sprake van het beëindigen van de huidige situatie, van het bestaande patroon. In beide gevallen wordt, doordat jij zijn intenties spiegelt, de bestaande situatie *doorbroken*. Terwijl je door zijn gedrag te contrasteren – zijn baas wél bellen en de boel wél voortdurend opruimen – zijn gedrag, en daarmee het bestaande patroon juist in stand houdt.

Groei

Spiegelen is alleen mogelijk als we eerst onze *eigen* overtuigingen los kunnen laten. Het leven is meer dan een lelijke tekening. Dat is niet altijd even makkelijk, maar als het ons lukt, betekent het in elk geval dat we onze *eigen* weerstand hebben overwonnen. Dat is op zichzelf, ongeacht de uitkomst, al winst. Het gaat bij spiegelen namelijk helemaal niet om de ander, het gaat primair om onszelf. Door te spiegelen transformeren we vooral *onszelf*. Doordat wij ons in de wereld van de ander verplaatsen, verrijken we onszelf met nieuwe inzichten en ervaringen. Andere mensen zijn een oneindige bron van ervaringen, inzichten en kwaliteiten. Door hen te spiegelen krijgen we de meest directe toegang tot hun binnenwereld, tot hun vermogens. Alleen dat al betekent een voortdurende verrijking van wie we zijn. Spiegelen helpt ons – elke keer als we iemand ontmoeten die anders is dan wij, die we niet begrijpen en die mogelijk zelfs weerstand oproept – om te *groeien*.

Puppet-on-a-string

Naast een direct positief effect op onszelf, heeft spiegelen per definitie ook een helend effect op de relatie met de ander. Zodra we een kloof tussen ons en de ander waarnemen, kunnen we door te spiegelen een brug slaan. We verbinden ons met de ander. We verplaatsen ons in de manier waarop hij de wereld waarneemt. Hoe zinvol zou het zijn als Israëliërs en Palestijnen zich werkelijk in elkaars *intenties* zouden verplaatsen? Wat zou het effect zijn als Israëliërs ten diepste begrijpen waartoe Palestijnse jongeren in staat zijn, omdat ze zichzelf beschouwen als een volgende generatie die machteloos en stateloos moet zien te overleven? Wat zou op een vergelijkbare manier het effect zijn als Palestijnen werkelijk zouden begrijpen hoe getraumatiseerd Israëliërs zijn door een decennialange geschiedenis van bedreigingen en geweld, zodat voor Israëliërs zelfs de kleinste, *vermeende* bedreiging al werkt als een rode lap op een stier?

Als Israëliërs en Palestijnen elkaars intenties zouden kunnen spiegelen, zouden verschillen langzaam plaats kunnen maken voor overeenkomsten. En zo zou een zero-sum-game, het land *verdelen*, plaats kunnen maken voor een win-win-game, het land *opbouwen*. Natuurlijk is dat niet makkelijk. En hoezeer velen het de afgelopen jaren vol overgave ook geprobeerd hebben, het conflict zit nog steeds muurvast. Zoals gezegd, er bestaan geen garanties op succes. Wat ik wél weet is dat *contrasteren*, de verschillen benadrukken, per definitie averechts zal werken.

We kunnen andere mensen, laat staan een ander volk, niet als een *puppet-on-a-string* besturen. Dat is ook niet het doel van spiegelen. Integendeel. Voor zover er al een doel is, is het juist om de ander *niet* te besturen. Daarmee stoppen, de ander accepteren zoals hij is, *ongeacht de uitkomst*, is de kern van spiegelen.

III

Omspiegelen

Ja-en

ik ben oké, jij bent een goudmijn

omspiegelen

Karel had de voordelen van contrasteren ontdekt.

Patronen

It's a Wonderful Life

In Frank Capra's kerstklassieker *It's a Wonderful Life* uit 1946 staat een wanhopige George Baily – gespeeld door James Stewart – midden in de nacht op de reling van een brug boven een donkere, kolkende rivier. Hij overweegt een eind aan zijn leven te maken. Een simpele sprong is voldoende. Hij is letterlijk één stap van de dood verwijderd. In trance kijkt hij naar beneden. Op dat moment rinkelen in de hemel de alarmbellen. George moet geholpen worden! Een van de engelen, Clarence, een relatieve beginneling als het gaat om het redden van mensen – *he hasn't got his wings yet, has he?* – wordt aangewezen om de klus te klaren. Clarence haast zich met spoed naar beneden, ziet George staan en weet met één simpele actie te voorkomen dat George zelfmoord pleegt. Hoe doet hij dat? Door zélf in het water te springen en luidkeels om hulp te roepen. George reageert onmiddellijk. Hij schrikt wakker, springt Clarence achterna en redt zijn leven. En daarmee, zo blijkt in de loop van de film, uiteindelijk ook het zijne.

Clarence' actie om zich door George te laten redden is een perfect voorbeeld van omspiegelen. Met één gedurfde actie wist Clarence de rolverdeling tussen hem en George te kantelen. Clarence was gestuurd als engel. Hij werd geacht de rol van redder te spelen. En George moest gered *worden*. Door zich echter als slachtoffer op te stellen, kreeg Clarence het voor elkaar dat George zich ogenblikkelijk als redder opstelde. Daarmee was Clarence' actie een uiterst geslaagde *patrooninterventie.*

Patronen

Wat is een relatie tussen twee mensen eigenlijk precies? Als twee mensen met elkaar een relatie aangaan, lijkt de situatie slechts twee variabelen te kennen, namelijk 'de een' en 'de ander'. In het voorbeeld van George en Clarence zijn dat de 'redder' en het 'slachtoffer'. Oppervlakkig gezien is dat natuurlijk ook zo, maar als je beter observeert, dan zal je zien dat twee personen, zodra ze een *relatie* met elkaar aangaan, samen als het ware een derde variabele creëren. Wat is die derde variabele? De relatie! De relatie zegt iets over de wijze waarop ze zich tot elkaar verhouden. Die voldoet namelijk aan een aantal kenmerken. En die kenmerken vormen samen een *patroon*.

Alhoewel een patroon niet direct zichtbaar is – en al helemaal niet voor de betrokkene zelf – wordt de manier waarop mensen met elkaar communiceren er in hoge mate door bepaald. Dit patroon kan zelfs zo sterk zijn dat sommige therapeuten menen dat ze bij relatietherapie niet zozeer met de ene of de andere partner in gesprek zijn, maar vooral met het patroon tussen hen beiden. Zij beschouwen de relatie als *de derde aanwezige*. In bijna alle gevallen van relatietherapie is deze derde aanwezige dan ook de *eigenlijke* patiënt.

Patronen zijn er in allerlei soorten en maten. Om een simpel voorbeeld te geven: het patroon van de *verzorger* en de *verzorgde*. In dit patroon hebben beide spelers – ik gebruik bewust het woord 'speler', omdat een patroon net als een spel volgens een aantal simpele regels verloopt, de deelnemers denken misschien 'spontaan' te handelen, maar alles wat zij doen en laten is onderdeel van een spel, een structuur, een patroon – een wederzijds afhankelijke rol. De verzorger heeft een verzorgde nodig om zinvol te kunnen verzorgen, de verzorgde op zijn beurt heeft de verzorger nodig om verzorgd te worden. De twee rollen zijn *complementair*, ze vullen elkaar aan. Sterker nog, ze hebben elkaar soms zelfs nodig om hun eigen *identiteit* te hebben. Wat is een dokter zonder patiënt, een vaksbondsleider zonder vakbondsleden of een staatshoofd zonder onderdanen? De een krijgt functie en betekenis door de ander.

Feeder

Tot dusver niets aan de hand. Simpel. Zo'n patroon kan een redelijk *stabiel* evenwicht vinden, waarbij de twee 'spelers' ieder naar beider tevredenheid doen wat ze willen doen. De ellende van patronen is echter dat ze nogal eens *ontsporen*. Uit de bocht vliegen. De neiging van de één versterkt de neiging van de ander in een opwaartse of neerwaartse spiraal. Als een vicieuze cirkel. Als dat gebeurt is er sprake van een *instabiel* patroon. Zo zag ik laatst op televisie de tragische lotgevallen van een jongen van veertien jaar, die inmiddels meer dan 350 kilo woog. Zijn moeder was een zogenaamde *feeder* – zij had de niet te onderdrukken, tragische aandrang haar zoon voortdurend van voedsel te voorzien – en de jongen had de eveneens niet te onderdrukken neiging het aanbod van zijn moeder te accepteren. *'She's my mom, you know.'* Uiteindelijk was hij onder curatele gesteld, lag hij vastgeketend aan een ziekenhuisbed, en werd zijn calorie-inname via sondevoeding gereguleerd. Met dit alles was zijn moeder – zijn voor hem zo gevaarlijke moeder – buitenspel gezet. De ziekenhuisopname was net op tijd geweest. Omdat hij in korte tijd zoveel was afgevallen dat hij buiten levensgevaar was mocht hij binnenkort weer naar huis. 'Als je weer thuis bent, hoe gaat het dan verder?' vroeg de verslaggever aan de zoon. 'Tja', antwoordde de jongen, 'dan zal mijn moeder me weer te veel te eten geven.' 'En eet jij het dan allemaal op?' vroeg de verslaggever. De jongen haalde zijn schouders op en knikte. 'En dus kom je over een tijd waarschijnlijk weer in het ziekenhuis?' vervolgde de verslaggever. 'Ja.' 'Als het dan tenminste niet te laat is,' vulde de verslaggever aan. 'Ja,' beaamde de jongen, 'als het dan niet te laat is.'

Stabiele en instabiele patronen

Patronen kunnen stabiel zijn. In dat geval is er sprake van een rolverdeling die beide spelers accepteren, ondersteunen en in stand willen en kunnen houden. Het voorbeeld van de moeder en haar zoon is echter een voorbeeld van een *instabiel* patroon. Waarom instabiel? Niet omdat de moeder of zoon het niet zou 'willen', maar omdat het patroon gedoemd is uiteen te vallen. Al was het maar omdat de zoon uiteindelijk het leven laat. Het systeem dreigt zichzelf als het ware op te blazen. Als je relaties wilt omdenken is het de kunst dergelijke patronen, of ze nou instabiel zijn of (nog) niet, te leren *herkennen.* Waarom? Omdat ook ogenschijnlijke stabiele patronen zich soms razendsnel kunnen onwikkelen tot instabiele patronen.

Een voorbeeld. Een gedemotiveerde medewerker en een enthousiaste P&O-medewerker. De gedemotiveerde medewerker laaft zich aan de energie, hulpvaardigheid en betrokkenheid van de P&O-medewerker, die op zijn beurt blij en verheugd is om voor de medewerker een zinvol re-integratietraject te kunnen formuleren. Tot dusver niets aan de hand. Ze hebben wat aan elkaar. De relatie is zinvol. Toch is ook dit patroon potentieel instabiel, omdat de medewerker juist door het *aannemen* van hulp zich steeds hulpelozer kan gaan voelen, terwijl de P&O-medewerker in het *geven* van hulp zich steeds meer als de redder kan gaan gedragen. Als dit het patroon van hun relatie blijft, zal ook deze situatie – linksom danwel rechtsom – ontsporen. Een mooie metafoor om dat te verduidelijken is die van de man die een vlinder wilde helpen. De man zag de prachtige vlinder worstelen om zich uit zijn cocon te bevrijden. De man besloot de vlinder te helpen. Hij pakte een klein zakmesje en sneed uiterst voorzichtig het weefsel los. De operatie lukte. De vlinder was bevrijd. Liefdevol nam de man de vlinder op zijn hand en gooide hem in de lucht. Wat gebeurde er? De vlinder dwarrelde hulpeloos naar beneden. Waarom? Omdat het worstelen uit de cocon een noodzakelijk onderdeel is van de geboorte van een vlinder. Alleen zo kan een vlinder sterk worden om te vliegen. De hulp aan de vlinder betekende zijn ondergang.

Praten, zwijgen

De tragiek van dergelijke patronen is dat beide spelers *onschuldig* zijn. Onschuldig in de zin dat ze geen kwade bedoelingen hebben met elkaar. Het patroon zélf is destructief, niet hun bedoelingen. Sterker nog, de bedoelingen zijn vaak alleen maar positief. Laten we als voorbeeld een klassiek man-vrouwrelatieprobleem nemen. Stel, beiden zijn het erover eens dat het niet goed tussen hen gaat. Wat is haar 'oplossing' voor dat probleem? Praten. Maar dat vindt hij juist moeilijk. Zijn oplossing is samen leuke dingen te *doen.* In deze situatie ontstaat al snel een instabiel patroon. Waarom? Omdat ze met haar 'oplossing' om te praten, zijn 'probleem' nou juist aanwakkert. Hoe meer zij praat, des te onhandiger hij zich voelt. Welke 'oplossing' bedenkt hij vervolgens voor dit gevoel van onhandigheid? Precies het tegenovergestelde, namelijk nog meer zwijgen. Omgekeerd is nu ook zijn 'oplossing' precies haar probleem! Zij heeft immers juist *moeite* met zwijgen. Vanaf dat moment ontstaat een niet te stuiten vicieuze cirkel. Zij zal steeds meer willen praten en hij zal zich steeds meer in stilte hullen. Tot de boel onafwendbaar uit de rails is gelopen.

Ja-en

Alles waar we het tot nu toe over gehad hebben, valt onder het begrip spiegelen. Door anderen te spiegelen, of het nu gaat om emoties, gedrag, identiteit of intenties, laten we merken dat we de ander volledig accepteren. We zeggen er 'ja' tegen. De ander is helemaal 'oké'. Deze gedachte was het uitgangspunt van onze ontdekkingsreis in het vorige deel van het boek. Door de ander volledig te accepteren, kunnen we bestaande relaties verrassend vaak *omdenken.*

In sommige gevallen zal spiegelen, ja-zeggen, echter niet volstaan. Sommige mensen zijn zo vastgeroest aan hun zelfbeeld of zo gewend op een bepaalde manier relaties met andere mensen aan te gaan, dat hen spiegelen niet veel meer zal opleveren dan een bevestiging van de status-quo. Voor die gevallen geldt dat spiegelen weliswaar goed kan voelen *voor de ander* – hij of zij heeft een 'klik' met jou, echt contact – maar mogelijk blijft daarmee een voor jou *onbevredigende* situatie in stand. Spiegelen hoeft niet per definitie tot een verandering van een patroon te leiden. Laten we ter illustratie de rode draad van het boek er eens bij halen, het laten slingeren van de sokken. Je kan dat gedrag wel spiegelen, iemands sokken ook laten slingeren, maar wie weet vindt hij of zij dat alleen maar prima. Lekker gezellig, rommelig en morsig. Wie weet houdt de ander daar wel van. Maar voor *jou* schiet dat dan niet op natuurlijk.

In gevallen waarin spiegelen niet tot een gewenste patroonverandering leidt, kunnen we mogelijk gebruikmaken van een krachtiger strategie, die van het 'omspiegelen'. Wat is omspiegelen? Het is – in principe – heel eenvoudig, het is een soort spiegelen-plus. Extra spiegelen. Een tandje erbij dus. Niet simpelweg het gedrag van de ander spiegelen, maar het *extra* spiegelen. Je bent, zoals Clarence, niet ook slachtoffer, je bent *meer* slachtoffer dan de ander. Bedenk dat George op het moment dat Clarence in de rivier sprong, zelf *nog niet* had gesprongen. Op dat moment was Clarence *relatief* nog meer slachtoffer dan George.

Moet je dan zelf ook je sokken laten slingeren? Nee. Bijna goed. Het idee is 'ja-en', dat jij *nog meer* kledingstukken laat slingeren dan de ander. Dus niet alleen sokken, maar ook handdoeken, onderbroeken en vuil beddengoed. Wat doe je als eerste bij binnenkomst? Je jas op de grond laten vallen! Wat doe je na de avondmaaltijd? Weglopen zonder opruimen! Waarom zou je dingen opruimen? Daar heb je toch je partner voor! Wat is het gevolg?

Hij is daarmee in één klap *relatief* netjes. Net zoals George in één klap slachtoffer was.

Alle dingen die hij opruimt, kan jij vanaf nu licht geamuseerd observeren. 'Jeetje, man, dat jij altijd je jas aan de kapstok hangt, wat een overgeorganiseerde dwangmatigheid!' Had spiegelen al een stevig effect op zijn gedrag – er kwam steeds meer troep bij – omspiegelen heeft een nog heftiger effect. Hij woont nu samen met een nog grotere chaoot dan hijzelf.

Pais en vree

Met het onderwerp omspiegelen zijn we bij de hogere school van het spiegelen gekomen. Zoals je merkt uit het voorbeeld met de sokken kan dat een sterk *provocatief* karakter hebben. Het is dan ook niet makkelijk. Als je de verkeerde toon of houding kiest, zal het niet werken. Dan wordt het cynisch of sceptisch.

Leidt omspiegelen altijd tot pais, vrede en eeuwig geluk? Nee. Ook hier geldt, net als bij spiegelen, dat 'het probleem' in sommige gevallen zelfs groter wordt dan het ooit was. Maar de *relatie* tussen jou en de ander is gelijkwaardiger, respectvoller en oprechter dan ooit tevoren. Het centrale doel van omspiegelen is niet om de ander te veranderen, maar om ongezonde relatiepatronen te doorbreken. Soms is zo'n ongezond patroon voor de ander namelijk zeer voordelig. Wie zegt dat misbruik maken van de goedgelovigheid van anderen niet aangenaam, lekker, gezellig, prettig of uiterst comfortabel kan voelen? Dergelijke patronen omspiegelen, pootje haken of kantelen wil nog weleens gepaard gaan met de nodige weerstand. En zelfs als dat wonderwel lukt, heeft de ander – helaas, daar kunnen we nou eenmaal niets aan doen – altijd de vrijheid een nieuw en gewillig slachtoffer te vinden om precies hetzelfde ongezonde patroon opnieuw mee aan te gaan. Het goede nieuws is echter dat het wél een garantie betekent voor het beëindigen van een bestaand, ongezond patroon. Linksom of rechtsom, met of zonder de ander.

Red shoes

Hoe kunnen we relaties met andere mensen omspiegelen? De clou zit 'm vooral in het herkennen van situaties waarin de ander zijn of haar last op jou *overhevelt.* Omspiegelen begint simpelweg met het besluit dat jij die last niet meer wilt dragen. Elkaar helpen, begrijpen en ondersteunen is fijn, maar laat daar waar dat kan ieder vooral zijn eigen last dragen. Als je dat besluit eenmaal genomen hebt, ben je al halverwege. Over het 'hoe' van het omspiegelen, over de tweede helft van de weg, zal ik je met alle liefde en plezier informeren. Om het in danstermen te formuleren: nu we de basispassen van het spiegelen kennen, is het tijd om *onze* dansvloer te betreden. Volgden we tot nu toe vooral de ander – we hebben geleerd nauwgezet zijn of haar passen, ritme en houding te spiegelen – nu is het tijd om de rollen om te draaien. Dansen is per slot van rekening een combinatie van volgen en leiden. In de komende hoofdstukken wil ik je dan ook leren de dans zélf te beïnvloeden. Wat wordt er eigenlijk gedanst? En door wie? Om die vraag te beantwoorden zal ik je inwijden in de fascinerende dansroutines van het rolverwisselen, omkeren, bekrachtigen en respecteren. De topklasse van het omdenken. We zullen ons verdiepen in de choreografie van de galante zwenk, de onverwachtse 'freeze' en het betere gooi- en smijtwerk van de rock-'n-roll. In de woorden van David Bowie, '*Put on your red shoes and dance the blues.*'

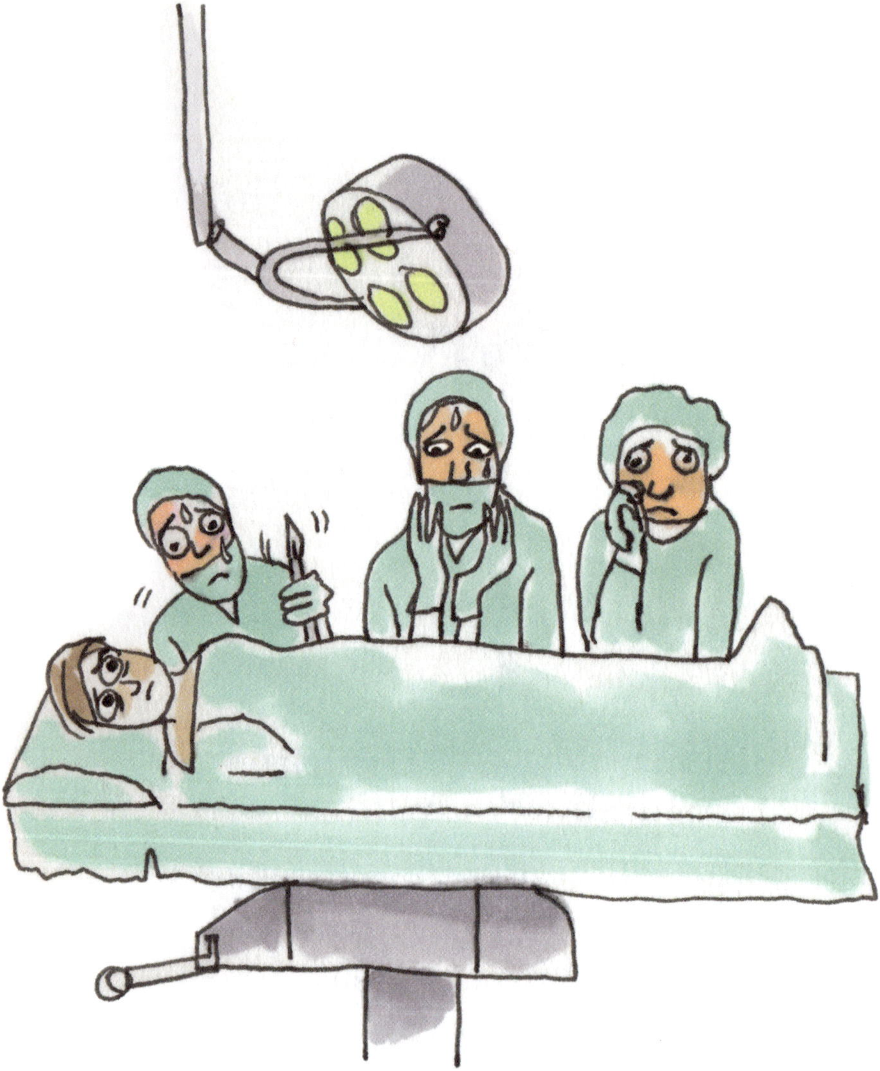

Omspiegelchirurgie leek zo'n goed idee

Rolverwisselen

Het verdwaalde paard

Op een dag komt een paard het erf op lopen op de boerderij van Milton Ericksons ouders. Ze bestuderen het paard, maar hebben geen idee van wie het is of waar het vandaan komt. Desondanks zegt Milton dat hij het paard wel 'terug zal brengen'. Hoe doet hij dat? Hij gaat op het paard zitten, leidt het naar de weg en laat vervolgens het paard beslissen welke kant het op wil. Linksaf of rechtsaf. Het paard kiest een van de twee mogelijkheden en zo gaan ze op pad. Milton doet verder niets, behalve wanneer hij zeker weet dat het paard niet bezig is naar huis terug te keren, wanneer het bijvoorbeeld van de weg af wil om te grazen of dwars door een akker wil lopen. Zo loopt hij door tot het paard kilometers verderop het erf van een boer op loopt. Verbaasd komt de boer naar buiten. Hij herkent zijn paard meteen en vraagt aan Milton hoe hij de weg had gevonden. Milton antwoordt: 'Ik wist het niet, het paard wist het.'[18]

Milton Ericksons verhaal is een mooi voorbeeld voor de grondhouding van de strategie van het *rolverwisselen*. Wat is die grondhouding? Het *vertrouwen* dat als je je eigen rol durft los te laten – van rol wisselt – en dus precies het tegenovergestelde gedrag kiest van datgene wat in eerste instantie logisch lijkt, het 'vanzelf' wel goed komt. Hoe bijzonder het verhaal van Erickson misschien ook is, toch is dit los kunnen laten van de rol die je dénkt te moeten vervullen en de *tegenovergestelde* rol kiezen iets wat we in het dagelijks leven vaak (on)bewust al doen. Het is een wijsheid waar we allemaal intuïtief over beschikken. Zo hoorde ik laatst in een soapserie de ene ouder tegen de andere ouder – ze hadden het over de opvoeding van hun kinderen – de simpele, prachtige tekst uitspreken: 'We moeten ze loslaten, alleen dan komen ze naar ons toe.'

De last verleggen

Met de strategie van het rolverwisselen heb je een middel in handen om de last die anderen bij jou neerleggen terug te leggen. Een humoristische illustratie van dit principe van 'de last terugleggen' is het korte verhaal van O. Henry uit 1910, *The Ransom of Red Chief*. Twee criminelen, Bill Driscoll en Sam Howard, kidnappen de zoon van de steenrijke Ebenezer Dorset en eisen 2000 dollar losgeld. De zoon blijkt echter een irritant kind te zijn. Hij heeft het idee met de twee ontvoerders op een soort *vakantietochtje* te zijn. Uit bewondering voor de indianen noemt de jongen zichzelf Red Chief. Hij dwingt de ontvoerders tot paardje rijden, indiaantje spelen et cetera. Uit angst hun buit kwijt te raken stemmen ze daar omstebeurt en met veel tegenzin in toe. Is de vader ondertussen ongerust? Niet echt. Waarom? Omdat hij erop vertrouwt dat de boeven binnen de kortste keren zijn zoon desnoods met geld toe terug zullen willen brengen. Wat is dan ook zijn reactie op de eis losgeld te betalen? Niks. Hij reageert niet eens! De ontvoerders verlagen daarop het losgeld naar 1500 en uiteindelijk zelfs naar 250 dollar. Uiteindelijk gaat de vader – met gespeelde tegenzin – met dit laatste bedrag akkoord en brengen de twee ontvoerders Red Chief terug naar huis. Op het moment dat ze hem willen afleveren bij zijn vader, smeekt Red Chief de ontvoerders echter of hij toch weer alsjeblieft met ze mee mag. Zo leuk had hij het gevonden. Op dat moment draaien de rollen definitief om. De ontvoerders vluchten om maar zo snel mogelijk verlost te zijn van de zorg voor Red Chief en vergeten zelfs de 250 dollar mee te nemen.

Return to sender

Het verhaal van Red Chief en zijn vader is uiteraard een verzonnen verhaal en het is niet mijn bedoeling te suggereren dat ouders met hun kind een dergelijk spel op het scherp van de snede zouden moeten spelen. Daar is het spel dat de vader speelde veel te riskant voor. Niet doen, dus! Maar om ons denken aan te scherpen, als metafoor, is het verhaal uiterst interessant. In welk opzicht spiegelde de vader de twee ontvoerders namelijk om? Door in plaats van interesse voor zijn zoon te tonen – hetgeen de ontvoerders verwachtten – nog *minder* interesse voor zijn zoon te hebben dan de ontvoerders. Precies vanwege dit omspiegelen van interesse wist de vader een geslaagde rolverwisseling te creëren. Het verhaal van Red Chief is, dat begrijp je, niet een-twee-drie te kopiëren, maar het *principe* is dat zeker wél. Waar komt het op neer? Op de moed om het probleem dat andere mensen op jouw bordje leggen, heel galant los te laten, terug te schuiven of uit je handen te laten vallen. Hoe je het ook doet, *return to sender,* terug naar de afzender.

IJsje? Bier!

Kleine Luc van drie en zijn vader en moeder liepen in de supermarkt. Luc had zin in een ijsje. Dit verlangen maakte hij krachtig kenbaar door bondig te verklaren: 'Ik wil een ijsje!' Zijn moeder was echter beslist. 'Nee Luc, nu niet.' Hm. Luc vond dit niet leuk. En dus schakelde hij een tandje bij. 'Waarom niet?! Ik wil ijs, nu! IJs.' Moeder hield echter stoïcijns vol. 'Nee Luc, vandaag niet.' Moeders consequente weigering deed bij Luc de stoppen doorslaan. Hij stortte zich pontificaal op de grond en riep met een rood hoofd: 'IJSJE!!!' Met bloeddoorlopen ogen keek hij zijn moeder vernietigend aan. Nu zou ze toch wel bezwijken?! Voordat hij antwoord kon krijgen, zag hij echter vanuit zijn ooghoek zijn vader ter aarde storten en naar moeder schreeuwen: 'BIERRRR!' Stomverbaasd en beschaamd keek Luc naar zijn vader. Wat was hier aan de hand? Zijn vader schoot echter meteen in de lach, stond op en klopte het stof van z'n broek. Wat was het effect op Luc? Hij kon voorlopig niet opstaan. Waarom niet? Hij kreeg in plaats van ijs de slappe lach.

Anders dan bij spiegelen – waar het erom gaat het signaal *precies even sterk* terug te zenden – is bij omspiegelen de grondgedachte dat het signaal van de ander *in sterkere mate* wordt teruggezonden. Door zich nóg theatraler dan zijn zoon op de grond te laten vallen en daarbij nog harder te roepen, kortom zich *kinderlijker* dan zijn zoon te gedragen, forceerde vader dat Luc ogenblikkelijk vanuit de rol van 'volwassene' de situatie waarnam. 'Beschaamd keek Luc naar zijn vader.' En dat was precies het doel van zijn vaders actie. Niet dat Luc zich begrepen zou voelen (als vader dat zou willen had hij Luc moeten spiegelen), maar juist *geconfronteerd*. Oeps. Zo doe ik. Ai. Overlast? Return to sender!

Gangpad

Een vergelijkbaar voorbeeld van rolverwisseling met schaamte als oogmerk, is een Canadese commercial over de manier waarop ouders hun kinderen overdreven aanmoedigen bij het sporten. De reclamemakers wilden ouders ervan bewust maken dat zij hun kinderen met hun 'aanmoedigingen' nogal eens over de kling jagen. Welke vorm koos men daarvoor? Die van de rolverwisseling! Zo toont een van de commercials een moeder die in een supermarkt boodschappen doet. Terwijl ze met haar wagen door het gangpad loopt, schreeuwt haar dochter allerlei aanwijzingen zoals 'dat moet je niet meenemen, dit moet er juist wel in, blijf af!' Het gevolg is dat moeder, uit angst het verkeerd te doen, niets meer durft te pakken. Aan het eind verschijnt de pay-off van de commercial. *'This is not the way to coach your child.'*

Dorp

Alle 'return-to-sender'-strategieën hebben in principe een sterk provocatief karakter. Waarom? Omdat anderen er zo van overtuigd zijn dat jij hun last zult dragen, dat het terugkantelen van de last per definitie een choquerend effect heeft. Dat geldt voor een relatie tussen twee mensen, maar ook voor een relatie tussen bewoners en een gemeente. Zo was er een wethouder van een Groningse gemeente, die moeite had met het feit dat de bewoners van één dorpje, dat onderdeel van de gemeente was, zich wél voortdurend bij het bestuur beklaagden over teruglopende voorzieningen in hun dorp, maar daar zelf niets aan deden. Integendeel. Hun boodschappen kochten ze buiten het dorp en ook hun kinderen brachten ze met de auto naar scholen elders. Hoe de wethouder ook bepleitte dat de dorpsbewoners moesten nadenken over de consequenties van hun individuele keuzes, zijn woorden waren tegen dovemansoren gericht. Wat stelde de wethouder ten einde raad voor? Het dorp *volledig* op te heffen. Van de aardbodem te laten verdwijnen. De huurwoningen zouden afgebroken worden en alle bewoners zouden een paar kilometer verderop ondergebracht worden. *Doen jullie zelf weinig? Dan doet de gemeente helemaal niks meer!* Was het een grap? Nee, het was – op den duur – bittere noodzaak. Financieel is een klein dorp, zonder extra hulp van de bewoners, nou eenmaal niet overeind te houden. Het gevolg van de aankondiging was dat de bewoners massaal in verzet gingen, het initiatief namen en het dorp – nog net op tijd – gered hebben. Had de wethouder *gewacht* met zijn mededeling, dan zou het te laat geweest zijn.

Omgangsregeling

Als het gaat om onverantwoordelijk gedrag van *volwassenen*, kan de strategie van de last terugleggen een soms ontnuchterend effect hebben. Mensen realiseren zich nou eenmaal niet altijd welke overlast ze voor anderen veroorzaken. Een directeur van een basisschool komt erachter dat twee kinderen bij hem op school, een jongetje van zes en één van acht jaar, nogal te lijden hebben onder de voortdurende conflicten die de beide ouders, alhoewel ze inmiddels gescheiden zijn, nog steeds met elkaar uitvechten. Het belangrijkste twistpunt is de omgangsregeling. Aangezien de ouders regelmatig ruziënd bij het schoolhek staan, heeft de school er direct mee te maken. De directeur spreekt de beide ouders één voor één aan en biedt aan hen te helpen om in overleg tot een praktische regeling te komen. De ouders gaan akkoord, het gesprek wordt gevoerd en lijkt in eerste instantie prima te verlopen. Na ongeveer een halfuur slaat de stemming echter plotseling om. Beide ouders schieten in hun loopgraaf en komen er niet meer uit. Wat de directeur daarna ook probeert, het gesprek zit muurvast. Als de gesprekstijd bijna voorbij is, staat de directeur op en zegt hij tegen de ouders: 'Tja, we komen er niet uit, ik stel voor dat ik de kinderen haal en dat jullie ze dat vertellen.' Stomverbaasd kijken de ouders de directeur aan. Hij meent wat hij zegt. Opeens realiseren ze zich de conseqenties van hun gedrag. Ze vragen de directeur hen nog één kans te geven. Binnen een paar minuten is er een omgangsregeling.

Wat maakte dat de situatie met de ouders en de directeur zo snel kantelde? Niet alleen dat de directeur het gesprek beëindigde, maar vooral het beeld van de kinderen die te horen zouden krijgen dat er geen omgangsregeling getroffen was. Opeens kantelde de rol van 'slachtoffer' van de ouders naar de kinderen. Door met zijn aankondiging de positie van de kinderen te weerspiegelen, wist hij de ouders te bewegen zich verantwoordelijk op te stellen.

Schildpadden

Alhoewel alle voorbeelden voor wat betreft 'de last terugleggen' tot nu toe een wat ontregelend en provocatief karakter hebben, hoeft dat niet altijd het geval te zijn. De last terugleggen kan ook met zachtere krachten gepaard gaan. Zo beschrijft walvisonderzoekster Nan Hauser hoe zij in Main, Amerika, een achterstandsschool bezoekt. Ze probeert met de kinderen een gesprek aan te gaan, maar dat lijkt niet erg te lukken. Als ze aan de kinderen vraagt wat ze later willen worden, geven de kinderen nauwelijks antwoord. Hauser krijgt de indruk dat de kinderen hoe dan ook niets willen leren. Vervolgens vertelt ze dat er op het eiland Palmerston Atoll een groot probleem is. De mensen die er wonen eten de schildpadden op, en nu worden ze met uitsterven bedreigd. 'Nou en,' roept een van de kinderen. Andere kinderen schieten in de lach. Hoe Hauser daarna ook probeert het gesprek serieus te vervolgen, het lijkt niet te werken. Tot ze zich realiseert dat het gesprek een contraproductief patroon heeft. Zij stelt zich op als 'de volwassene' die zich verantwoordelijk gedraagt en *dus* gedragen de kinderen zich op hun beurt onverantwoordelijk. Hoe meer ze hen zal proberen van de ernst van het onderwerp te overtuigen, des te onverantwoordelijker ze zullen reageren. En dus besluit ze de rollen om te draaien. Ze vraagt de kinderen wat *zij* zouden doen in deze situatie. De eerste suggesties zijn nog wat flauw en melig – schiet de mensen op het eiland dan maar dood! – maar al snel beginnen de kinderen serieus mee te denken. 'Uiteindelijk,' zo beschrijft Nan Hauser, 'kwamen deze slecht opgeleide en kansarme kinderen op het idee dat maar één ding zou werken: de mensen moeten les krijgen in hoe ze om moeten gaan met de schildpadden. Mooi, hè? Ze hadden het zelf verzonnen, en ze verlieten het lokaal totaal anders dan hoe ze binnen waren gekomen! Ik kreeg er tranen van in mijn ogen.'[19]

Aandacht

Een rolverwisseling kan als een *bewuste* interventie plaatsvinden, zoals in het voorbeeld van de omgangsregeling, maar een rolverwisseling kan ook *noodgedwongen* tot stand komen. Buiten elke bewuste wil om. Puur en alleen omdat een van de twee rollen bezwijkt. Zo beschrijft Paul Watzlawick een lerares, die net voor de klas staat. Ze heeft grote moeilijkheden met een van de kinderen. Het jongetje valt overal wat buiten en de lerares besluit derhalve om met de moeder te praten. In dat gesprek krijgt de lerares te horen dat de ouders van het jongetje al een tijd geleden gescheiden zijn, dat moeder nu alleen voor haar zoontje moet zorgen, hard moet werken om de eindjes aan elkaar te knopen en weinig tijd overhoudt voor de jongen. Omdat de jongen verder ook niet veel met vriendjes speelt, voelt hij zich vaak nogal eenzaam. Moeder vertelt daar eerlijk en openhartig over, en de lerares heeft dan ook met de moeder en haar zoon te doen. Ze besluit na het gesprek het jongetje wat meer uit zijn isolement te halen. Vanaf die dag besteedt ze welbewust *aandacht* aan de jongen. Maar hoe meer ze zich voor hem uitslooft, des te meer de jongen zich in zichzelf lijkt op te sluiten. Na verloop van tijd gaan ook zijn schoolprestaties achteruit, en het duurt niet lang of ze zijn zelfs *slechter* dan ze voor de bemoeienissen van de juf waren. Wat concludeert de juf echter, tragisch genoeg? Dat het aan haar ligt! Onzeker als ze is, denkt ze dat het aan haar pedagogische kwaliteiten ligt. En dus schakelt ze nog maar een tandje bij. Het effect laat zich raden. De situatie escaleert nog verder. Van slecht tot slechter. Zo gaat de juf door, totdat ze volledig uitgeput en ten einde raad is. Op een dag moet ze accepteren dat het haar niet lukt. Ze realiseert zich dat als ze niet stopt, ze er emotioneel aan onderdoor gaat. Gelukkig, zo bedenkt ze, heeft ze de andere kinderen nog waar ze voldoening uit kan halen. En zo gaat ze op een ochtend naar haar werk met de intentie haar energie op de andere kinderen te richten en het jongetje voorlopig maar even te *vergeten*. Nu maar 'even niets meer' voor het jongetje te ondernemen. Wat is echter het effect op het jongetje? Net als de juf denkt dat hij zich nu wel helemaal in zichzelf zal opsluiten, veert hij plotseling op. Als een magische wederopstanding. Bijna meteen probeert hij haar aandacht te trekken. Eerst door vervelend te doen, maar als zij ook dat gedrag verder negeert – ze heeft het namelijk echt even helemaal met hem gehad – door zich *socialer* op te stellen. Het duurt niet lang of ook de schoolprestaties van de jongen gaan vooruit. En wat was de bijdrage van de juf? Nietsdoen![20]

Ongezonde situatie, gezonde reactie

Wat is, naar mijn idee, het mooie van het voorbeeld van de juf die ten einde raad was? Dat 'omspiegelen' in veel gevallen een volkomen *natuurlijke* reactie is op een uit de hand gelopen situatie. Het is van belang te beseffen dat relaties patronen hebben. De juf had in eerste instantie misschien wel moeite om de jongen te bereiken, omdat hij van zichzelf wat eenkennig en eenzaam is, maar binnen de kortste keren was het gedrag van de juf *zelf* deel van het probleem geworden. Haar 'hulp' werd door de jongen waarschijnlijk eerder als extra probleem – namelijk ongevraagde opdringerigheid – ervaren, dan als werkelijke ondersteuning. Het patroon dat de juf en de jongen vervolgens ontwikkelden (meer hulp door de juf, meer opsluiting van de kant van de jongen, nog meer hulp van de juf, enzovoort) vertoonde al snel een instabiel patroon. Het was alleen maar logisch dat het links- of rechtsom zou ontsporen. Het instorten van de juf was een gezonde reactie op een ongezonde situatie. Haar beslissing om 'even niets meer' in de richting van de jongen te ondernemen was dan ook geen bewuste poging de leerling om te spiegelen, maar meer een onvrijwillige capitulatie. Gezien het patroon van hun relatie, had het echter onmiddellijk het effect van omspiegelen. De jongen wisselde van rol. Hij nam nu de taak op zich die eerder de juf had gedragen, hij zocht *actief* het contact.

Autonomie

Het verhaal van de juf is qua structuur vergelijkbaar met dat van de pleegmoeder die niet van haar pleegkind hoefde te houden. Uiteraard is er een verschil tussen de twee verhalen. De pleegmoeder *spiegelde* haar pleegdochter door afstand te houden. Ze vertoonde daarmee hetzelfde gedrag als haar pleegdochter. In het verhaal van de juf is er sprake van *omspiegelen*, de juf kreeg zelfs een afkeer van de jongen. Maar dit verschil is vooral gradueel. Op structureel niveau gebeurde er in beide situaties exact hetzelfde: door het kind los te laten, ontstond er ruimte waardoor het kind uit zichzelf naar de volwassene toe kon komen.

Het mooie van beide verhalen is het feit dat zowel de juf als de pleegmoeder in eerste instantie, hoe goedbedoeld ook, *dwangmatig* gedrag vertoonde. Het kind moest en zou zich aan hen binden, moest van hen houden. In beide gevallen ging het daarbij niet alleen om het welzijn van het kind, maar ook – en misschien wel *vooral* – om het zelfbeeld van de juf en moeder. Als het kind zich niet aan hen zou binden, zouden ze dat beschouwen als een persoonlijk *falen*. Het zou bewijzen dat zij een 'slechte' pleegmoeder of juf zouden zijn.

Kinderen zijn echter uiterst intuïtief. Ze voelen de motieven en intenties van volwassenen vaak perfect aan en hebben meestal dan ook haarscherp in de gaten of ze oprecht zijn of niet. Zo ook in deze beide situaties. In beide gevallen reageerden de kinderen *afwerend*. Begrijpelijk. Van iemand *moeten* houden is geen echte optie. Het is verstikkend en onvrij. Het enige wat de kinderen uit zelfbescherming konden doen was dan ook afstand nemen. Op het moment dat de volwassenen er echter mee stopten de liefde af te dwingen, en daarmee de *autonomie* van de kinderen respecteerden, konden de kinderen uit eigen, vrije beweging hun werkelijke gevoelens laten zien. Het mooie en ontroerende van beide verhalen is dat zowel de juf als de pleegmoeder, uiteindelijk door los te laten, datgene kreeg waar ze ten diepste naar verlangden. De liefde van het kind.

Vrachtwagenchauffeur

Met name in spelsituaties kan het wisselen van rol een ontroerend en krachtig effect hebben. Door kinderen zich in de positie van volwassenen te laten verplaatsen en ondertussen als begeleider of therapeut helemaal in hun spelwereld op te gaan, hun spel, taal, gedrag en houdingen te spiegelen, kunnen kinderen zichzelf in een spelsituatie als 'volwassene' soms de beste adviezen geven. Net zoals de moeilijke kinderen in het verhaal van Nan Hauser – die zelf na gingen denken over het beschermen van de schildpadden – vanuit een ander perspectief ook tot andere inzichten kwamen. Kinderen zijn wijzer, intelligenter en creatiever naarmate ze zichzelf meer in de rol van volwassene mogen en kunnen plaatsen.

Speltherapeut Robin McCarthy werkt met de vierjarige Timothy, een jongetje dat hevig getraumatiseerd is door de ruzies tussen zijn beide ouders. Als klein jongetje wordt hij door zijn vader mishandeld en moet hij van dichtbij meemaken hoe ook zijn moeder regelmatig mishandeld wordt. Zijn ouders gaan niet veel later uit elkaar, maar ook na de scheiding houdt de ellende voor Timothy niet op. Zijn moeder komt er al snel achter dat Timothy tijdens de bezoeken aan zijn vader geslagen wordt en ze besluit daarop de volledige voogdij over Timothy aan te vragen. Nadat ze die heeft verkregen, pleegt Timothy's vader zelfmoord. Dat heeft een grote impact op Timothy. Hij verliest de controle over zijn darmen en blaas. McCarthy heeft het jongetje in behandeling, maar weet in het begin nauwelijks tot hem door te dringen. Timothy wil nergens over praten. Tijdens de derde sessie spelen ze in de zandbak met speelgoedvrachtwagens en McCarthy zegt met een stem van een vrachtwagenchauffeur: 'He, maatje, laten we een koffiepauze houden.' Timothy antwoordt nors en bondig: 'Oké.' Daarna zegt McCarthy: 'Ik ga naar het toilet, ik moet poepen!' Vervolgens maakt hij geluiden van poepen en winden laten. Daarna spelen ze verder met de vrachtwagens. Zo gaat het een tijdje door, totdat McCarthy op vertrouwelijke toon, maar nog steeds als vrachtwagenchauffeur, aan Timothy vraagt: 'He, maatje, ik heb een probleem waar ik erg moeilijk over kan praten. Kan ik het er met je over hebben?' 'Natuurlijk,' antwoordt Timothy. 'Weet je wat het is,' vervolgt McCarthy, 'ik doe het steeds in mijn broek, ik schaam me ervoor, maar ik weet niet wat ik moet doen, kan je helpen?' Het is even stil. Daarna antwoordt Timothy, nog steeds met de stem van een vrachtwagenchauffeur: 'Het is oké, maatje, ik zal je vertellen wat je moet doen. Eerst heb je een gek gevoel in je buik, dan ga je meteen naar het toilet om te kijken of je moet plassen of poepen, en dan doe je het niet meer in je broek. Oké?! Laten we nu weer aan het werk gaan.' Zo spelen ze verder. Timothy's moeder vertelt dat hij na deze sessie steeds het toilet heeft gebruikt en nooit meer in zijn broek poepte of plaste.

Het verhaal van McCarthy en Timothy is om twee redenen interessant en leerzaam. Ten eerste natuurlijk doordat McCarthy zich volledig identificeerde met de wereld van Timothy. Hij speelde Timothy's spel. De tweede reden is in het kader van het omspiegelen van belang. Door als vrachtwagenchauffeur advies aan Timothy te vragen, wist hij de rollen van 'therapeut' en 'cliënt' om te keren. Daarmee is het een perfecte illustratie van de creatieve dynamiek van omspiegelen. Hij maakte het voor Timothy mogelijk *zichzelf* advies te geven. Een uiterst effectief advies, bovendien. Op maat, passend en concreet. Geen therapeut had Timothy beter kunnen helpen dan hijzelf.[21]

Verweven

Het principe van het rolverwisselen is op zichzelf simpel, maar het proces verloopt vaak uiterst subtiel, gelaagd en intuïtief. Rollen kunnen ongemerkt – en soms over een langere periode – met elkaar van positie verwisselen. Een relatie is als een voortgaande dans waarbij elke beweging van de één invloed heeft op de ander. Zet de één een stap naar voren, dan resulteert dat bijna per definitie *als vanzelf* in een stap naar achteren van de ander. In relaties zitten we met onzichtbare draadjes aan elkaar vast. Achteraf kan je soms analyseren waarom wie wat op welk moment deed, op het moment zelf is dat veel lastiger te doorzien. Je leeft meestal in de illusie dat je in een relatie *zelfstandig* denkt, handelt en besluit, terwijl dat bij nader inzien niet het geval is. Dit principe van 'met elkaar verweven zijn' is vooral werkzaam als het gaat om het samen tot een besluit komen.

Twee? Drie!

Op een mooie zondagochtend dobberde ik in zwembad Den Hommel in Utrecht. Ik lag in het pierenbadje en kon vanuit mijn ooghoek mijn twee zoons van vijf en drie jaar, die zich iets verderop bij een rood-groene plastic glijbaan bevonden, goed in de gaten houden. Aangezien onze zoons nogal druk waren, hadden mijn partner en ik afgesproken dat zij die zondagochtend uit zou slapen en dat ik de jongens mee zou nemen naar het zwembad. Aldus was geschied. Terwijl ik naar mijn twee zoons keek, overviel mij een gevoel van intense tevredenheid. Mijn partner en ik hadden af en toe gesprekken over een derde kind – mijn partner wilde dat erg graag, zij had eigenlijk nooit echt een bovengrens gedefinieerd, vier, zes of achttien behoorde in principe ook tot de mogelijkheden – maar hier zo dobberend besefte ik dat twee kinderen wat mij betreft helemaal oké zou zijn. Ik besloot op dat moment dat onze wereld compleet was. Ik, mijn partner, deze twee mannen hier voor mij in het pierenbadje, zo was het goed. En op exact hetzelfde moment dat ik dat 'besloot', 'besloot' ik dat ik graag een derde kind zou willen. Twee kinderen? Nee. Saai. Drie! En dat is ook hoe het is gegaan. Ik ging later die dag naar huis, vertelde mijn partner mijn gevoelens en uiteindelijk is er een derde zoon gekomen. Net zo druk. Maar dat terzijde. Er zijn genoeg zwembaden.

Besluiten

Dat proces van het 'besluit nemen' tot het 'nemen' van een kind lijkt simpel – vrouw wil wel, man wil niet, twijfelt wat en zegt dan 'ja' – maar op het niveau van rolverwisselen is het een veel subtieler proces dan het op het eerste gezicht lijkt. Als ik achteraf ontrafel wat er precies is gebeurd en in welke volgorde, dan zou ik het als volgt kunnen omschrijven. Tot dan toe had vooral mijn partner het thema *bepaald*. Zij wilde een derde kind, en in mijn afwegingen of ik dat ook wilde, *volgde* ik haar. Ik wist echter, dat als ik voor mezelf zou bepalen dat we ons gezin tot twee kinderen zouden beperken, zij mij daarin zou *volgen*. Alleen had ik dat besluit tot dan toe niet genomen. In mijn beleving gold dus de rolverdeling dat zij *bepaalde* en ik *volgde*. Op het moment dat ik het besluit nam het bij twee kinderen te houden, vond er echter een onverwachtse rolverwisseling plaats. Waarom? Omdat ik wist dat zij mij – wat ik ook zou besluiten – daarin altijd zou volgen. Alleen besefte ik dat pas volledig op het moment dat ik ook daadwerkelijk een besluit nam. Nu besefte ik pas écht dat ons gezin zich tot twee kinderen zou beperken. En daarmee, zo besefte ik, was ik degene die *bepaalde* en zij dicgene die zou *volgen*. Wat was echter het effect van deze rolverwisseling? Precies het tegenovergestelde! Dat ik me voor het eerst realiseerde dat ik eigenlijk *liever* een derde kind wilde. Wat maakte dat ik zo snel van besluit kon veranderen, wat is de essentie van dit verhaal? Alleen omdat ik er absoluut van overtuigd was dat mijn parter *werkelijk* los had gelaten of er twee of drie kinderen zouden komen. Omdat zij bereid was mij te volgen, kon ik tot het besluit van een derde kind komen. Ook dit verhaal gaat dus in essentie over *loslaten.*

Knuffels

Alhoewel alle voorbeelden in dit hoofdstuk steeds een iets andere kleur en toon hebben, soms provocatief, soms ontregelend, maar soms ook uiterst serieus, is de *grondtoon* elke keer dat de ander liefdevol benaderd wordt. Ook de juf die het opgaf met het jongetje, 'het helemaal met hem gehad had', deed dat met spijt. Het liefst had ze hem wél geholpen. En waarschijnlijk heeft het jongetje dat ook gevoeld. Waarom zou hij anders zo gemotiveerd en op eigen kracht het contact met de juf opnieuw gezocht hebben? Kortom, ondanks alle ogenschijnlijk verschillende vormen van het omspiegelen, getuigen ze alle van oprechte betrokkenheid. Het is in alle gevallen de intentie de relatie *voor beiden* gezonder te maken. Om die grondhouding te benadrukken een laatste verhaal. Over knuffels.

Bij medische ingrepen bij kinderen is het voor verpleegkundigen vaak moeilijk om op voorhand te weten aan welke vorm van ondersteuning het kind precies behoefte heeft. Daarom doen veel verpleegkundigen de ingreep voor op de knuffel van het kindje en kijken dan goed hoe het kind met de knuffel omgaat. Sommige kinderen houden hun knuffel vast en strelen hem, maar zeggen niets. Anderen zeggen van tevoren: even flink zijn, het doet een beetje pijn. Weer anderen zeggen: hou mij maar goed vast. Wat doet het kind daarmee in essentie? Het *projecteert* zijn behoeften op de knuffel en identificeert zich vervolgens met de rol van de verpleger, om vanuit die rol zijn eigen behoeften zo goed mogelijk te vervullen. Daarmee laat het kind zien hoe het door een volwassene behandeld zou willen worden. Vervolgens kan de verpleegkundige op een passende manier voor het kind zorgen door dit gedrag zo precies mogelijk te *spiegelen* als het kind de ingreep later zelf ondergaat.

Hans probeerde z'n probleem een kwartslag te kantelen.

Omkeren

I am not a crook

In de Watergate-affaire wilde Nixon zijn onschuld benadrukken door op televisie, *nationwide*, te verklaren *'I am not a crook'*. Een achteraf gezien nogal naïeve actie. Deze ene zin bleek namelijk voldoende om rechtstreeks en onafwendbaar tot zijn ondergang te leiden. Vanaf dat moment was Nixon – nota bene door zichzelf – als 'crook' *geframed*.

Een van de krachtigste effecten van taal is wat wel bekendstaat als *'framing'*. Door een verschijnsel een bepaald woord te geven, krijgt het een label of kader. Dit 'framen' vindt doorlopend, bewust en onbewust, plaats en het is – in het kader van het omspiegelen – een belangrijk instrument. Je kan er zaken mee in je voordeel beslechten, maar als je het niet goed doet, zoals Nixon, kan het ook een rampzalig effect hebben. Taal is, zoals we al eerder zagen, een subtiele maar machtige beïnvloeder van menselijk gedrag. Wie er goed mee om kan gaan, beschikt over een krachtig wapen, de macht van het *woord*.

Als een persoon, situatie of verschijnsel eenmaal op een bepaalde manier is gekaderd, kunnen we het vanaf dat moment alleen nog maar op die manier waarnemen. Als een collega tegen je zegt 'die Jansen lijkt een aardig, betrouwbaar afdelingshoofd, maar pas op, hij doet zich mooier voor dan hij is', dan is het bijna onmogelijk om Jansen vanaf dat moment nog als 'aardig' waar te nemen. Immers. Als hij zich onaardig gedraagt, zal je denken, zie je wel, hij is onaardig, en als hij zich aardig gedraagt, zal je denken, zie je wel, hij is iemand die zich aardig voordoet, terwijl hij eigenlijk onaardig is. Het *frame* maakt dat Jansen, ongeacht zijn gedrag, door jou als onaardig wordt ervaren.

Reliëf

Soms is het echter mogelijk een bestaand *ongewenst* 'frame' door een nieuw *gewenst* 'frame' te vervangen. Door iets een andere naam te geven, krijgt het ook een andere betekenis. Zo hebben republikeinse politici per definitie een hekel aan belastingen. Ze zien belastingen dan ook het liefst zo laag mogelijk. Nou stond het begrip belastingverlaging tot dan toe bekend als *'tax cut'*. Wat bedachten de republikeinen echter? De briljante term *'tax relief'*. Opluchting. Verlichting. Waarom was dat briljant? Omdat ze daarmee impliciet het verschijnsel belasting bestempelden als een soort hoofdpijn. Blijkbaar was belasting betalen een soort lichamelijke kwaal, waarom zou je er anders 'relief' voor moeten zien te vinden?! Uiteraard hadden de democraten inhoudelijke argumenten waarom de belastingen *niet* verlaagd moesten worden, maar elke keer als ze nu het woord 'tax' in de mond namen, associeerde de gemiddelde Amerikaan dat met het frame *'hoofdpijn'*.

Reframen

De acties van de republikeinen kan je zien als een geslaagde poging tot *reframing*. Een bestaand frame, in dit geval 'tax cut', wordt vervangen door een nieuw frame, 'tax relief'. 'Reframing' kunnen we dan ook zien als een specifieke stategie van het omspiegelen, namelijk de strategie van het *omkeren*. Een nadeel wordt een voordeel. Wat eerst een probleem leek, blijkt opeens een mogelijkheid. Of andersom. Asielzoekers kan je omschrijven als 'economische vluchtelingen', maar ook als 'gelukszoekers'. Het *frame* kleurt onze waarneming.

Inleving

Misschien vraag je je af wat maakt dat ik omkeren als een strategie van het *omspiegelen* beschouw. Wat hebben die twee met elkaar te maken? Wat spiegel je precies of – in dit geval – wat spiegel je dan precies *om*? Het antwoord ligt in het inzicht dat de mate waarin je in staat bent een situatie effectief om te keren, te reframen, rechtstreeks samenhangt met de mate waarin je in staat bent te spiegelen. Hoe beter je de technieken van het spiegelen beheerst, die in het eerste deel beschreven zijn, des te beter zal je in staat zijn een nieuw frame te vinden dat de ander ook als juist en passend *ervaart*. En dat is niet altijd even makkelijk.

Zo probeert Jan Peter Balkenende bij de Algemene Beschouwingen van 2006 de Nederlandse zes-min-mentaliteit te bekritiseren door te wijzen op het roemruchte Nederlandse verleden, waarin wij trots en onverschrokken de zeeën bevoeren. 'Waar is toch die VOC-mentaliteit gebleven?!' vraagt hij zich retorisch af. Helaas heeft zijn uitroep slechts een averechts, lachwekkend effect. Waarom? Omdat zijn reframing rationeel misschien wel klopt, maar intuïtief absoluut niet aansluit bij de beleving van de gemiddelde Nederlander. Wie wil gezien worden als kolonisator?!

Als je alleen op basis van een observatie, een *beoordeling,* probeert een nieuw frame te vinden, zal je er vaak nét naast zitten. Waarom? Omdat je onvoldoende aanvoelt waar het in essentie om gaat. Reframing is niet zozeer een verstandelijk, als wel een *intuïtief* proces. Identificatie, inleving, het spiegelen van de ander, zijn dan ook belangrijke voorwaarden om effectief te reframen. Als je je niet goed inleeft in de ander, kan een poging tot reframing juist zeer treurig overkomen. Zoals Balkenendes woordkeuze getuigt van een *gebrek* aan empathie, zo is de term '*tax cut*' gebaseerd op een accuratere inleving in de gemiddelde Amerikaan. De meeste Amerikanen *beleven* de belasting daadwerkelijk als een kwaal. Het woord was een goede *weerspiegeling* van die belevingswereld. Kortom, de ander goed spiegelen – je inleven in zijn binnenwereld en die middels taal spiegelen – is een absolute *voorwaarde* om een situatie vervolgens te kunnen *reframen*.

Betekenis, focus, contrast

Reframen kan op meerdere manieren. Zo kunnen we de *betekenis* van een situatie op meerdere manieren uitleggen. Een verloren wedstrijd kan je uitleggen als 'mislukking', maar ook als 'een leerervaring'. Een eigenschap van iemand kunnen we een negatieve betekenis geven, we kunnen iemand 'drammerig' noemen, maar dezelfde eigenschap zouden we ook positief kunnen omschrijven. In dat geval spreken we van 'vasthoudend'. We kunnen een leidinggevende als 'driftig' omschrijven, maar wie weet dekt de omschrijving 'gedreven' wel net zo goed of misschien wel veel beter de lading.

Naast het reframen van de betekenis, kunnen we iets of iemand ook reframen door de gewenste kenmerken te benadrukken en de ongewenste te verdoezelen. Waarop leggen we onze *focus*? Je zou dat de 'het glas is halfvol of halfleeg'-strategie kunnen noemen. Een collega die af en toe nogal onredelijk is, kunnen we omschrijven als 'nogal onredelijk', we kunnen hem ook omschrijven als 'in de grond zeer redelijk'. Onze buurman kunnen we als 'bemoeiziek' omschrijven, we kunnen hem ook betitelen als 'kan onder de omstandigheden meestal goed loslaten'. Zoals we chips waar 32 procent vet in zit ook kunnen omschrijven als '68 procent vetvrij'.

Ten slotte kunnen we mensen reframen door middel van de werking van het *contrast*. 'Pieterson is een chaoot' zou een juiste uitspraak kunnen zijn. Even juist of misschien wel juister kan echter ook zijn 'Pieterson is van alle MT-leden het meest gestructureerd'. Zo zouden we ook 'Agnes roddelt met al haar collega's kunnen vervangen door 'Agnes is degene op de afdeling die het meest moeite heeft met roddelen'. Zou zomaar ook een juiste uitspraak kunnen zijn. En een gedemotiveerde collega zouden we kunnen betitelen als degene die 'van zijn leeftijdsgroep het meest gemotiveerd is'. Contrasteren, ten slotte, kunnen we ook inzetten als manier om mensen met *zichzelf* te vergelijken.

'Henk is een stuk stabieler dan vroeger.'
'Sinds ze moeder is, heeft Petra haar prioriteiten goed op orde.'
'Na het Weight Watchers-dieet ziet Jannie er een stuk slanker uit.'

Klinkt goed toch!? En zelfs als Henk nog steeds angstwekkend instabiel is, Petra er onverminderd een chaos van maakt en Jannie meer dan honderd kilo weegt, zouden dit *juiste* uitspraken kunnen zijn.

Ronald Reagan

Een mooi voorbeeld van het reframen van zowel betekenis als het gebruikmaken van contrast stamt uit de Amerikaanse verkiezingscampagne van 1984. Ronald Reagan stelde zich verkiesbaar voor een tweede termijn als president van Amerika. Sommige kiezers vroegen zich echter af of hij niet te oud was. Walter Mondale, de jongere tegenkandidaat van Reagan, trachtte dan ook munt te slaan uit Reagans relatieve ouderdom. Wat deed Reagan? Hij keerde het om. Tijdens het beslissende debat erkende Reagan ruiterlijk dat hij al erg oud was. 'Maar,' voegde hij er meteen aan toe, 'ik beloof u dat ik tijdens deze campagne mijn leeftijd niet ga uitbuiten, ik ga niet uit politieke overwegingen misbruik maken van het feit dat mijn tegenstander zo jong en onervaren is.' Niet lang daarna zou Walter Mondale een van de grootste verkiezingsnederlagen uit de Amerikaanse geschiedenis lijden.

Onderbroek

Hoe we situaties ook trachten te reframen, het is steeds van belang om te beseffen dat het nieuwe frame altijd *sterker* moet zijn dan het bestaande frame. Dat is ook de relatie tussen reframen en omspiegelen. Het is de kunst een bepaald verschijnsel of gevoel versterkt te herdefiniëren. Reframen kan je dan ook zien als een *ja-en-techniek*. Het is de kunst een bepaald verschijnsel uit te vergroten. Aangezien politici sterk afhankelijk zijn van de *beeld-*

vorming bij het publiek, is het voor hen dan ook van groot belang verschijnselen in hun voordeel te 'framen' of 'reframen', in de politiek ook wel bekend als 'spinnen'. Spinnen, een (nieuwe) betekenis geven aan een verschijnsel, is dan ook zo'n beetje de hoofdactiviteit van een politicus. Zo wist Alastair Campbell, de 'meesterspinner' van Tony Blair, met één simpele *spin* de conservatieve premier John Major onderuit te halen. Campbell probeerde het beeld neer te zetten dat John Major een 'slablaadje van een man was'. Nou was de term 'slablaadje' al redelijk vernietigend, maar het politieke doodvonnis van John Major werd getekend door de bewering van Campbell dat John Major waarschijnlijk zo'n slappe vent was dat hij 'zelfs zijn overhemden in zijn onderbroek stopt'. Dit absurde beeld van Major was zó krachtig, dat het net 't beslissende duwtje gaf om Major definitief als sukkel neer te zetten en Blair de verkiezingen te laten winnen.

Persverklaring

De 'spin' van Campbell was een geslaagde poging van een effectief frame. Een interessante vraag zou kunnen zijn hoe Major dit frame middels de strategie van het omkeren had kunnen reframen. Alles wat hij zou doen op het gebied van ontkennen of tegenspreken, dreigt het beeld van slappe zak immers alleen maar te bevestigen. Het zou de 'I am not a crook'-strategie zijn. Hoe meer hij zijn best zou doen dit beeld tegen te spreken, des te sterker zou het hem achtervolgen. Een typisch voorbeeld van vastdenken. Niet ertegen ingaan, dus. Alles wat je aandacht geeft, wordt alleen maar sterker immers. Wat dan wel? Hij zou het beeld helemaal moeten accepteren, er volledig in meebewegen, er helemaal ja-en tegen kunnen zeggen. Het nadeel tot een voordeel kantelen. Wat had John Major kunnen doen? Hij had een persconferentie kunnen houden, waarop hij de volgende officiële persverklaring had voorgelezen:

'Mijn politieke tegenstanders, Tony Blair en zijn gewaardeerde adviseur Alastair Campbell, hebben de beschuldiging geuit dat ik mijn overhemden in mijn onderbroek zou dragen. Deze beschuldiging is absurd, onjuist en ongemeen vilein. Het is een laffe poging mijn geloofwaardigheid te beschadigen. Bij dezen wil ik dan ook, mede namens mijn vrouw, zij kan het immers weten, verklaren dat ik nooit ofte nimmer overhemden in mijn broek heb gedragen, noch van plan ben dat in de nabije of verre toekomst te doen. Ik hoop met deze verklaring een einde te maken aan alle politieke onzekerheid van de laatste tijd, zodat we het vanaf nu weer kunnen hebben over waar het in de politiek over moet gaan, namelijk de inhoud.'

Vervolgens had John Major het spreekgestoelte moeten verlaten in een grote witte onderboek, met daarin weggepropt een helderblauw overhemd.

Jiujitsu

Zou deze aanpak gewerkt hebben? Dat zullen we natuurlijk nooit met zekerheid weten. Veel zou ook afhangen van de vraag of John Major deze gedurfde actie geloofwaardig en met de nodige dosis humor zou kunnen uitvoeren. Zo zou hij de verklaring uiterst serieus moeten voorlezen, alsof hij zich werkelijk beledigd voelde, maar ondertussen zou hij subtiele signalen van humor en ontspanning moeten uitzenden. Iedereen zou moeten zien dat hij met plezier de verontwaardiging *speelde.* Hij zou moeten *genieten* van de situatie. En áls hij dat gekund zou hebben, dan ben ik ervan overtuigd dat hij, door de aanklacht te spiegelen, door letterlijk met zijn overhemd in zijn onderbroek weg te lopen, de kinderachtige aanval van Campbell voor eens en altijd onschadelijk gemaakt zou hebben. Sterker nog, hij had als een volleerd jiujitsubeoefenaar het beeld van 'man met overhemd in onderbroek is sukkel' kunnen *omspiegelen* tot 'man die politieke tegenstander wil framen als man met overhemd in onderbroek is sukkel'.

Hardlopen

Zoals gezegd is het *spiegelen* van de binnenwereld van de ander een belangrijke voorwaarde om een situatie te kunnen kantelen. Amerikaanse politici dienen zich om die reden te verdiepen in de binnenwereld van de 'gemiddelde Amerikaan', zoals Major zich in de gefingeerde persconferentie zou kunnen spiegelen aan het gevoel voor humor van de gemiddelde Brit. Een zorgvuldige identificatie met de gevoelens, gedachten en overtuigingen van de ander is van groot belang. Nou is dat niet zo moeilijk als de ander niet zo ver van ons afstaat – hij denkt en voelt immers in grote lijnen net zoals wij – maar heel wat lastiger als het gaat om mensen die verder van ons af staan. Hoe zitten zij precies in elkaar? Wat wij als logisch en vanzelfsprekend ervaren, hoeft voor de ander helemaal niet zo te zijn. En andersom. Door de binnenwereld van de ander te spiegelen, zouden we dan ook weleens op invallen komen die *wij* absurd vinden, maar die voor de ander prima werken. Zo vierde een van onze kinderen zijn vijfde verjaardag. Tijdens het feestje hielden de kinderen in tweetallen spontaan hardloopwedstrijdjes met elkaar. Ook onze zoon deed mee, maar helaas, helaas, hij verloor de hele tijd. Hoe hij ook zijn best deed. Het effect? Huilen. Tranen met tuiten. Het leek een onoplosbaar probleem. Wat stelde mijn partner echter voor? Ze zei tegen hem: 'Wil je niet een wedstrijdje tegen jezelf spelen?' Ik was met stomheid geslagen. Wat een volslagen idioot voorstel! Daar stinkt toch niemand in?! Wat was echter de reactie van onze zoon? Zijn gezicht klaarde meteen op en door zijn tranen zei hij blij: 'Jaaa!' Aldus geschiedde. Hij ging bij het startpunt staan, mijn partner telde tot drie en hopla, daar ging hij. In z'n eentje heen en weer van de ene kant naar de andere kant van het grasveld. 'En,' vroeg mijn partner bij terugkomst, 'heb je gewonnen?' 'Jaaa!' antwoordde hij verrukt.

Treiterkop

Een van de mooiste effecten van het reframen is dat we datgene waar we last van hebben, soms kunnen ombuigen naar iets waar we juist ons voordeel mee kunnen doen. Puur en alleen door een *eigenschap* van de ander te voorzien van een ander label, een andere betekenis te geven. Zo vertelt Steven Spielberg: 'Toen ik een jaar of dertien was, werd ik voortdurend getreiterd door een kwelgeest bij mij in de buurt. Hij sloeg mij tegen de grond, drukte me met mijn hoofd in het drinkfonteintje, duwde me met mijn gezicht in de modder of sloeg me een bloedneus als we tijdens de gymles voetbal speelden. Ik was als de dood voor hem. Hij was werkelijk een nachtmerrie voor me. Maar toen bedacht ik: als ik toch niet kan terugslaan, laat ik dan maar proberen vrienden met hem te worden. Ik zei tegen hem: "Ik ben bezig met een film over de strijd tegen de nazi's, voel je er iets voor om de rol van de vijand op je te nemen?" Aanvankelijk lachte hij me in mijn gezicht uit, maar even later zei hij ja. Hij was veertien, vrij fors voor zijn leeftijd en zag eruit als John Wayne. Ik liet hem bendeleider spelen, en bepakt en bezakt allerlei vermoeiende klusjes opknappen. Ten slotte werd hij mijn beste vriend.'[22]

Waarom was Spielbergs poging zo succesvol? Niet alleen maar omdat het een intelligente vondst was, maar vooral omdat Spielberg zich – zoals hij dat als regisseur als geen ander kan – zonder oordeel perfect identificeerde met zijn 'kwelgeest'. Hij accepteerde het gedrag volledig, sterker nog – en daarom is het een perfect voorbeeld van *omspiegelen* – hij vroeg zijn kwelgeest dit gedrag uit te vergroten, nog beter te vertonen dan in het dagelijks leven, zodat hij *perfect* de rol van nazi zou kunnen spelen.

Geduld

Al eerder zagen we dat het soms mogelijk is om een verschijnsel dat we vanuit een bepaald perspectief als *gebrek* beschouwen, door er anders naar te kijken, ook weleens als mogelijkheid kunnen gaan zien. Deze gedachtegang loopt als een rode draad door dit boek. Het vormt een van de wezenlijke kenmerken van de ja-maar-filosofie. Een probleem wordt een mogelijkheid. Een gebrek een talent. Een 'ondanks' een 'dankzij'. Van alle strategieën van het omspiegelen is die van het omkeren, waar we het nu over hebben, misschien wel de meest krachtige om deze plotselinge kanteling van probleem naar mogelijkheid te bewerkstelligen. De reden dat dat zo is, is gelegen in het feit dat je dankzij deze strategie niets aan de werkelijkheid hoeft te veranderen. Alleen door anders te kijken, door de werkelijkheid anders te *benoemen*, krijgt de werkelijkheid voor jou een andere betekenis. Er hoeft niets meer en niets minder gedaan te worden dan het verschijnsel van een ander, gewenst *label* te voorzien.

In theorie is deze strategie misschien wel de eenvoudigste van alle strategieën. Als het gaat om exact de goede woorden te vinden, kortom, als het gaat om de *uitvoering*, vergt het echter een grote taalgevoeligheid, een precieze inleving in de ander en – zoals uit het verhaal van Antoinette zal blijken – soms ook veel geduld.

Vlechtjes

'Mijn oudere zus Margot en ik hebben zo'n typische zussenrelatie. We zijn echte tegenpolen. Zij is keurig, introvert en ambitieus, ik slordig, extravert en nonchalant. Zij speelde winkeltje, ik voetbalde buiten met de jongens. Zij deed paarse en roze vlechtjes in haar haren, ik liet mijn haar 't liefst kort knippen. Ondanks het feit dat we twee jaar in leeftijd verschilden, was ik altijd de populairste van ons tweeën. Als ze al eens vriendjes meenam naar huis – wat bijna nooit voorkwam – dan leek het wel alsof die meer naar mij dan naar haar keken. We hielden zielsveel van elkaar, deelden al onze geheimen, tegelijkertijd hadden we vaak heftige botsingen. Zoals ik haar verschrikkelijk truttig vond, zo kon zij zich ergeren aan mijn chaos. We trokken elkaar soms letterlijk de haren uit het hoofd. Met vlechtjes en al.

Vorig jaar overleed onze vader en – natuurlijk – had mijn zus uitgesproken ideeën over hoe alles geregeld zou moeten worden. De dienst moest zus en zo, die mensen moesten daar zitten, dat zou wel en dat zou niet gezegd mogen worden. Omdat mijn moeder in die dagen erg in de war was, moesten wij met z'n tweeën alles regelen. Ik vond het verschrikkelijk. Ik wilde het gevoel hebben dat ik dit met mijn *zusje* deed, niet met een of andere professionele uitvaartorganisatie. De spanningen hoopten zich op en vlak voordat het tot een uitbarsting zou komen – ik wist gewoon, nog één verkeerd woord over een condoleanceregister of de kleur van een bloemstuk of ik ontplof, dan trek ik haar net als vroeger de haren uit het hoofd – besloot ik om radicaal de knop om te zetten. Waarom zou ik haar niet alle ruimte geven, waarom zou ik haar het niet laten doen op de manier die zij graag wilde?! Als ze alles dan zo "perfect" wilde regelen, waarom dan niet?

Vanaf dat moment liet ik haar volledig "in charge" om alles te regelen. Wat was het effect? Het was heerlijk! Ze deed het geweldig. Het werd de mooiste dienst die ik – en vele mensen die erbij waren – ooit had meegemaakt. Zij regelde niet alleen alles perfect, ik deed dat ook. Net zoals zij. Zo heb ik, door haar precisie te kopiëren – wat ik uit mezelf nooit gedaan zou hebben – het verhaal dat ik over papa zou vertellen vier, vijf keer herschreven. Uiteindelijk wist ik zó precies wat ik wilde vertellen dat ik het helemaal uit mijn hoofd heb gedaan. Omdat niet alleen mijn verhaal, maar de hele dienst van tevoren *perfect* geregeld was, liep het ook helemaal vanzelf. Daar, op die dag, zag ik ook pas voor het eerst hoe intens verdrietig mijn zus was. Pas toen ze wist dat alles goed geregeld was, kon ze het loslaten. Voor het eerst kon ik datgene wat ik als haar *gebrek* zag – de neiging alles te controleren – als haar grootste kwaliteit zien. Daar kan ik, chaoot als ik vaak ben, nog heel veel van leren. Haar regelzucht, datgene wat ik zag als 'uitvaartbedrijf', bleek achteraf haar manier om afscheid van papa te nemen, haar manier om haar liefde voor onze vader, moeder en ook voor mij, haar zusje, te tonen. En zo heb ik het ook gevoeld. Zo perfect als ze alles regelt, zo intens houdt ze van ons. Zij is echt mijn zusje. Mijn vlechtjeszusje. Precies zoals zij is.'

Spel

De kern van de strategie van het omkeren is taal. Door iets anders te *benoemen* wordt een gebrek een talent, een probleem, een mogelijkheid. Taal is om die reden een machtig instrument. We kunnen het gebruiken, er situaties mee framen, maar ook reframen. Maar hoe machtig taal ook is, het is per definitie een *spel.* Taal is een constructie, een *representatie* van de werkelijkheid. Het is echt en niet echt tegelijkertijd. Net zoals een landkaart niet hetzelde is als het landschap, zo is taal een abstractie van de werkelijkheid. Door alleen al een ander woord te kiezen, kunnen we de manier waarop we een verschijnsel waarnemen in sterke mate beïnvloeden. Iemand met een leidinggevende functie kan je allerlei benamingen geven – baas, directeur, manager, president, dictator, meester, generaal, gezaghebber – en elk woord zal een andere associatie, een andere beleving oproepen. Om die reden is taal per definitie een spel met betekenissen. Om dat spelelement te benadrukken een kleine anekdote. Om mee af te sluiten.
Een spreker werd door een vrouw uit zijn publiek onderbroken. Ze ergerde zich aan hem. Met één simpel antwoord wist hij de situatie om te keren.

vrouw *'Je praat zo snel.'*
spreker *'Je denkt zo langzaam.'*

Tom onderschatte de risico's van het omspiegelen.

Bekrachtigen

Frank Zappa

In de jaren zestig draaide er in Californië een talkshow van Joe Pyne. Het programma had een nogal sarcastische toon. Zo kwam het regelmatig voor dat Pyne een gast nog maar nauwelijks geïntroduceerd had, om hem meteen daarna ongemeen fel aan te vallen. Bij voorkeur over zijn *uiterlijk*. Nou was dat nogal vreemd, aangezien Pyne zelf een wat afwijkend uiterlijk had: wegens een amputatie had hij een houten been. Maar dat was hoe het programma werkte en aangezien de gasten meestal naar publiciteit hongerende halve mislukkelingen waren, leverde het amusante televisie op. Op een avond bezocht musicus Frank Zappa, excentriek uiterlijk, lang haar, artistieke snor en sikje, de talkshow. Joe Pyne deelde Zappa klaarblijkelijk in bij de sectie halve mislukkingen. Frank Zappa was echter niet voor een kleintje vervaard.

> Joe Pyne *'Met dat lange haar zie je eruit als een meisje.'*
> Frank Zappa *'En met die houten poot zie jij eruit als een tafel.'*[23]

Na de reactie van Frank Zappa was Joe Pyne met stomheid geslagen. Het studiopubliek ging uit z'n dak. Joe Pyne, nota bene de koning van de belediging, was met zijn eigen wapens verslagen. De tweeregelige Pyne-Zappa-dialoog is dan ook op honderden plekken geciteerd. Waarom was Joe Pyne met stomheid geslagen? Omdat Zappa's belediging *sterker* was dan de zijne. Het was niet zo dat Zappa de houding van Joe Pyne spiegelde, hij spiegelde hem *versterkt*. Om die reden is het dan ook een perfect voorbeeld van omspiegelen.

Koekje van eigen deeg

Zoals eerder gezegd, een cruciaal kenmerk van het omspiegelen is dat je een bepaald element van de ander, iets van zijn manier van doen of denken, *versterkt*. Dit kenmerk komt bij alle strategieën van het omspiegelen in meer of mindere mate terug, maar in sommige gevallen is het bekrachtigen van één specifiek aspect van de ander in zichzelf al zo effectief dat daardoor een situatie volledig kan kantelen.

De strategie van het bekrachtigen zou je ook als de 'erop-en-erover'-strategie of 'koekje-van-eigen-deeg'-benadering kunnen omschrijven. Het is de meest effectieve én risicovolle strategie tegelijkertijd. Als je nét de verkeerde toon of woorden kiest, kan de situatie volledig ontsporen. Als je het goed doet, is één simpele ingreep, soms zelfs één enkele zin, echter voldoende om een ongewenste situatie ogenblikkelijk honderdtachtig graden te laten kantelen. Om die reden is de strategie van het bekrachtigen dan ook de hogere school, de buitencategorie, van het omspiegelen. De strategie van het bekrachtigen is alleen aan te raden voor diegenen die de basispassen van het spiegelen goed beheersen. En dan vooral, zo zal je merken, de basispassen die betrekking hebben op het spiegelen van *emoties*. Bij de strategie van het bekrachtigen spatten de vonken er regelmatig van af. Het is de, reeds aangekondigde, *rock-'n-roll* aller strategieën.

Boos? Bozer!

Zoals we al bij het spiegelen van emoties hebben gezien, werkt het vaak niet om rustig te blijven, terwijl de ander geëmotioneerd is. Het creëert een ongelijke verhouding van observator en geobserveerde. Het is communiceren zonder ziel.

> klant (schreeuwt) *'Wat is dit voor %&$# bedrijf. Ik ben boos!'*
> medewerker (rustig) *'U bent teleurgesteld met betrekking tot onze service?'*

Hoe verstandiger en rustiger je reageert, des te krachtiger is de onderliggende boodschap 'ik snap niet dat jij je zo druk maakt'. Rustig blijven terwijl de ander oprecht boos of geëmotioneerd is, kan je dan ook beschouwen als een van de meest ineffectieve en frustrerende vormen van *contrasteren*. Dat dat niet werkt, hadden we bij het deel over spiegelen al gemerkt. In dit deel wil ik hetzelfde verschijnsel onderzoeken, maar dan in versterkte vorm. Als je er nog een schepje bovenop durft te doen, we hebben het over omspiegelen, ontstaat een nog sterker effect, waardoor de situatie ogenblikkelijk kantelt. Als jij 'bozer' wordt dan de ander, is de ander op hetzelfde moment relatief *rustig*. Laten we onderzoeken hoe dat werkt.

Ga je gang!

Hierna volgt een serie dialoogjes, waarbij ik je van tevoren, om te kunnen begrijpen wat er precies gebeurt, wat extra danspasinstructies moet geven. Stel, je bent een baliemedewerker, er komt een klant aan de balie en de eerste zin van deze klant is *'ik ben boos'*. Je hebt verder geen idee wat er aan de hand is, waaróm de klant boos is en of hij überhaupt wel in de goede winkel is. Misschien is hij ook zo'n type dat nieuwe fietsbanden wil, je weet het niet. Hoe zou je dan kunnen reageren? Je hebt al geleerd dat op tempo en volume afstemmen van belang is. Je hebt ook al geleerd dat het de kunst is om metéén te handelen, eerst te doen, dan te denken. Alleen blijft dat lastig in deze situatie, want wát is er precies aan de hand? Toch is het ook in dit geval niet zo moeilijk om meteen met de klant mee te bewegen. Je zou zijn openingszin bijvoorbeeld als volgt kunnen beantwoorden.

> klant (schreeuwt) *'Ik ben boos.'*
> medewerker (schreeuwt) *'Ga je gang.'*

Als je op die manier zou reageren, doe je een heleboel dingen al perfect. Let ook op het magische ritme van de twee zinnen, allebei drie lettergrepen. Om die reden is jouw 'ga-je-gang'-reactie een stuk beter dan één of andere modderige tekst als 'Wat vervelend voor u, waarom bent u precies boos?' Dat klikt simpelweg niet. Het is – net als bij dansen – de symmetrie in *ritme* die maakt dat het klikt.

Toch is dit alles niet voldoende om de situatie ook om te spiegelen. Als jij 'net zo boos bent' als de klant – en voor alle duidelijkheid, met 'boos' bedoel ik hier natuurlijk niet dat jij boos op de klant moet zijn, het gaat erom dat je *samen met de klant* boos bent op het feit dat 'iets' niet in orde is – is er weliswaar sprake van verbinding en contact, wel van spiegelen, maar nog niet van omspiegelen, van het kantelen van de situatie. Als je dat wilt bereiken, is het de kunst om een tandje bij te schakelen, om in volume stevig over de klant heen te gaan. Dus hoe dan wel?!

> klant (schreeuwt) *'Ik ben boos.'*
> medewerker (schreeuwt harder) *'Ga je gang.'*

Kijk, nu is er contact. Is de baliemedewerker ook boos? Nee. Hij is *mee* boos. Niet op de klant, maar op 'de situatie'. Terwijl hij nog geen idee heeft waarom precies. Maar dat is ook niet nodig! Het gaat voorlopig ook helemaal nog niet om inhoud, het gaat er vooral om of de baliemedewerker de bereidheid heeft de klant ogenblikkelijk te laten voelen dat hij diens emoties serieus neemt, sterker nog, de baliemedewerker neemt het probleem serieuzer dan de klant. Hij laat merken dat hij – wat er ook misgegaan is – het zich méér aantrekt dan de klant doet. Wie de fout heeft gemaakt is niet van belang. Het gaat erom het voor de klant zo goed en snel mogelijk op te lossen. Hoe zou de dialoog kunnen vervolgen?

> klant (schreeuwt) *'Hier! Kijk! Die %&$# telefoon doet het weer eens niet.'*

medewerker (harder) *'Logisch. Je hebt die %&$# simkaart er verkeerd ingestopt!'*

Merk je – als je je tijdens het lezen enigszins probeert in te leven in vooral de *emotionele* kant van deze situatie – hoe juist het *volume* van de baliemedewerker de situatie de-escaleert? Hoe *heftiger* hij zijn gevoelens laat zien, des te meer contact en begrip met de klant. Als de baliemedewerker stug deze koers blijft varen, zal de situatie al snel *kantelen.*

klant *'Oké. Rustig maar. Het is maar een telefoon.'*
medewerker *'Rustig!? Hoelang heb je wel niet kunnen bellen?!'*

Vanaf dit moment is de situatie omgedacht. Door de emoties van de klant om te spiegelen – 'bozer' dan de klant te zijn – hielp de baliemedewerker, vreemd genoeg, de klant juist om rustig te worden.

klant *'Sorry, man. Het lag ook aan mij met de %&$# simkaart.'*
medewerker *'Maakt niet uit man, %&$# simkaarten is ons werk.'*

Koffers

Overigens. Nu we het toch over het omgaan met boze klanten hebben – er is niks mis mee om af en toe eens stevig assertief te zijn. Je hoeft niet in elk opzicht mee te bewegen. Zo was er eens een medewerkster op een vliegveld, die door een boze reiziger – hoe ze ook haar best deed hem te helpen – voortdurend geïrriteerd werd toegesproken. De man bleef maar mopperen, zeuren en treiteren. Mogelijk was de medewerkster vanaf het begin veel te aardig en rustig geweest – ze had zijn irritatie mogelijk wat sneller kunnen spiegelen – maar daar gaat het nu niet om. Waar het om gaat was haar gedurfde en briljante optreden. Wat zei ze na enige tijd?

'Meneer, nou moet u eens goed luisteren, u bent uw koffers kwijt, voorlopig zijn er maar twee mensen die zich daar druk over maken en een van die twee mensen staat op het punt af te haken.'

De man bond ogenblikkelijk in, bood zijn excuces aan voor zijn onmogelijke gedrag en gedroeg zich vanaf dat moment uiterst coöperatief.[24] Wat was in dit geval de sleutel tot succes? De combinatie van een assertieve toon – ze was daarin beslister en krachtiger dan hij – en *verbindende* woorden. 'Voorlopig zijn er maar twee mensen die zich daar druk over maken.' Door *hoe* ze het zei en *wat* ze zei, kon de man *voelen* dat de vrouw zijn bondgenoot was.

Rustig

Het is mijn overtuiging dat de man – als de vrouw aan de balie deze tekst *rustig* zou hebben uitgesproken – alleen maar meer geïrriteerd zou raken. Om te onderzoeken of dat zo is, moet je de bovenstaande tekst maar eens op een rustige toon uitspreken. Stel, jij bent die man die in paniek en geïrriteerd is, en zijn koffers terug wil, je laat je ergernis merken en je wordt dan *rustig* door de vrouw aan de balie toegesproken – heb je het al gedaan, probeer het even – hoe voelt dat dan voor hém? Ik weet niet hoe jij het zou omschrijven, maar als ik me in die man verplaats en ik zou rustig worden toegesproken, dan zou dat als een standje voelen. Het zou me het gevoel geven 'ik gedraag me als een dreinend kind, deze mevrouw spreekt me toe als de teleurgestelde volwassene'.

Nu de andere toon. Stel je maar voor hoe het voor de man moet zijn als de vrouw hem op besliste toon toespreekt, sterker nog, een enigszins *boze* toon. Hoe voelt dat? Laat ik opnieuw voor mezelf spreken, het zou *fair* voelen. Ik zou denken, ze heeft gelijk, ik gedraag me kinderachtig, dat *begrijpt* ze, ze waarschuwt me dat ik ermee op moet houden, laat ik dat doen. Wat is de kern? Het woord 'begrijpt'. Waarom heb ik het gevoel dat ze me begrijpt? Omdat ze net zo geïrriteerd is als ik. Misschien nog wel erger. Daarom.

Horen, begrijpen, voelen

Eerder heb ik het gehad over emotionele reflectie. Door de emoties van de ander te benoemen – er woorden aan te geven – mag die emotie er zijn, wordt die erkend. Dat is het idee. Maar zélfs als je perfect *benoemt* wat de ander voelt, is er nog steeds sprake van *contrast*. Jij begrijpt, de ander voelt. Wat is het hoogst haalbare wat je met emotionele reflectie kunt bereiken? Dat de ander *hoort* dat jij hebt *begrepen* hoe hij zich *voelt*.

Is dat verkeerd? Nee. Integendeel. In veel gevallen is het al heel wat als je dat kunt bereiken. Door de emoties van de ander echter te *bekrachtigen* beoog je hetzelfde doel – wederzijds begrip – alleen werkt het veel directer, effectiever en is het ook veel natuurlijker. Wat kan je bereiken als je de emoties van de ander versterkt spiegelt? Het klinkt misschien cryptisch, maar simpeler kan ik het niet zeggen: dat de ander *voelt* dat jij *voelt* hoe hij zich *voelt*.

Erkennen

Wat is het mooie van het bekrachtigen van emoties? Dat ze er – om het het maar eens in affreus, maar in dit geval treffend trainingsjargon te zeggen – 'helemaal mogen zijn'. De emoties *mogen er zijn*, zonder dat ze veranderd, begrepen, verzacht of opgelost hoeven te worden. En het mooie is, door hun aanwezigheid te bekrachtigen, verdwijnen ze als vanzelf. Net zoals de zenleerling leert dat gedachten – als wolken in de lucht – komen en gaan, puur en alleen door ze waar te nemen, door ze er te *laten zijn*, geldt ook voor emoties dat dit aspect van er-laten-zijn maakt dat ze komen en gaan. Wij kunnen elkaar geen mooier geschenk geven dan onze emoties te *erkennen*.

Eindelijk begrijp je me

Het omspiegelen van emoties lijkt misschien een truc of een pose, maar als je het goed doet, is het dat in essentie juist niet. Sterker nog, het omspiegelen van emoties is de meest vanzelfsprekende, logische en vooral *eerlijke* reactie die je in veel gevallen kan geven. In veel gevallen is namelijk het contrasteren – het bewust kiezen van de tegengestelde emotie – veel onnatuurlijker. Zo was er een communicatietrainer die me de volgende vraag voorlegde: 'Mijn vrouw kan nogal eens hysterisch reageren, het is mijn neiging op zo'n moment rustig te blijven, of moet ik dan ook hysterisch reageren?!' Ik beantwoordde zijn vraag met een tegenvraag. 'Wat voel je dan op zo'n moment?' 'Tja, wat ik voel...' Hij moest even nadenken. Blijkbaar was hij op zo'n moment meer bezig met denken dan voelen. 'Nou, ik vind het niet prettig in elk geval,' antwoordde hij. 'Oké,' zei ik, 'onderzoek de situatie verder zelf, kijk gewoon eens wat er gebeurt als je je gevoelens op dezelfde manier durft te laten zien als zij. Als zij, wat je noemt, "hysterisch" is, waarom zou jij dan altijd rustig moeten blijven?! Je bent toch niet haar coach?' Hij dacht even na. 'Maar wat als het alleen maar erger wordt, wat als het uit de hand loopt?' 'Is het zo erg als dingen af en toe uit de hand lopen?' stelde ik hem opnieuw een tegenvraag. Omdat hij de situatie serieus en vooral heel ernstig bleef benaderen, adviseerde ik hem om het geheel wat luchtiger te benaderen. 'Hecht er niet al te veel belang aan, zie het vooral als een spel, een interessant onderzoek. Kijk gewoon hoe het loopt.'

Zo namen we afscheid en niet veel later belde hij me op. 'En,' vroeg ik, 'hoe is het gegaan?' 'Een paar dagen later,' antwoordde hij, 'werd mijn vrouw opnieuw nogal hysterisch. Mijn eerste neiging was om – zoals gewoonlijk – rustig te blijven, maar toen herinnerde ik me dat ik ook, zeg maar, "hysterisch" moest reageren. Dus ik haalde adem en dacht, nou, daar gaat ie dan, laat ik ook maar hysterische dingen roepen. Ik begon te roepen en het eerste wat ik me realiseerde was dat ik *meende* wat ik riep. Ik was écht pissig! Wat riep ik namelijk? "Om de zoveel tijd krijg jij een of andere aanval, je haalt er van alles bij, je bent niet gelukkig, het gaat niet goed met de kinderen, misschien wil je ander werk, met ons gaat het ook niet goed. Ik ga overal serieus op in, probeer je te begrijpen en met suggesties of voorstellen te komen, de volgende dag denk ik, nou, nu gaat er wat gebeuren, mevrouw gaat knopen doorhakken! En wat doe jij? Helemaal niets! Je gaat over tot de orde van de dag. Alsof er helemaal niets gebeurd is! Ik heb het er *he-le-maal* mee gehad." Zo ging ik door tot ik alles eruit gegooid had. Er viel een korte stilte en ik dacht, o, o, laat ik nou mijn koffers maar vast pakken, waarschijnlijk betekent dit het einde van onze relatie. Op dat moment deed ze haar armen wijd en riep – ik kan het niet anders zeggen – in totale *blijdschap* uit: "Hè hè, al *jaren* probeer ik je uit te leggen hoe ik me voel, eindelijk begrijp je me!"'

Ethiek

In veel gevallen balanceert de strategie van bekrachtigen op de grenzen van de ethiek. Wat voor de een ethisch (veel) te ver gaat, kan heel goed voor de ander geen enkel probleem zijn. Het is aan onszelf om per situatie te bepalen of iets – naar onze eigen normen en waarden – al dan niet door de beugel kan. Dit boek bevat dan ook geen register met ethische handvatten. Het is het doel van dit boek, om *ongelijkwaardige* relaties om te denken tot gelijkwaardige relaties. Liever scherp ik ons denken over ethiek aan, door jou als lezer zelf te laten bepalen wat naar jouw idee wel of niet kan. Ik vertrouw er ook op dat mensen daar prima toe in staat zijn. Het is mijn doel met dit boek je de middelen in handen te geven om ongelijkwaardige relaties te laten kantelen, voor jouw ongezonde patronen op een positieve manier te beïnvloeden. Wat daarbij al dan niet toelaatbaar is, is aan jou. Om je in dat opzicht te prikkelen, volgen er nu drie situaties rond het bekrachtigen, die een beroep zullen doen op je ethiek. Wat mij betreft, vorm je eigen mening.

Geheimhouding

Een directeur van een basisschool belandde in een ingewikkeld en langdurig arbeidsconflict met zijn bestuur. Het bestuur stelde een rapport op over het functioneren van de directeur. Uiteraard zou het rapport bij een eventuele rechtszaak een belangrijke rol spelen. Het bevatte uitspraken van collega's van de directeur over zijn functioneren. Alhoewel de directeur op de hoogte was gebracht van het bestaan van het document, kreeg hij geen kopie. Tijdens een bijeenkomst tussen de twee partijen vroeg de directeur dan ook of hij alsnog een exemplaar zou kunnen krijgen. Mocht het tot een rechtszaak komen, dan kon hij die goed voorbereiden. Hoe verliep de dialoog tussen het bestuur en de directeur?

directeur *'Kan ik niet een kopie krijgen? Of anders via de mail? Scheelt papier.'*
bestuur *'Helaas moeten wij in dezen vertrouwelijkheid betrachten. Als het gaat over een arbeidsconflict vinden we dat wel zo netjes.'*

directeur *'Maar ik moet toch weten wat er in het rapport staat?!'*
bestuur *'Dat is juist. Daarom mag u het ook inzien in aanwezigheid van een van de bestuursleden. U mag daarbij echter geen aantekeningen maken. We nemen aan dat u dat gezien de gevoeligheid van de situatie respecteert.'*

De directeur was stomverbaasd. Hoe zou hij zich nu moeten voorbereiden? De directeur besloot echter om de eis van het bestuur niet aan te vechten, maar om die te accepteren. Helemaal? Nee, we hebben het over omspiegelen, *meer* dan helemaal. Op welke manier? De directeur bestudeerde het rapport in aanwezigheid van een bestuurslid, schreef op basis van zijn geheugen een uitvoerig verweerschrift – uiteraard overvloedig aangevuld met zijn eigen voorbeelden, feiten en bezwaren die betrekking hadden op het conflict – en legde dit lijvige document tijdens de eerstvolgende bijeenkomst met het bestuur op tafel. Uiteraard vroeg het bestuur of hij ze een kopie van het document wilde geven. Je voelt al aankomen hoe deze dialoog verliep.

bestuur *'Kunnen we niet een kopie krijgen? Of anders via de mail? Scheelt papier.'*
directeur *'Helaas moet ik in dezen vertrouwelijkheid betrachten. Als het gaat over een arbeidsconflict vind ik dat wel zo netjes.'*

bestuur *'Maar wij moeten toch weten wat er in het rapport staat?!'*
directeur *'Dat is juist. Daarom mag u het in mijn aanwezigheid ook inzien. U mag daarbij echter geen aantekeningen maken. Ik neem aan dat u dat, gezien de gevoeligheid van de situatie, respecteert.'*

Na deze gewaagde opstelling van de directeur kon het bestuur niet anders dan erkennen dat haar eis tot geheimhouding nogal absurd was geweest. Het bestuur en de directeur raakten weer met elkaar in gesprek en het conflict werd binnen afzienbare tijd – op een voor beide partijen bevredigende manier – opgelost.

Overwerk

Vind je dat de opstelling van de directeur kan of niet? Vind je het 'zielig' hoe hij zich gedroeg of juist 'manhaftig'? Ik ben benieuwd naar je beoordeling. Ik zal het je nog ietsje lastiger maken. Het verhaal van Sander Bevers, een student die als uitzendkracht uit verontwaardiging *bewust* de regels van het bedrijf overtreedt. Hij stuurde me zijn verhaal via de mail. Is wat hij doet ethisch verantwoord of juist niet?

Wat is de situatie? Sander heeft op de zaterdagen een bijbaantje in een groot distributiecentrum. Een uur voor het einde van de werkdag is het echter de gewoonte van de teamleider om via de geluidsinstallatie om te laten roepen dat er een uur overgewerkt moet worden.

> *'Mededeling. Afdeling Productie werkt vandaag tot vijf uur door. Herhaling, Productie werkt vandaag tot vijf uur door.'*

Sander ergert zich echter aan deze gewoonte. Niet omdat hij niet wil overwerken – integendeel, hij kan het geld goed gebruiken – maar door de manier waarop het wordt aangekondigd. Alsof het een huishoudelijke mededeling betreft. Zoiets kan je toch wel vragen of overleggen? Als Sander vraagt aan de andere werknemers wat ze ervan vinden, antwoorden ze dat ze zich er ook aan ergeren. Omdat ze echter bang zijn hun baan te verliezen, komen ze ook niet in verzet. Wat doet Sander? Hij stapt naar de teamleider en bespreekt zijn ergernis over de, in zijn ogen, botte manier van doen. De teamleider haalt echter zijn schouders op. Wat doet Sander vervolgens? De eerstkomende keer dat het omroepritueel zich herhaalt, loopt hij naar de receptie en vraagt hij de omroepster een mededeling voor te lezen. Met plezier voldoet ze aan zijn wens. Even later klinkt via de omroepinstallatie:

> *'Mededeling, Sander Bevers gaat vandaag om twee uur naar huis. Herhaling. Sander Bevers gaat vandaag om twee uur naar huis.'*

Wat is het effect? Een bulderende lach klinkt door de hal, Sander gaat die dag om twee uur naar huis en de teamleider heeft de geluidsinstallatie daarna nooit meer voor dit doel gebruikt. Sander kan als uitzendkracht ook gewoon voor het bedrijf blijven werken. 'Maar,' zo vertelt hij, 'als mijn actie niet gewerkt zou hebben en ze me als uitzendkracht niet meer hadden willen hebben, had ik dat ook prima gevonden. In dat geval had ik ook niet meer voor het bedrijf *willen* werken.'

Wildplakkers

Wat betreft de actie van Sander kan ik me voorstellen – het gaat om een ondergeschikte die zich tegen onrecht verzet waarbij een redelijk gesprek met zijn leidinggevende niet mogelijk leek – dat je van mening bent dat zijn onorthodoxe aanpak ethisch prima door de beugel kan. Mensen die geen macht hebben, mogen zich op andere manieren verweren, zal je mogelijk redeneren. Maar hoe zit het dan met organisaties die juist de macht hébben en van wie we verwachten dat ze dat ook netjes en ethisch verantwoord doen? Mogen zij over de grens van het betamelijke gaan? Opnieuw, oordeel zelf.

Burgemeester Daniël Termont van de Vlaamse stad Gent ergert zich eraan dat muziekgroepen, circussen en evenementen illegaal affiches plakken op plekken waar dat nadrukkelijk niet is toegestaan. Ondanks herhaalde pogingen het fenomeen aan te pakken – weghalen, dreigen met boetes – is het een hardnekkig fenomeen. Todat de burgemeester een gewaagde actie onderneemt. Tot woede van de wildplakkers laat hij over de affiches een strook plakken met de tekst AFGELAST of – nog veel erger – VERPLAATST NAAR 12 JUNI. Uiteraard is deze datum een *latere* datum dan de feitelijke. De affiches hangen nu nog steeds, maar ze maken nu juist *antireclame* voor het evenement.

Ze kon zich nog niet afzetten,
of haar ouders bewogen al mee.

Respecteren

Jonge gast

Johnny werkt als elektromonteur voor een middelgroot installatiebedrijf. Hij is ambitieus, vakkundig en enthousiast. Als je hem 's nachts wakker zou maken voor een spoedklus, zou hij bij wijze van spreken met plezier in z'n kleren schieten om op pad te gaan. Na twee jaar voor het bedrijf gewerkt te hebben krijgt hij een oudere man, Wim, als collega toegewezen. Wim is overgeplaatst vanuit een andere vestiging. Het klikt echter niet tussen de twee mannen. Vanaf de eerste dag geeft Wim ongevraagd advies aan Johnny hoe hij zijn werk beter zou kunnen doen. Met zijn vaak schampere opmerkingen suggereert hij voortdurend dat Johnny als jonge jongen het vak niet in de vingers heeft. 'Wat jullie op school leren heeft niets met de praktijk te maken.'

Johnny, trots als hij is, beschouwt Wims ongevraagde adviezen als een belediging van zijn vakmanschap. Johnny is op zijn beurt juist van mening dat Wim de aansluiting met de moderne tijd aan het verliezen is. Zo gaat dat een tijd door. Hoe meer Wim zich met Johnny's werk bemoeit, des te afwerender Johnny reageert. Omdat Johnny wel weet dat dit zo niet verder kan, bespreekt hij zijn probleem met een goede vriend. 'Wat moet ik met die ouwe zak?! Hoe kom ik van hem af?' Tot Johnny's verbazing adviseert zijn vriend hem echter om Wim niet op afstand te houden, maar om hem juist om *advies* te vragen. 'Als hij je wil helpen, laat hem je dan helpen.' Ondanks het feit dat Johnny bang is dat Wim daardoor nog méér schampere opmerkingen zal maken, volgt hij de raad van zijn vriend op. Meteen de volgende dag vraagt hij aan Wim of die hem ergens mee kan helpen. Uiteraard reageert Wim verheugd op dit verzoek en geeft hij Johnny zo goed mogelijk advies. Johnny op zijn beurt luistert zo goed mogelijk en bedankt Wim aan het eind van het gesprek voor zijn hulp. Zo gaat dat een tijd door. Elke keer als Johnny het idee heeft dat Wim hem ergens mee zou kunnen helpen, vraagt hij hem om advies. Tot op een dag opeens de rollen omdraaien. Wim begint op zijn beurt Johnny om advies te vragen. 'Dat nieuwe spul, hoe werkt dat eigenlijk?' Vanaf die tijd zijn ze goede collega's. Johnny waardeert Wims gedegen vakkennis, Wim beschouwt Johnny als een voorbeeld van de moderne tijd en geeft tegen zijn collega's hoog op over 'die jonge gast'.

De last némen

De strategieën die we tot nu toe besproken hebben, zijn voor een belangrijk deel gebaseerd op het principe van de last terugleggen, het 'return-to-sender'-principe. Door te stoppen de last van de ander te dragen, kunnen we een bestaand, hardnekkig patroon ontregelen. Vreemd genoeg kan echter hetzelfde effect, een bestaand patroon ontregelen, ook optreden als we de last van de ander juist volledig respecteren, als we uiterst serieus, met de beste bedoelingen en vol overgave ons best doen om het de ander helemaal *naar de zin* te maken. Waarom is deze benadering soms zo ontregelend? Omdat mensen, zoals Wim in het voorbeeld hiervoor, in veel gevallen overal op voorbereid zijn behalve de meest voor de hand liggende reactie, namelijk uiterst *serieus* genomen te worden. Daarom zou je de strategie van het respecteren ook kunnen omschrijven als de strategie van het *nemen* van de last.

Bemoeiziek

Deze – in de grond simpele – strategie kan je toepassen op élk atypisch gedrag. Is iemand een betweter? Laat hem helemaal een betweter zijn. Stel, je hebt een baas die zich er voortdurend mee *bemoeit* hoe jij je werk doet. Hij kan hoe dan ook niet delegeren. Irritant! Waarschijnlijk heb je de neiging je voor hem te verbergen. Je eigen '*safe haven*' te creëren. Niet doen! Scherm je werkzaamheden niet af. Da's de verkeerde strategie. Waarom? Hij zal zich juist nog meer met je willen bemoeien, het zal zijn bemoeizucht alleen maar *aanwakkeren*. Het maakt hem nog onzekerder of je het wel goed doet. Wat dan wel? Beweeg de andere kant op! Vraag hem, net zoals Johnny hiervoor, bewust om zich ermee te bemoeien. Laat hem alles, maar dan ook werkelijk álles controleren. Check elk klein detail bij hem. 'Zal ik vanmiddag eerst de post doen of eerst de mail wegwerken?' 'Zal ik om drie uur even een theepauze houden, of is dat misschien iets te vroeg?' In eerste instantie zal dit hem rust geven. Hij heeft nu de controle. Precies wat hij wilde. En het werkt ook prima. Je neemt zijn adviezen namelijk – dat is een cruciaal onderdeel van deze strategie – *uiterst* serieus. Je luistert oprecht naar zijn advies. Wat is het gevolg? Op die manier confronteer je hem met de *consequenties* van zijn gedrag. Wat zijn die consequenties? Dat jij niks durft te doen of beslissen zonder hem. Vindt hij dit leuk? In eerste instantie wel, maar na enige tijd niet meer. Het zal hem gaan irriteren. Je loopt namelijk de hele tijd de deur bij hem plat om hem om advies te vragen. Op het laatst komt hij zelf nergens meer aan toe. Kortom, door met hem mee te bewegen, laat je hém de last van zijn gedrag ervaren. Na verloop van tijd – ik durf het je te garanderen – zal het patroon *imploderen*. Moegestreden zal hij ten einde raad de handdoek in de ring gooien.

'Meneer Jansen, zal ik de nota voor of na de koffie kopiëren?'
'Ik hoef het niet te weten. Bepaal het zelf, alsjeblieft! Ga weg!'

Protagonist, antagonist

Waar het bij de strategie van het respecteren om gaat, is om vooral atypisch, hardnekkig gedrag te leren *herkennen*. Iedereen twijfelt weleens, is weleens wat bemoeizuchtig of heeft het idee iets (echt) beter te weten. Daar is op zich allemaal niks mis mee. Het probleem zit hem echter in het feit dat nogal wat mensen een bepaald soort gedrag *dwangmatig* vertonen. Er zijn nou eenmaal dwangmatige controlfreaks, pathologische twijfelaars en theatrale aanstellers. En van ons verwachten ze dan dat wij automatisch de *tegenrol* spelen. Iemand is narcist? Wij worden geacht de rol van bewonderaar te spelen. Wat is het gevolg? We creëren een dramaturgisch patroon van protagonist en antagonist, hoofdrolspeler en tegenspeler.

Deze complementaire rolverdeling is de rode draad van dit boek en we hebben tot nu toe meerdere strategieën besproken om zo'n patroon te doorbreken. De strategie van het respecteren is in dat opzicht misschien wel de meest paradoxale. Het idee is namelijk net zo simpel als onverwachts. Volledig meebewegen! Als je met een chronische hypochonder te maken hebt, iemand die voortdurend de gevaren en risico's van zelfs de kleinste belissing benadrukt, ga hem dan niet structuur en zekerheid bieden, maar respecteer juist de risico's. Als hij twijfelt, twijfel jij *meer*.

vriend (laat folder zien, aarzelend) *'Kijk, de vissticks zijn vandaag en morgen in de aanbieding. Wat vind jij, kopen maar? Of beter van niet?!'*
jij *'Tja. Ik weet het niet. Vissticks. Het blijft een hele uitgave, 3 euro 98.'*

Je zal merken, stug volhouden en de ander wordt binnen de kortste keren radeloos. Waarom? Hij verwacht eigenlijk tegenspraak! Dat is het spel dat hij kent! Jij hoort natuurlijk iets te zeggen in de trant van 'joh, maakt het uit, kopen die dingen. Of niet. Maak je niet zo druk, 't komt wel goed'. En vervolgens kan hij lekker blijven hangen in zijn twijfelpositie. Als jij zegt 'doen', zal hij reageren met 'niet doen'. Als jij zegt 'oké, niet doen is ook goed', zal hij vervolgens ogenblikkelijk iets zeggen in de trant van 'maar ze zijn wél vandaag en morgen in de aanbieding, daarna zijn ze weer duurder'. Kortom, hij danst met jou een soort *twijfeltango*. Welke pas je ook kiest, jij danst *zijn* dans. Niet meer doen dus! Wat dan wel? Pootje haken. De dans ontregelen. Omspiegelen. Niet 'ook' van standpunt wisselen, maar *meer* van standpunt wisselen.

vriend *'Ik weet het niet, iets in me zegt "kopen, vandaag nog", aan de andere kant, het blijft 3 euro 98. Wat vind jij?'*

jij *'Pf. Voor jou is het makkelijk, jij hebt het alleen over geld. Je maakt er een simpele financiële afweging van. Maar wat dacht je van gezondheid? Hoeveel vitamines zitten er bijvoorbeeld in vissticks in vergelijking met verse vis van de markt? Door het voorbakken en invriezen gaan er volgens mij heel wat vitamines verloren. Ja toch?! Ik weet het niet hoor, ik zou het niet zo een-twee-drie weten.'*

Na verloop van tijd zal er een vreemd moment ontstaan. Wat zal er namelijk gebeuren? Het gesprek valt dood! Je twijfelt niet alleen, net als hij, je twijfelt ook nog eens sterker dan hij! Dat was hij niet gewend. Opeens zijn de rollen omgedraaid. Het kan niet anders of hij zal na verloop van tijd een andere toon kiezen, die van de *beslistheid*. Linksom of rechtsom zal hij een knoop doorhakken. En mócht dat moment plaatsvinden, mocht hij daadwerkelijk op het punt staan een besluit te nemen, ook dan geldt, stug volhouden, niet toegeven, *blijven* twijfelen.

vriend (legt folder weg, beslist) *'Ik ben eruit. Ik spring op de fiets en ga ze vanmiddag halen. Drie stuks à 3 euro 98. Lekker. Vissticks!'*

jij (twijfelt, pakt folder) *'Rustig. Wacht nou even. Niet zo snel! Ze waren toch ook morgen nog in de aanbieding?! Tjongejonge, jij met je impulsieve aankopen ook altijd. Iets meer overleg zou wel zo aardig zijn.'*

Langzamer? Sneller!

Alhoewel ook deze strategie al snel een provocatief karakter kan krijgen – je vergroot immers iets wat op zichzelf al groot is – blijft ook hier gelden dat het alleen zal werken als de grondtoon er één is van oprechte liefde, betrokkenheid en respect. Als iemand twijfelt, laat hem dan ook écht twijfelen. Niet als trucje. Twijfelen over vissticks is natuurlijk een licht absurd voorbeeld, maar wat dacht je van de twijfel of je al dan niet een huis zult kopen, van baan zult veranderen of met je vriend of vriendin zult trouwen of samenwonen? Dat zijn vraagstukken waarbij het per definitie lastig is om op basis van een simpel lijstje met voors en tegens een besluit te nemen. De kans is dan ook groot dat er in zo'n situatie na verloop van tijd enige asymmetrie, een bepaalde mate van *ongelijkheid*, tussen beide partners ontstaat. Op een gegeven moment is de één eruit, de ander (nog) niet. Wat dan? Als degene die op zo'n moment het besluit al genomen heeft de druk op de ander gaat *opvoeren* om ook tot een besluit te komen, zal dat alleen maar averechts werken. De ander zal zich onder druk gezet voelen. Ook dán geldt dat je de strategie van het omspiegelen kunt gebruiken door juist *meer* te twijfelen dan de ander. Als het proces voor je gevoel te langzaam verloopt, onderdruk dan je neiging geïrriteerd te raken, laat het dan juist *langzamer* verlopen. Niet als tactiek of strategie, maar met de oprechte intentie de twijfel van de ander serieus te nemen, sterker nog, serieuzer te nemen dan hijzelf geneigd is te doen. Als je dat oprecht doet, geef je de ander *emotioneel* de ruimte om te mogen twijfelen en zelfstandig tot een besluit te komen. De ironie wil dat het proces op deze manier bijna altijd minder tijd zal kosten. Door te vertragen ga je uiteindelijk – geheel in overeenstemming met het motto 'op halve snelheid gaat alles twee keer zo snel' – niet langzamer, maar juist *sneller*.

Fabrieksgarantie

Maar, denk je nu misschien, wat als je partner desondanks *blijft* twijfelen? Hoe lang moet ik hier dan mee doorgaan? Op een gegeven moment zal je toch een keer moeten kiezen?! Tja, dat klopt. Al was het maar omdat elke beslissing uiteindelijk onder tijdsdruk komt te staan. De vissticks zijn vandaag en morgen in de aanbieding, daarna niet meer. Een huis staat nú te koop, en je bent maar een bepaald aantal jaren, zeker als vrouw, fysiek in staat kinderen te krijgen. Op een gegeven moment is de deadline verstreken. Voor elke afweging is er ooit een 'nu of nooit'-moment. Of de strategie van het 'omspiegelen' ook in zulke gevallen het gewenste resultaat oplevert en of de ander voordat de deadline verstreken is de knoop door zal hakken, is dan ook niet met zekerheid te zeggen. Zoals gezegd, mensen zitten niet als een touwtje aan ons vast. Zelfs als je *volledig loslaat* wat de uitkomst is, kan het nog steeds zo zijn dat de ander *blijft* twijfelen. Een relatie met iemand vormen vergt, net zoals dat bij dansen het geval is, dan ook een grondhouding van loslaten en *tegelijkertijd* met elkaar in verbinding zijn. Maar hoe goed je dat ook doet, je hebt per definitie nooit de garantie op een door jou gewenste *uitkomst.* Ook dit boek zal je die garantie niet kunnen geven. De garantie die ik je echter wél kan geven, met honderd procent fabrieksgarantie zelfs, is dat *contrasteren*, de druk opvoeren door de tegenrol te kiezen, het probleem alleen maar groter maakt.

Keuken

Deze grondhouding van volledig respecteren is te gebruiken als het gaat om specifieke gedragskenmerken van mensen – betweterigheid, twijfel, irritatie – maar ook als het gaat om heel *concrete* behoeften. Spullen. Dingen. Of, in dit geval, een keuken. Een medewerker van een woningcorporatie wordt op een vrijdagmiddag gebeld door een woedende, om niet te zeggen *razende*, bewoner. Wat is er aan de hand? De bewoner moet en zal een nieuwe keuken 'en wel vanmiddag'. Jarenlang, zo roept de bewoner uit, heeft hij tevergeefs gebeld om te zorgen dat er eens iemand zou komen kijken naar de loshangende deurtjes, als er vandaag niet iets gebeurt, sloopt hij hem er eigenhandig uit en flikkert ie hem zo van het balkon af. Een monteur die toevallig in de buurt is hoort het telefoongesprek, gebaart of hij de bewoner even kan spreken en vraagt aan de man of hij nu mag langskomen. Uiteraard mag dat, sterker nog, de man voegt er dreigend aan toe: 'Het is jullie geraden.' De monteur stapt in z'n auto, rijdt naar het huis, belt aan, bekijkt de keuken en luistert naar de klachten van de man en zijn vrouw. Een kop koffie weigert hij vriendelijk.

'Eerst werken.'

Wat houdt dat werken in? De monteur pakt een schroevendraaier en draait wat loszittende deurtjes aan. Hoe reageren de bewoners? Hun humeur verbetert met de minuut! Omdat de bewoners maar blijven aandringen of hij niet tóch een kop koffie wil – we hebben ook fris of bier?! – accepteert de monteur uiteindelijk het aanbod en houdt hij even pauze. Samen met de man en vrouw zet hij zich aan de keukentafel. Tijdens de koffie belooft de monteur dat hij zal zorgen dat de woningbouwcorporatie maandag meteen zal onderzoeken of de bewoners in aanmerking komen voor een nieuwe keuken. Hoe reageren de bewoners? 'Hoeft niet.' Waarom niet? Omdat, zo zeggen ze, de meeste problemen inmiddels al wel opgelost zijn. En een nieuwe keuken is ook 'zo'n gedoe'. 'Oké,' antwoordt de monteur, 'is prima. Als jullie deze keuken willen houden is ook prima, met wat onderhoud kan hij nog wel een tijdje mee.' De bewoners benadrukken nogmaals dat ze geen nieuwe keuken hoeven, ze bieden de monteur nog een kop koffie aan, ze kletsen nog wat met elkaar, alsof ze collega's zijn die op vrijdagmiddag, aan het eind van de week, het weekend 'voorbespreken' en nemen even na zes uur afscheid van elkaar. Na het weekend neemt de woningbouwcorporatie contact op met de bewoners om te checken of ze zeker-te-weten geen nieuwe keuken willen hebben. De bewoners houden echter voet bij stuk, de huidige keuken is prima, en bieden hun excuses aan dat ze vrijdag zo boos waren. 'Sorry, dat was niet nodig geweest.'

Respect

Waarom was de actie van de medewerker van de woningbouwcorporatie zo succesvol? Om twee redenen. Ten eerste vanwege het feit dat hij *monteur* was. Er kwam geen anonieme medewerker, laat staan een of andere 'proactieve accountmanager' met een klachtenformulier, maar een monteur met een *schroevendraaier*. De tweede reden is misschien nog wel belangrijker. Vooral vanwege het feit dat hij *ogenblikkelijk* in zijn auto stapt en bij aankomst ook ogenblikkelijk – zonder koffie aan te nemen – handelt, laat hij merken dat hij de behoeften van de bewoners respecteert. Ging het om een nieuwe keuken? Nee. Het ging vooral om respect. De razernij was niet het gevolg van loszittende deurtjes, maar van een jarenlange en structurele *afwezigheid* van respect.

De wens van de bewoners dat er naar hun keuken gekeken werd, bleek uiteindelijk vooral een wens om gezien of gehoord te worden. In zulke gevallen is alleen al het respecteren van de behoefte vaak voldoende om de situatie op een positieve manier te kunnen beïnvloeden. Maar hoe ga je om met mensen die wél absurde eisen stellen? Die je niet met een schroevendraaier, wat nieuwe keukenkastjes of zelfs een nieuwe keuken tevreden kunt stellen? Die, voor je gevoel, misschien wel een heel nieuw huis eisen. Moet je dan ook aan dat soort *absurde* wensen gehoor geven? Het antwoord luidt – het begint eentonig te worden – opnieuw 'ja'. Juist als die wensen absurd lijken. Ook hier geldt, hoe meer je meebeweegt, des te ontregelender.

Voetnoot

Wieke, een jonge medewerkster van een adviesbureau in Den Haag, beklaagde zich over een opdrachtgeefster bij het ministerie, mevrouw IJzer. Wieke moest namens haar bureau een adviesaanvraag schrijven voor het ministerie, maar hoe ze ook haar best deed dat zo goed mogelijk te doen, mevrouw IJzer stuurde haar rapport voortdurend terug met allerlei gedetailleerde opmerkingen. Zo ging dat een aantal weken door en Wieke raakte meer en meer geïrriteerd. Ze was van mevrouw IJzer afhankelijk – Wieke was een junior adviseur en had naast mevrouw IJzer eigenlijk nauwelijks opdrachtgevers – en ze had het idee dat mevrouw IJzer in een soort politiek spel verwikkeld was en alleen daarom zo moeilijk deed. Om die reden had Wieke haar vermoeden in een gesprek met mevrouw IJzer ook zo vriendelijk mogelijk uitgesproken, maar mevrouw IJzer ontkende in alle toonaarden. Mevrouw IJzer verklaarde dat ze de overtuiging had dat de adviesaanvraag 'goed en degelijk' in elkaar moest zitten.

'Ik hou er nou eenmaal niet van om dingen af te raffelen.'

Wieke besprak deze situatie met mij en vroeg me wat ze moest doen. 'Ik snap het niet, waarom doet ze toch steeds zo? Die vrouw is gewoon een irritant pietje-precies!' We dachten over de situatie na en konden slechts concluderen dat we naar de precieze reden waarom mevrouw IJzer het rapport alsmaar terugstuurde konden *gissen*. Misschien zat ze in een politiek spel, misschien stond met deze aanvraag haar reputatie op het spel, misschien was ze inderdaad extreem perfectionistisch van aard, we wisten het simpelweg niet. Wat we wél wisten was dat mevrouw IJzer 'zorgvuldigheid' wenste. Dat was onze enige zekerheid. Wat besloten we te doen? Nog zorgvuldiger te gaan werken dan mevrouw IJzer zélf. Haar gedrag om te spiegelen. Wat deed Wieke? Ze werkte twee weken stug door om een volgende, *uiterst zorgvuldige*, versie te schrijven. Meteen nadat ze die verstuurd had, stuurde ze de volgende dag – zoals we hadden afgesproken – een nagekomen *memo*. Een addendum. De strekking was iets in de trant van 'pas op, gevaar, risico, op bladzijde 5 staat in de tweede voetnoot op regel zo-en-zoveel geen komma, daardoor kan de tekst die zus-en-zo bedoeld is ook als dit-en-dat worden uitgelegd. Alhoewel dit, voor zover wij momenteel kunnen overzien, niet tot directe risico's hoeft te leiden, willen wij in het kader van de zorgvuldigheid deze conceptnota dan ook als *niet geschreven* beschouwen. Een herziene versie, waarin deze omissie uiteraard verbeterd zal zijn, volgt voor het eind van deze week.' Een paar uur nadat Wieke het addendum via de mail had verstuurd, hing mevrouw IJzer aan de telefoon.

'Meid, zo ernstig is die fout nou toch ook weer niet?!'

Perfect

Is dit het eind van het verhaal? Nee. Integendeel. Wieke kreeg nadat ze deze opdracht succesvol had afgerond nog veel meer werk van mevrouw IJzer. Wieke was in de ogen van mevrouw IJzer namelijk een ambitieuze, deskundige en professionele partner. Mevrouw IJzer beschikte bovendien over een uitgebreid netwerk en wist Wieke op die manier ook in contact te brengen met allerlei andere opdrachtgevers. Voor Wieke betekende dit alles een versnelde persoonlijke ontwikkeling. Ze kwam er namelijk achter dat wat ze eerst als irritant had ervaren – de pietje-precies-neiging van mevrouw IJzer – in feite een grote kwaliteit was. Mevrouw IJzer had, zo bleek na verloop van tijd, binnen het ministerie zo'n groot netwerk, omdat ze zo perfectionistisch en ambitieus was. 'Het mooist was,' zo vertelde Wieke later, 'dat die kwaliteiten na verloop van tijd ook de mijne werden. Ik vind het heerlijk om ambitieus, gedetailleerd en zorgvuldig te werken. Achteraf denk ik dat mevrouw IJzer me zo irriteerde, omdat ik het niet kon uitstaan dat zij zo afschuwelijk perfect was. Ik wilde *zelf* perfect zijn.'

Smoezen

In het geval van de keuken of het rapport kunnen we acties ondernemen. We kunnen daadwerkelijk dingen voor de ander gaan *doen*, waarmee we uiting kunnen geven aan ons respect voor de ander. Soms is dat echter niet (meer) mogelijk. Soms maken we fouten of brengen we schade toe, die we – hoe we ook ons best zouden doen – niet meer kunnen herstellen. Soms geldt de pijnlijke constatering dat het leed reeds geschied is. Wat dan? Op welke manier zouden we dan de strategie van het respecteren kunnen gebruiken om de situatie alsnog ten goede te keren? Voor die gevallen geldt dat we nog slechts één middel tot onze beschikking hebben, het oprecht aanbieden van onze excuses. Helaas kunnen wij dat niet zo goed, oprecht onze excuses aanbieden. Vaak is het niet meer dan een schamel doekje voor het bloeden. Er is namelijk een wereld van verschil tussen *oprecht* spijt betuigen en alleen maar 'sorry' zeggen. In de praktijk zijn de meeste excuses een soort ja-maar-excuses. Ze zijn bijvoorbeeld vaag.

'Sorry voor gisteren.'
'Er zijn fouten gemaakt.'

Terloops.

'Oké, sorry, maar even iets anders, wat eten we vanavond?'

Of theatraal.

'O. Nou moet ik zeker "sorry" zeggen?!'

Schiet allemaal niet zo op, natuurlijk. We beschikken blijkbaar over allerlei strategieën om te doen alsóf we sorry zeggen, maar doen het in feite niet. Sterker nog, het is zelfs mogelijk om ogenschijnlijk je excuus aan te bieden, maar tussen de regels door de schuld *volledig* bij de ander in de schoenen te schuiven.

'Als jij zo hypergevoelig bent dat je je gekwetst voelt door wat ik zojuist zei, dan vind ik het geen probleem om de verstandigste te zijn en mijn excuus aan te bieden.'

Fascinerend. Met één simpele zin heb je jezelf gepromoveerd van dader tot held. Ondertussen is de ander koeltjes weggezet als een emotioneel wrak. Overigens. Let ook op de subtiele als-dan-constructie in de voorgaande 'spijtbetuiging'. 'Als-dan' is in de kern namelijk hetzelfde als 'ja-maar'. Beide constructies zijn gebaseerd op een voorbehoud. 'Als jij toegeeft dat je hypergevoelig bent *dan* zal ik mijn excuses aanbieden' is hetzelfde als 'ja, ik wil wel mijn excuses aanbieden, *maar* dan moet jij eerst toegeven dat je hypergevoelig bent'.

Excuses

Kortom. In de praktijk staat het begrip 'excuus' dan ook bijna synoniem aan 'smoes'. Vandaar dat 'je excuses aanbieden' dan ook vaak gezien wordt als een slappe uitweg. Echter. Als je *oprecht* spijt kunt betuigen na een fout, vergissing of belediging – welgemeend, specifiek, met oog voor de behoeften van de ander, bereid om te zorgen voor genoegdoening – is dat een van de krachtigste dingen die je kunt doen. Spijt betuigen is zo krachtig, omdat de ander – zoals we gezien hebben – vaak meer last heeft van het idee dat jij hem niet respecteert, dan van de feitelijk toegebrachte schade. Om die reden zijn slachtoffers van uiterst pijnlijke zedenmisdrijven vaak ook meer gemotiveerd om bij de dader iets te zien van spijt, berouw of medeleven, dan een of andere financiële of praktische genoegdoening. Het idee dat de ander niet geïnteresseerd is in onze gevoelens, en dus onze verlangens, angsten en behoeften niet respecteert, is misschien wel het meest onverdraaglijke dat een ander ons kan aandoen. Niets is dan ook ook helender voor een relatie dan een *oprecht* excuus. Het is een van de krachtigste vormen van de strategie van het respecteren.

Herstelrecht

In zijn balorigheid gooit Rachid een blikje cola in de tuin van mevrouw Promper. Zij ziet dat, komt boos naar buiten en vraagt hem of hij dat thuis ook doet. 'Kolerewijf, kijk jij maar uit, straks steek ik je overhoop', roept hij terug. Lachend loopt hij door met zijn vriendjes. Mevrouw Promper doet echter melding bij de politie, die via de wijkagent de school inschakelt. Rachid wordt twee dagen geschorst. Wanneer de conrector na een week belt om te vragen hoe het met mevrouw Promper gaat, barst ze in huilen uit. Het incident heeft een enorm effect op haar gehad. Ze slaapt slecht en uit angst voor Rachid en zijn vrienden durft ze de deur niet meer uit. Op de vraag of ze iets zou zien in een *herstelgesprek* met Rachid en zijn ouders om te kijken of een en ander nog recht te trekken is, zegt ze 'ja'. De conrector benadert Rachid met hetzelfde verzoek, maar die reageert in eerste instantie afwerend. 'Ik ben toch al gestraft, wat zeuren jullie dan nog?!' Na enig doorpraten blijkt hij echter te begrijpen dat de zaak niet alleen voor mevrouw Promper nog niet goed is afgehandeld, maar eigenlijk ook niet voor hemzelf. Zijn positie is er sinds het incident niet makkelijker op geworden. Hij staat in de buurt en bij een aantal leraren nu wel bekend als 'kutmarokkaantje'. Na enige aarzeling stemt hij dan ook in met een gesprek. De conrector neemt contact op met zijn ouders en ook zij zeggen 'ja' tegen een herstelgesprek. Ze zullen erbij aanwezig zijn, zo beloven ze. Rachid ten slotte mag tijdens de zitting twee van zijn vrienden meenemen. Het principe is immers hoor en wederhoor.

Zo vindt niet veel later op school een officiële bijeenkomst plaats waar mevrouw Promper en haar familie, Rachid met zijn ouders en twee vrienden, en de schoolleiding bij aanwezig zijn. Tijdens de bijeenkomst vertelt mevrouw Promper geëmotioneerd wat het incident met haar gedaan heeft. Als ze tijdens haar verhaal in tranen uitbarst, begint ook Rachids moeder te snikken. Rachid beseft dat hij niet alleen mevrouw Promper, maar ook zijn eigen ouders verdriet heeft aangedaan met zijn gedrag. Zijn schaamtebesef maakt dat hij zich meer en meer ongemakkelijk voelt bij de situatie. Het lijkt alsof hij nu pas wérkelijk beseft wat het effect van zijn gedrag op mevrouw Promper is geweest. Voor zijn gevoel ging het om een onschuldig blikje en een grote mond – *waar doen we nou moeilijk over?!* – maar op mevrouw Promper had zijn gedrag blijkbaar een veel ernstiger effect dan hij zich gerealiseerd had. Aan het eind van de zitting krijgt mevrouw Promper de slotvraag te horen, die kenmerkend is voor het principe van het herstelrecht. 'Wat kan de dader, in dit geval Rachid, doen om te schade te herstellen?' Een lastige vraag voor mevrouw Promper die daar niet meteen een antwoord op heeft. Tja. Wat zou er nu nog moeten gebeuren?! Alles is eigenlijk al wel gezegd. Haar man helpt haar echter. 'Nou gewoon, dat Rachid normaal doet en zijn diploma haalt.' Mevrouw Promper knikt. Met een glimlach beaamt ze haar man. Zo is het en niet anders. Anderhalf jaar later wordt er bij de familie Promper aangegebeld. Rachid staat voor de deur. In zijn ene hand een bos bloemen voor mevrouw Promper, in zijn andere hand een diploma.

Liefde

'Laat vissen zwemmen', zo waren we begonnen. Mensen volledig accepteren, in alles wat ze doen, denken, voelen en willen, is de krachtigste manier om hen – vreemd genoeg – te beïnvloeden. Waarom? Omdat dat hetgeen is waar we allemaal ten diepste naar verlangen. Te mogen zijn wie we zijn. Ons volledig geaccepteerd te weten door de ander. Met alles d'r op en d'r aan, al onze nukken, hebbelijkheden en irritante gewoontes. Als anderen ons dat gevoel kunnen geven of als wij dat gevoel bij anderen kunnen bewerkstelligen, als we elkaar volledig accepteren, sterker nog, *respecteren*, dan heeft dat ogenblikkelijk een verbindend, liefdevol effect. 'Ja' zeggen zou je dan ook kunnen beschouwen als liefde in actie. Acceptatie is de hoogste vorm van verandering.

Dit weten en er tegelijkertijd – van dag tot dag – naar kunnen *léven*, zijn twee dingen. De soms dwingende, irritante of ronduit onbeschofte manier waarop andere mensen ons – voor ons gevoel – soms benaderen, maakt het moeilijk om voortdurend te leven met 'ja' als grondhouding. Het zijn de momenten dat we de ander als *sukkel* ervaren.

Daar heb je eigenlijk wel gelijk in

Soms lukt het echter wonderwel. Toevallig. Spontaan. Boven verwachting. Zo had ik met mijn vader rond mijn 25e een wat moeizame verstandhouding. Voor hem waren zaken als ondernemerschap, geld verdienen en hard werken van groot belang. Hij had een goeie baan als lasser, maar had welbewust ontslag genomen, was op de markt gaan staan, bezat nu een winkel en groothandel en exporteerde naar Duitsland. Zijn leven was een overtuigend voorbeeld van een *selfmade* man. Ik wist dat niets hem meer verheugd zou hebben dan wanneer ik bedrijfskunde zou gaan studeren. Hij zag mijn leven als een succesvolle verlenging, een soort overtreffende trap, van het zijne.

Helaas voor hem had ik een totaal ander scenario voor ogen. Ik besloot een theateropleiding te volgen en toen ik klaar was met de opleiding begon mijn 'carrière' met een *onbetaalde* functie bij een theatergezelschap. Mijn vader deed op zijn manier zijn best om die keuzes te 'respecteren', maar aan alles voelde ik dat hij mijn wereld niet begreep. En ook niet echt *wilde* begrijpen. Op een dag spraken we elkaar aan de telefoon en kon hij het niet laten zijn onbegrip uit te spreken. 'Wat is dat toch voor beroep dat je hebt gekozen,' schamperde hij, 'daar kan je toch geen droog brood mee verdienen?!' Normaal gesproken werden dat soort gesprekken langzaam steeds wat onprettiger. Hij veroordeelde mijn wereld, ik de zijne.

zoon *'Tjongejonge, geld verdienen, da's lekker belangrijk.'*
vader *'Nee, acteurs, daar zitten de mensen op te wachten.'*

Deze keer zou het gesprek echter anders verlopen. Tot mijn eigen verrassing. Opeens realiseerde ik me dat de *intentie* waarmee hij zijn dingen deed en ik de mijne – de ambitie en beleving – eigenlijk nauwelijks van elkaar verschilden. En dus zei ik tegen hem: 'Volgens mij is er in principe geen enkel verschil tussen de keuzes die ik maak en de keuzes die jij destijds, toen je mijn leeftijd had, gemaakt heb. Ik heb mezelf vijf jaar gegeven om met het theatervak mijn geld te verdienen. Als dat niet lukt, pech gehad, dan zoek ik alsnog een normale baan. Ga ik wel wat anders doen. Waarom wil ik in het theater werken? Omdat werk dat voor mijn gevoel zinvol is, me meer waard is dan status en inkomen. Waarom heb jij als lasser destijds ontslag genomen en ben je op de markt gaan staan? Omdat je eigen baas zijn belangrijker vond dan een vast inkomen. Ook jij vond *zinvol* werk meer waard dan status en inkomen. Je ging op de markt staan! Dat was qua maatschappelijke status zo'n beetje het laagste wat je kon doen. Maar toch heb je doorgezet. Waarom? Omdat je erin geloofde. Hoeveel tijd heb je jezelf destijds gegeven? Ik hoef het je niet te vragen, je hebt het me zelf verteld, vijf jaar! Als het je niet zou lukken, zo beloofde je mijn moeder, zou je je werk als lasser weer oppakken. Dus vertel me, wat is het verschil tussen de keuzes die ik nu maak en die jij destijds gemaakt hebt?!' Het was even stil. Daarna sprak mijn vader de – voor mij – historische woorden: 'Hm. Daar heb je eigenlijk wel gelijk in.'

Eén

Nou kennen de meeste lezers mijn vader waarschijnlijk niet en dus ontgaat je mogelijk de *impact* van zijn bekentenis. Mijn vader gaf namelijk in discussies nooit toe. Nimmer. In het beste geval, als het echt niet anders kon, als hij met zijn rug klemstond tegen de muur, hield hij misschien zijn mond. Tijdelijk. Dat was zo'n beetje zijn hoogste vorm van toegeven. In dit geval gaf hij echter met zoveel woorden zijn ongelijk toe! *'Daar heb je eigenlijk wel gelijk in.'* Ik wist niet wat ik hoorde! Wat maakte dat hij zo kon reageren? Ik ben ervan overtuigd dat hij diepgaand *voelde* dat ik met precies dezelfde ambitie, vrijheidsdrang en doorzettingsvermogen voor precies dezelfde weg had gekozen als hij destijds. Doen waar je in gelooft. Staan voor wat jij als *zinvol* ervaart. Niet toegeven aan status en zekerheid. Ongeacht scepsis van de buitenwereld. Met mijn keuzes *respecteerde* ik de zijne.

En wat was – voor mij, op mijn beurt – het mooie van het gesprek? Ik merkte dat de felheid en overtuiging waarmee ik 'tegen' hem sprak, niet zozeer míjn levenshouding weerspiegelden, alswel de zijne. De overtuiging en ambitie die ik voelde, had hij mij van jongs af aan voorgeleefd. Door het, in gesprek met hem, zo duidelijk uit te spreken, voelde ik pas voor het eerst hoe sterk *zijn* ambitie zich in mij weerspiegelde. Ik voelde wat hij voelde. Zoals hij op zijn beurt ook zijn gevoelens weerspiegeld zag in mij. Om het, zoals ik het eerder ook al wat cryptisch, maar tegelijkertijd zo eenvoudig mogelijk omschreef, hij voelde dat ik voelde wat hij voelde. Zo vader, zo zoon. Wij waren op dat moment één.

IV

wat
als alles lukt?

Er werd weer schaamteloos naar promotie gespiegeld.

N5

Leren

Is spiegelen te leren? Is omspiegelen te leren? Hoe zou je het vandaag, morgen, desnoods overmorgen in de praktijk kunnen brengen? Dat zijn een paar vragen die ik in dit laatste deel zal proberen te beantwoorden. Laat ik maar beginnen met de eerste vraag. Is spiegelen te leren?

Het onderzoek dat wij eerder verrichtten aan de Universiteit voor Humanistiek leverde ons – als het gaat over de vraag of spiegelen te leren is – een aantal interessante inzichten op. Ondanks het feit dat de groep er door de workshop gemiddeld maar liefst 0.9 punt op een schaal van 10 punten op vooruitgegaan was, bleek dat er ook een groep was die er na de workshop juist op *achteruit* was gegaan. Wat gebeurde hier precies? We waren nieuwsgierig naar dit opvallende verschijnsel. Om die reden observeerde Job nogmaals een aantal videobanden en voerde hij gesprekken met een aantal deelnemers aan de workshop. Op grond van zijn bevindingen kwam hij tot de conclusie dat er eigenlijk drie verschillende groepen te onderscheiden zijn, 'zittenblijvers', 'wannabees' en 'natuurtalenten'.

Zittenblijvers, wannabees en natuurtalenten

Job Jansen: 'De zittenblijvers zijn de deelnemers die erg eigenwijs zijn en niets met de training konden of hebben gedaan. Op de video-opnamen is te zien dat ze hetzelfde gedrag vertonen als tijdens de eerste gespreksronde, hetgeen zich ook vertaalt in hun waarderingsscores; die veranderen niet veel ten opzichte van de scores in de eerste gespreksronde. Deze deelnemers hechten óf veel waarde aan hun "image" en willen zich daarom niet aanpassen aan de ander, óf ze zitten gewoon zo vast in hun gedragspatroon, bijvoorbeeld vanuit onzekerheid, dat ze daar niet uit durven te stappen om zich in de wereld van hun gesprekspartner te verplaatsen.

De tweede groep deelnemers aan de training zijn de "wannabees". Het zijn mensen die wel degelijk het nut en de waarde van spiegelen hebben begrepen, alleen vinden ze het nog moeilijk om dit op de juiste manier toe te passen. Ze worstelen met hun nieuwe kennis en vaardigheden en voelen zich daar nog ongemakkelijk bij. Hun nieuwe gedragsrepertoire voelt onzeker en nieuw aan. In sommige gevallen worden deze deelnemers nogal gespannen of zenuwachtig met de opdracht in hun achterhoofd om de ander zo veel mogelijk te spiegelen, waardoor dit enigszins onnatuurlijk of gekunsteld kan overkomen. Soms gaat dat zelfs gepaard met lagere waarderingsscores dan in de eerste ronde. Deze mensen willen het graag leren, maar hebben daar duidelijk ook nog tijd voor nodig. Ik kreeg van meerdere deelnemers te horen dat ze spiegelen echt moeilijk vonden.

De laatste groep deelnemers zijn dan de natuurtalenten, die wel meteen helemaal begrepen waar het om gaat bij spiegelen, en dit ook direct konden toepassen in de tweede gespreksronde. Binnen een week wisten zij hun spiegelniveau zoveel te verbeteren, tot 2.0 hoger dan in de eerste ronde, dat zij met recht natuurtalenten genoemd mogen worden. Als we een natuurtalent definiëren als iemand die binnen een week na de training in de tweede ronde zijn of haar spiegelniveau met gemiddeld 1.0 of hoger wist te verbeteren, dan zijn er van de vijftien deelnemers aan de training, uitgaande van deze definitie, zelfs zeven natuurtalenten. Dat is dus de helft van de hele groep. Dat zegt ook iets over het niveau van de training.'

Leiderschap

Op grond van de waarnemingen van deze drie groepen waren we geïnteresseerd in de vraag of we ook het niveau van de – wat Job noemde – 'zittenblijvers' en 'wannabees' positief zouden kunnen beïnvloeden. Gelukkig kwam er, niet lang nadat we het eerste onderzoek hadden afgerond, een mogelijkheid voor een vervolgonderzoek, waarbij we deze vraag zouden kunnen onderzoeken. Dit onderzoek zou ons bovendien, zo bleek al snel, de kans geven een voor ons nieuw gebied te onderzoeken, namelijk de relatie tussen spiegelen en leiderschap. Nu weten we dat de uitkomsten van dat onderzoek ons – opnieuw – versteld zouden doen staan. Zoals spiegelen eerder aan de Universiteit voor Humanistiek hét middel bleek te zijn om de ander de ervaring te geven dat jij een goede humanistisch geestelijk werker bent, zo zou spiegelen ook dé manier blijken te zijn om ondergeschikten de ervaring te geven dat jij een goede *leidinggevende* bent. Op dat moment hadden we daar echter vooralsnog geen idee van.

N5

Charles Vinke, directeur van een managementteam bij IFS, *Integrated Facility Services*, hoorde van ons onderzoek bij de Universiteit voor Humanistiek en was benieuwd of het trainen van spiegelvaardigheden voor de leidinggevenden van zijn managementteam eenzelfde verschil zou kunnen maken. Aangezien IFS met zo'n 21.000 medewerkers een van de grootste facilitaire dienstverleners ter wereld is, hecht het bedrijf groot belang aan het voortdurend trainen en opleiden van zijn leidinggevenden. Charles vroeg zich dan ook af of leidinggevenden die leerden om beter te spiegelen ook 'betere' leidinggevenden waren. Job, Charles en ik hadden een ontmoeting en we bespraken Charles' drijfveren. Zijn team was, zo vertelde hij, geïnspireerd door Jim Collins' boek *Good to Great*. In dit boek beschrijft Collins vijf verschillende niveaus van leiderschap, niveau 5 is het hoogste niveau. *Dienstbaarheid* – zichzelf wegcijferen voor de organisatie, de medewerker centraal stellen, vriendelijkheid en hoffelijkheid – is het belangrijkste kenmerk van dat niveau. Charles was benieuwd of spiegelen een positief effect zou kunnen hebben op het *tonen* van die dienstbaarheid. Immers, zo redeneerde hij, als een leidinggevende zijn medewerker spiegelt, laat hij op dat moment de medewerker ervaren dat die centraal staat en niet de leidinggevende. Spiegelen, zo vooronderstelde Charles dan ook, is dienstbaarheid *in actie*. Deze overweging vormde zijn drijfveer om bij IFS een vervolgonderzoek op te zetten.

Uiteraard sprak Charles' idee om met dezelfde onderzoeksopzet – voormeting, workshop, nameting – leiderschapsvaardigheden te onderzoeken zeer tot onze verbeelding. Op grond van onderzoek over spiegelen dat anderen verricht hadden, wisten we dat er een subtiele en intrigerende correlatie bestond tussen leiderschap en spiegelen – leiders wórden meer gespiegeld, maar ze lijken zelf ook meer te spiegelen – en we waren benieuwd of we met ons onderzoek iets aan die kennis zouden kunnen toevoegen. We zeiden dan ook 'ja' op Charles' voorstel, drukten elkaar de hand en namen afscheid. Een nieuw onderzoek was geboren. Welk effect heeft het als leiders hun ondergeschikten goed spiegelen?

Opzet

Na de bespreking met Charles ontwierp Job een nieuwe onderzoeksopzet. Uiteraard was er inhoudelijk een belangrijk verschil met het eerste onderzoek, we zouden immers leiderschapskwaliteiten meten. De vragenlijst zou dan ook een andere inhoud krijgen. Uiteindelijk zouden in totaal negentien onderzoeksvragen opgenomen worden, die allemaal betrekking hadden op leiderschap. Dat was echter niet het belangrijkste verschil met ons eerste onderzoek. We besloten namelijk tot een tweede aanpassing: omdat we van mening waren dat het niet goed presteren van de 'wannabees' en 'zittenblijvers' niet zozeer een kwestie was van onwil, maar vooral van *onzekerheid*, wilden we onderzoeken in hoeverre we met een extra individuele coaching de deelnemers zouden kunnen ondersteunen. Om die reden besloten we om alle deelnemers – naast de workshop – een intensieve sessie van drie à vier uur aan te bieden, waarin ze in drietallen aan hun individuele vaardigheden zouden kunnen werken. Met deze opzet gingen we van start en niet veel later voerden leidinggevenden van IFS gesprekjes met medewerkers die op video werden opgenomen, volgden ze de workshop en de coachingssessie, voerden ze daarna een tweede ronde gesprekjes, werden alle data ook deze keer statistisch doorgerekend en kreeg ik opnieuw telefoon van Job. Of ik thuis was. En dus maakte ik opnieuw mijn agenda leeg en stond niet veel later Job opnieuw aan mijn voordeur. Nieuwe ronde, nieuwe uitslagen.

12/19

Het eerste wat ons bij de uitslagen opviel, was dat het gemiddelde niveau van spiegelen vóór de workshop bij de leidinggevenden gemiddeld wat hoger lag dan bij de studenten. Bij aanvang scoorden de studenten gemiddeld een 7.4, de leidinggevenden een 7.7. Vervolgens verdeelden we ook bij de leidinggevenden de populatie in 'slechte' en 'goede' spiegelaars, om te kunnen beoordelen of de goede spiegelaars beter scoorden op de enquête. Wat bleek? Net als bij de Universiteit voor Humanistiek scoorden de leidinggevenden die goed spiegelden op *alle hypothesen* – behalve opnieuw één hypothese, ook dit keer ging het om acceptatie, daar scoorden de goede spiegelaars lager – hoger dan de slechte spiegelaars. Dat was al goed nieuws. Nog beter was dat in dit onderzoek bij maar liefst twaalf van de negentien hypothesen de resultaten voldeden aan de statistische toets. Die correlaties mochten we derhalve als wetenschappelijk bewezen beschouwen.

Hypothesen

De bewezen hypothesen hadden betrekking op een breed scala essentiële leiderschapsvaardigheden. Zo bleek dat leidinggevenden die beter spiegelen de ander een *beter gevoel* over het gesprek geven, ze in sterkere mate een sfeer van *vertrouwen* creëren, ze *vastberadener* en *wilskrachtiger* overkomen – deze uitkomst heb ik in het begin van dit boek al genoemd, in mijn ogen een fascinerend gegeven, beweeg mee met de ander en hij denkt dat jij *wilskrachtig* bent – ze worden als *motiverender* ervaren, zijn *nederiger* en meer *bescheiden*, geven je in sterkere mate het gevoel je te *erkennen* en te *complimenteren*, stimuleren ze je in sterkere mate om te *presteren*, zijn ze beter in staat zich voor de organisatie *weg te cijferen*, zijn ze *ambitieuzer* en *veeleisender*, wekken ze sterker de indruk *zelf verantwoordelijkheid* te nemen, worden ze in z'n algemeenheid als een *betere leidinggevende* ervaren en zijn ze *eerlijker* en *directer* dan leidinggevenden die niet goed spiegelen. Goed nieuws daarbij was dat zowél N5-eigenschappen als nederigheid, bescheidenheid en het vermogen zich voor de organisatie weg te cijferen hoog scoorden, als meer directieve en resultaatgerichte eigenschappen als wilskracht, ambitie en het vermogen om te presteren.

Nameting

Ook bij IFS hebben we onderzocht in hoeverre de workshop – dit keer aangevuld met een individuele coaching – de mate waarin de deelnemers spiegelen positief kan beïnvloeden. Zoals gezegd, de scores van het spiegelniveau van de MT-leden waren bij aanvang van het onderzoek gemiddeld al erg hoog, namelijk een 7.7. Desondanks scoorden de MT-leden na de workshop en de begeleiding zowel absoluut als relatief beter dan de studenten. Scoorden de MT-leden vóór de workshop en coaching een 7.7, daarna scoorden zij een 8.8, een vooruitgang van maar liefst 1.1 punt. Een in onze ogen spectaculair cijfer: als alle scores van alle variabelen werden opgeteld en gemiddeld, scoorde men nagenoeg een

9. Om *gemiddeld* zo'n hoge score te behalen, kan het niet anders of de leidinggevenden moesten een uitzonderlijk goede indruk op hun medewerkers gemaakt hebben. De statistieken bevestigden dat. Ze stonden bol van beoordelingen met een 9.5, 9.7 et cetera.

Progressie

Uiteraard ging onze interesse uit naar de 'wannabees' en 'zittenblijvers'. Zouden zij baat gehad hebben bij de extra coachingsessie? Deze vraag heeft namelijk ook betrekking op de kernvraag van dit hoofdstuk: *is spiegelen te leren?* Nadat we de cijfers nauwkeuriger bestudeerden konden we – tot onze verrassing – constateren dat iedereen, zonder uitzondering, significant vooruitgegaan was. Sterker nog, de mensen met de laagste scores in de eerste ronde, de slechtste spiegelaars, hadden de *grootste* vooruitgang geboekt. Behaalden de drie MT-leden met de laagste score in de eerste ronde een gemiddeld cijfer van 7.3, in de tweede ronde was hun gemiddelde cijfer spectaculair gestegen tot een 8.9, een vooruitgang van maar liefst 1.6 punten. Het intrigerende was dat ze daarmee niet alleen relatief, maar zelfs absoluut de drie beste spiegelaars uit de eerste ronde voorbij waren gegaan. Het gemiddelde van de goede spiegelaars was namelijk in de eerste ronde een 8.1, ook zij gingen na de workshop en de interventie significant vooruit naar een 8.7 – een gemiddelde stijging van 0.6 punten – maar daarmee bleven zij tot onze verrassing gemiddeld 0.2 punt *achter* bij de 'slechtste' drie spiegelaars. Conclusie. Met een combinatie van een workshop en een individuele coachingssessie waren wij erin geslaagd *de gehele groep* vooruit te laten gaan, waarbij de zogenaamde 'wannabees' of 'zittenblijvers' zowel relatief als absoluut de sterkste progressie geboekt hadden.[25]

Zowel aan de Universiteit voor Humanistiek als bij de leiding van IFS maakte het onderzoek diepe indruk. Beide onderzoeken bewezen onomstotelijk dat spiegelen niet alleen van grote betekenis is om als 'professional' beter te functioneren, maar met een combinatie van groepsinstructie en individuele begeleiding bovendien ook nog eens vrij gemakkelijk – zelfs voor 'wannabees' en 'zittenblijvers' – te leren is.

Geheim

Terug naar jou als lezer. Het is misschien leuk om te lezen dat je je spiegelvaardigheden in een workshop of coaching met een factor 1.1 op een schaal van 10 kan verbeteren, maar daar heb jij op dit moment niet veel aan. Aangezien ik mezelf de prestigieuze opdracht heb gegeven me als literaire dansleraar op te stellen, zal ik je bij dezen de twee geheimen meegeven – zo durf ik ze inmiddels wel te noemen – waarmee je een middel in handen hebt om in elke situatie vanaf het begin de ander nagenoeg perfect te spiegelen. Als je deze twee aanwijzingen toepast, zal je merken dat je bijna onmiddellijk aansluiting bij de ander vindt. Edoch. Moment. Voordat ik je ze zal vertellen eerst een overweging. Zodra je iemand ontmoet, zijn er binnen twee, drie seconden al tientallen, zo niet honderden, impressies op je afgekomen. Als je denkt dat je de ander kunt spiegelen door hem te *bestuderen*, heb je het bij het verkeerde eind. Je zal altijd te laat zijn! Per definitie. Waarom? Omdat terwijl jij de ander bestudeert, hij zich op een bepaalde manier zal blijven gedragen, acties zal blijven ondernemen. Er is op exact datzelfde moment sprake van een mismatch, asymmetrie, van *contrasteren.* Jij bent observator, de ander geobserveerde. Niet doen dus. Het werkt niet en nog erger – het is namelijk precies wat de 'wannabees' doen – het ziet er niet uit. Het is kunstmatig, onhandig en niet functioneel. Vergeet dus het idee dat je de ander zou kunnen spiegelen door een studie van hem te maken.

Wat dan wel? Hoe kan je dan toch aansluiting bij de ander vinden zonder de ander eerst te bekijken? Het antwoord is in principe simpel. Door te letten op de eigenschappen die relatief makkelijk zijn waar te nemen en te spiegelen, en die tegelijkertijd een relatief groot effect hebben. Precies aan deze voorwaarden voldoen de volgende aanwijzingen. Ze zijn uiterst simpel en uiterst effectief. Je zal merken dat wanneer het niet klikt tussen mensen, het ook meestal precies deze twee gedragskenmerken zijn die *contrasteren.*

Chemie

De eerste hebben we uitputtend behandeld. *Tempo.* De snelheid waarop de ander beweegt, denkt, praat, handelt. Spiegel perfect op tempo en een groot aantal andere aspecten als emoties, overtuigingen en intenties spiegelen vanzelf mee. Vergelijk het maar met het afstemmen op een orkest of met je auto invoegen op de snelweg. Zowel bij het 'invallen' als zanger of musicus in een orkest als bij het invoegen op de autobaan is *tempo* immers het eerste waar je op moet letten. Voor afstemmen op andere mensen geldt hetzelfde principe. Kies het verkeerde tempo en er is geen contact. Kies exact het goede tempo en er is meteen chemie.

Als mensen niet goed op elkaar afgestemd zijn – ga maar eens om je heen kijken – gaat dit bijna altijd gepaard met een verkeerde afstemming op het niveau van tempo. Elkaars tempo spiegelen is dus geheim één. Heeft iemand haast? Heb ook haast. Of – als het gaat om omspiegelen – heb net iets *meer* haast. Heeft iemand de tijd? Heb ook de tijd. Of meer tijd. Simpel. Het spiegelen van tempo is niet moeilijk om te onthouden, makkelijk om waar te nemen en supersimpel om te doen. Als je rendement van dit boek wilt hebben, vergeet dan alles wat ik tot nu toe heb geschreven en ga dit toepassen. Als je het consequent doet én ook echt goed doet – net als dansen zit het geheim hem niet zozeer in het principe, de danspas, maar vooral in de *uitvoering*, het dansen zelf – zal het de mate waarin je contact met andere mensen ervaart, en zij contact met jou ervaren, revolutionair verbeteren.

Brugman

Voor geheim twee geldt hetzelfde. Als het niet klikt tussen mensen is ook bijna altijd dit aspect niet goed afgestemd. Wat is dat aspect, wat is het tweede geheim? Net als het eerste geheim is het supersimpel. *Volume.* Eenvoudigweg hard of zacht praten. Als jij hard praat en ik zacht, tja, dan kunnen we beiden praten als Brugman, oogcontact maken, vriendelijke dingen tegen elkaar zeggen, we kunnen doen wat we willen, maar het contact zal *niet* tot stand komen. We blijven het gevoel houden dat er iets niet klopt, dat het niet klikt, dat we niet verbonden zijn. En dat is dan ook zo. We zijn letterlijk niet afge*stemd*. Het klinkt niet. Het voelt niet goed.

Opnieuw geldt, net zoals voor tempo, dat het niet moeilijk is om op volume te letten. Het is in principe heel simpel. En dus bestaat het risico dat je je schouders ophaalt. 'Simpel. Ja. Dat snap ik wel. Te stom voor woorden.' Vergeet dan niet dat ik je bewust iets mee wil geven wat te stom voor woorden is. Het *moet* namelijk te stom voor woorden zijn. Waarom? Omdat je dan genoeg hersencapaciteit overhoudt om ontspannen het gesprek te kunnen voeren, het grootste deel van je aandacht te kunnen richten op de ander, zodat je hem ook echt waar kan nemen zoals hij is. De beste manier om dat te doen is jezelf aanwijzingen mee te geven, waar je op dat moment iets mee kan. En dat zijn deze twee slotaanwijzingen. Tempo en volume. Als je deze beide aspecten goed uitvoert, voel je als het ware vanzelf wel aan wie de ander is, wat hij denkt, voelt en wil. Simpel in theorie, spannend in praktijk.

Fietsen

Tot slot. Dankzij de onderzoeken bij de Universiteit voor Humanistiek en IFS kunnen we onderbouwen wat we intuïtief al die jaren al vermoed hadden: spiegelen is een van de krachtigste manieren om andere mensen – en daarbij *onszelf* – diepgaand te beïnvloeden. Niet in z'n algemeenheid of in theorie, maar op een zeer breed scala van menselijke ervaringen, variërend van dienstbaarheid, contact en nederigheid tot vastberadenheid, wilskracht en ambitie. Goed leren spiegelen is niet alleen voor humanistisch geestelijk werkers en leidinggevenden, maar voor iedereen die beter wil communiceren een van de meest effectieve manieren om de kwaliteit van een relatie te verbeteren. Het mooie daarbij is, hoe magisch het *effect* van spiegelen ook is, dat de vaardigheid zélf gewoon te trainen en oefenen is. In beginsel is het supersimpel. Net als autorijden, fietsen en dansen. Elke 'wannabee' of 'zittenblijver' kan het leren. Het is vooral een kwestie van doen. En zodra je jezelf die vaardigheid eigen hebt gemaakt, is de stap naar het *omspiegelen* – zo zal je merken – ook vrij makkelijk te maken.

Rik stond op het punt slachtoffer te worden van het eerst-doen-dan-denken-model.

Koek

Klein beginnen

Dan de tweede vraag. Is *omspiegelen* ook te leren? Een wat lastiger te beantwoorden vraag. Over spiegelen bestaan immers inmiddels vele onderzoeken, omspiegelen is als concept lastiger wetenschappelijk te onderzoeken. Toch is er – met een grote mate van zekerheid – wel iets te zeggen over de vraag hoe je kunt leren omspiegelen.

Laten we beginnen met een terugblik op het boek tot dusver. Veel verhalen in dit boek doen je misschien verzuchten 'dit kan ik nooit'. Dat effect hebben ze, laat ik voor mezelf spreken, op mij vaak in elk geval wel. Het is moeilijk om in de dagelijkse praktijk andere mensen spontaan, snel en vooral effectief te spiegelen, laat staan *om te spiegelen.* Meestal weet je achteraf wel hoe je iets hád moeten aanpakken, maar ja, dan is het natuurlijk te laat.

Toch is het (om)spiegelen geen abacadabra. Als je de achterliggende levenshouding – de dingen, en dus ook mensen, kunt accepteren zoals ze zijn – kunt omarmen en daar enigszins naar kunt leven, is het vooral een kwestie van het bij de heel simpele dingen te gaan doen, sterker nog, *juist* de heel simpele dingen. Kleine ingrepen kunnen, als een sneeuwbaleffect, tot grootse veranderingen leiden. Zoals in een vijver een kleine rimpeling grotere rimpelingen kan veroorzaken. Om het belang van de kleinheid der dingen te benadrukken het verhaal van Jarno en zijn moeder. Een verhaal over rondo's en roze koeken.

Roze koeken

Jarno, een jongeman van een jaar of dertig, heeft een wat complexe relatie met zijn moeder. Daar is (heel) veel over te zeggen,

maar een klein, terugkerend punt van frictie is het feit dat zijn moeder hem van jongs af aan *voortdurend* rondo's, roze koeken, paarse koeken met witte stippen, kortom alles wat ze op koek- en snoepgebied in huis heeft, aanbiedt. Vindt Jarno dat erg? Nou, eentje niet, die eet hij met smaak op, en misschien een tweede ook nog wel, maar hoeveel hij er ook aanneemt, zijn moeder is op dit gebied grenzeloos. Ze blijft maar aanbieden. Wat doet Jarno echter op een dag? Jarno heeft *Huh?! De techniek van het omdenken* gelezen en denkt, goh, waarom zeg ik na verloop van tijd altijd 'nee', laat ik eens 'ja' blijven zeggen. Gewoon eens kijken wat er gebeurt. En dus zegt hij 'Graag, lekker, ik wil ze allemaal wel!' Hoe reageert zijn moeder? 'Maar we moeten straks ook nog eten.' Wat was het gevolg? Ze stópte met aanbieden van koekjes. Ook de volgende keren – tot het schrijven van dit boek in elk geval – dat Jarno bij zijn moeder kwam, biedt ze hem niet meer overvloedig rondo's, roze koeken, bokkenpootjes, speculaasjes of kaakjes aan. Het gedoe rond het 'alsmaar aanbieden' was verdwenen. Het patroon was beëindigd.
Nou is dit verhaal op zich niet zo bijzonder, het aannemen van alle koeken was een aardige *patrooninterventie* van Jarno. Toch was de nawerking ervan dat wél. Er gebeurde namelijk nog iets anders. Wat veel opzienbarender was. Ook in allerlei andere opzichten veranderde de verhouding tussen Jarno en zijn moeder. Hij kwam vaker langs, ze belden elkaar wat meer en niet veel later bood zijn moeder hem aan – tot zijn complete verrassing – om met z'n tweeën en op haar kosten een vierdaagse trip naar New York te ondernemen. En wat zei Jarno? Hij zei 'ja'.

Eendagsbaard

Was het allemaal koek en ei – wel een toepasselijke vergelijking eigenlijk, koek en ei, maar dat terzijde – tussen Jarno en zijn moeder? Nee. Moeder en zoon bleven, ondanks het feit dat ze elkaar vaker zagen, regelmatig 'gedoe' met elkaar houden. Ook tijdens hun gemeenschappelijk trip. Toch leek het alsof er in het patroon van hun relatie *fundamenteel* iets veranderd was. Zo vertelde Jarno het volgende over een incident dat zich in het hotel in New York afspeelde. 'Ik heb weleens de neiging om met een eendagsbaardje rond te lopen. Ik vind dat wel goed staan. Maar mijn moeder vindt het onverzorgd en maakt er, tot vervelens aan toe, opmerkingen over. Ik stapte op een ochtend nietsvermoedend uit de douche ongeschoren de hotelkamer binnen en kreeg direct repliek. "Waarom heb je je niet geschoren? Ik vind het verschrikkelijk, zeker als ik de hele dag naast je moet lopen. Als je je niet scheert, ga ik niet mee en blijf ik de hele dag op de kamer in het hotel zitten." Ik was verbijsterd. Ik kende mijn moeder. Dit was geen loos dreigement. Ze zou écht de hele dag op haar hotelkamer blijven zitten. Ik vond het chantage. Mijn eerste impuls was boosheid. Had ik deze absurde eis vooraf geweten, dan was ik zelfs niet meegegaan! Bovendien, als ik me nu zomaar zou gaan scheren, wat zou dan de volgende stap zijn? Zou ik mijn jas, die ze niet mooi vindt, dan ook niet meer aan mogen doen? Zomaar scheren was voor mij geen optie. Ik wist het even niet meer, totdat ik me herinnerde dat ik ook nu "ja" zou kunnen zeggen. Meebewegen. In plaats van het gevecht aan te gaan haalde ik adem en zei: "Goed, ik scheer me deze hele vakantie zonder te zeuren, als u na deze vakantie nooit meer zeurt als ik ongeschoren rondloop." Tot mijn verrassing accepteerde ze mijn voorwaarde onmiddellijk. Ik ging me blij scheren en toen ik de badkamer uit liep, zei ze opgewekt dat ze ook enorm blij was. En dat was geen toneelstukje. Ze was écht blij.'

Patrooninterventie

Hoe interpreteert Jarno zelf achteraf het verhaal met zijn moeder? 'Dat zoveel dingen ten positieve zouden veranderen had ik natuurlijk niet verwacht. En ik blijf het ook zelf een bijzonder verhaal vinden. Maar een paar dingen kan ik er wel over zeggen. Het begon natuurlijk met het aannemen van alle koeken. Dat was in eerste instantie niet meer dan een geinige impuls, maar je moet niet vergeten dat ik hierover met mijn moeder jarenlang gedoe had. Elke keer weigerde ik een volgende koek en door hem *toch* elke keer aan te bieden had ik het gevoel dat ze daarmee wilde zeggen: "Wie jij bent of wat je wilt interesseert mij niet, dit zijn lekkere koeken, ik heb ze niet voor niets altijd in huis, als je mij accepteert, accepteer je ook mijn koeken." Dat klinkt, nu ik dat zo zeg, misschien wat overdreven, maar dit soort gedachten speelden zeker mee. Zoals gezegd, mijn moeder kan heel koppig zijn. Het moet altijd op haar manier. Het ging helemaal niet om roze koeken, was dat maar zo, dan was het makkelijk, het was een typisch moeder-zoonconflict. Zo ervoer ik het zelf in elk geval. Toen ik, eigenlijk in een opwelling, 'ja' zei, had dat twee effecten. Het eerste was dat ik het eigenlijk heel fijn vond om gewoon eens 'ja' tegen mijn moeder te zeggen. Simpel. Gewoon, alle weerstand loslaten. Het tweede wat er gebeurde was dat ik merkte dat ik opeens ook met *haar* te doen had. Opeens realiseerde ik me dat dit haar manier was om *aardig* te zijn. Mijn eerdere irritatie maakte plaats voor begrip. Ik denk dat ik haar vanaf dat moment niet meer alleen maar zag als moeder die haar zoon in een soort mal probeerde te duwen, maar ook als vrouw die op haar manier probeert waardering of aandacht te krijgen. Vanaf dat moment is onze verstandhouding veranderd. Ik voel me niet meer de zoon die voortdurend ontevreden is over zijn moeder, maar meer een gelijke, misschien soms wel als een soort vader voor haar. Iemand die begrijpt dat zij op haar manier haar best doet, zoals ouders ook van kinderen accepteren dat ze niet alles even handig doen. Ze is ook niet heel erg veranderd, maar omdat ik zelf wat milder naar haar kijk, denk ik dat ze dat op haar beurt ook naar mij is gaan doen. En het mooie is, door haar te spiegelen, heb ik min of meer toevallig ook van haar geleerd. Door in New York mijn baard af te scheren, maar tegelijkertijd net zo beslist als zij te stellen dat ze er daarna niet meer over zou mogen zeuren, stelde ik voor het eerst een duidelijke grens. Tot hier en niet verder. Achteraf denk ik dat ik haar stellige manier van doen, haar strakke stijl, altijd met een soort gemak en nonchalance heb willen beantwoorden. Dat werkte simpelweg niet. Bijkomend voordeel is dat ik nu *van mezelf*, ook in andere situaties stelliger mag zijn.'

Hefboomwerking

Is Jarno's meebewegen met de intenties van zijn moeder een wereldschokkende ontdekking? Nee. Het is makkelijk om zijn verhaal badinerend af te doen als 'simpel' en 'voor de hand liggend'. Eet een koek en scheer je baard en je hebt het goed met je moeder. Dat idee. Toch, in de relatie die Jarno en zijn moeder met elkaar al jarenlang in stand hielden, waren Jarno's interventies – hoe ogenschijnlijk onbeduidend ze ook waren – baanbrekend. Niet *ondanks* het feit dat de interventies 'onbeduidend' waren, maar juist *doordat* ze onbeduidend waren. Het leven is immers niets anders dan een aaneenschakeling van ogenschijnlijk onbeduidende gebeurtenissen. Het grootste deel van ons leven bestaat uit roze koek-achtige dilemma's. Door juist in die situaties op de beslissende momenten nét even mee te bewegen, kunnen we, net als Jarno, bestaande patronen veranderen. Zijn moeder stopte namelijk *daadwerkelijk* met alsmaar koeken aanbieden. Net zoals ze na New York, zo vertelt Jarno later, *daadwerkelijk* is gestopt met opmerkingen te maken over zijn eendagsbaardje. Kleine, consequente acties kunnen leiden tot grote, structurele veranderingen. Ja-zeggen tegen intenties kan het effect hebben van een hefboom. Een kleine ingreep op de ene plek kan leiden tot een grote verandering elders.

Wrikken

Hoe zouden we het verhaal van Jarno in ons eigen leven kunnen toepassen? Een relatie kan je vergelijken met een complexe machine, waarbij allerlei onderdelen op een ingewikkelde manier met elkaar verbonden zijn. Als er ergens iets *niet* functioneert – als een tandwiel stilstaat bijvoorbeeld – ben je in eerste instantie geneigd om *daar* je aandacht op te richten. Het is je eerste impuls om daaraan te gaan draaien. Kind gaat te laat naar bed? Straf! Je partner praat niet over zijn gevoelens? In therapie! We zijn geneigd onze energie te richten op de plek waar het probleem het meest *zichtbaar* is en daar vooral tegendruk te geven. Tegen de stroom in te zwemmen. Baard afscheren? Echt niet! Maar de kans is groot dat het tandwiel, hoe je ook wrikt, niet in beweging zal komen. Sterker nog, hoe harder je draait, des te meer *weerstand* het tandwiel zal geven. Het staat namelijk niet voor niets stil. Op zo'n moment is het de kunst om – soms op een hele andere plek – een ingreep te vinden die wél werkt. Als het gaat om een motor zou je je kunnen afvragen of ergens anders een kleiner tandwiel vastzit. Of misschien is de benzine wel op. Misschien hoef je alleen maar een beetje smeerolie bij te vullen.

Sleutel

Als het gaat om relaties is het dan ook de kunst om – met vallen en opstaan – een ingreep te vinden die wél werkt. En die ligt bijna altijd op een *andere* plek dan daar waar het probleem zich manifesteert. Zoals Jarno in de roze koeken het 'kleine tandwiel' wist te vinden, zo zijn er in onze wereld mogelijk andere kleine tandwielen. Het leerzaamst, naar mijn overtuiging, is het inzicht dat we vaak niet precies weten hoe een relatie 'werkt', maar *desondanks* intuïtief prima in staat zijn mee te bewegen. De sleutel ligt in het woord waar we mee begonnen zijn. 'Ja.' Zodra we 'ja' zeggen zijn we in harmonie met de mensen om ons heen. 'Ja' is de sleutel. De basisgedachte van dit boek.

Als we die sleutel eenmaal gevonden hebben en vervolgens in het slot durven steken – de ander durven te accepteren zoals hij werkelijk is, met alles d'r op en d'r aan, z'n hele hebben en houen – dan openen we de deur tot iemands binnenwereld. We krijgen toegang tot diens schatkamer. Vanaf dat moment is er sprake van een omkering der dingen. Een 'foute', arrogante schouwburgdirecteur blijkt, door op zijn tempo af te stemmen, opeens een rustige, vriendelijke man te zijn. De zesjarige dochter Rosa, die alsmaar voor overlast zorgt omdat ze niet wil slapen, verandert door de rollen om te draaien ogenblikkelijk in de liefst denkbare, rugkriebelende dochter ter wereld. Mevrouw IJzer, de irritante pietje-precies die alles wilde controleren, wordt een inspirerend, ambitieus rolmodel, nadat Wieke simpelweg 'ja' had gezegd tegen mevrouw IJzers behoefte aan een goed rapport. Door 'ja' te zeggen, door mee te bewegen, vinden we de plek waar verandering, ontwikkeling en groei mogelijk zijn.

Kijken zonder oordeel is niet makkelijk. Het is een van de moeilijkste opgaven die er is. Gelukkkig hoeft dat geen reden te zijn ons te laten ontmoedigen. Integendeel. Het goeie nieuws is namelijk dat je van niemand afhankelijk bent om ermee te beginnen. Hoe je naar andere mensen kijkt, kan je helemaal zelf bepalen. Altijd. Elk moment. Overal. Daar heb je niets of niemand voor nodig. De sleutel ligt in jouw handen. Vanaf het moment dat je zonder oordeel naar mensen kijkt, is de ander een spiegel van jouw *mogelijkheden*. Die manier van kijken is het begin- en eindpunt van dit boek. Alles draait rond dezelfde simpele, fascinerende en uiterst inspirerende gedachte. *Ik ben oké, jij bent een goudmijn.*

Haar Paul was één brok ruwe veranderbare potentie.

Send

Vlak voordat ik op 'send' zal drukken en dit document met één simpele handeling onherroepelijk in de pijplijn van de uitgeverij zal verdwijnen – *tekstredactie, zetwerk, dat soort dingen* – ben ik aan het eind van een intensief schrijfproces gekomen. De laatste regels. Nog een paar woorden te gaan.

Ach, dacht ik, ik weet nu hoe het een beetje werkt, zo'n boek schrijven, met een verstandige planning en stug en gedwee doorploeteren komt ook het volgende boek er wel. Zo begon ik vol goede moed een paar maanden geleden aan het project *Ik ben oké. Jij bent een sukkel.* Het bleek helaas een vergissing. Een grote vergissing. Tjongejonge, viel dat even tegen. Onderweg ben ik, al was het maar voor mijn gevoel, wel drie, vier keer helemaal opnieuw begonnen. Hou het maar eens simpel. Zo'n boek. Da's niet makkelijk.

Maar nu sta ik dan toch aan het eind van een lang avontuur en kan voor het eerst, voorzichtig nog, schoorvoetend, een beetje terugkijken. Uiteraard was dit boek er niet gekomen – je voelt het cliché waarschijnlijk al wel aankomen, en dat is het ook, een cliché – zonder de steun, inspiratie en vaak genadeloze kritiek van een grote groep mensen. Wie zijn dat? Hoe ging dat?

Zo'n boek, dat is in beginsel een voorzichtig zoeken en aftasten. Waar zit de essentie van het verhaal, welke rode draad zou ontward kunnen worden? De mensen die in deze eerste ronde hebben meegelezen, dienden dan ook te beschikken over een grote dosis relativeringsvermogen en de bereidheid te speuren naar parels in de modder. Irene Rompa, Jan Ruigrok, Caroline Weber, Ruud Tiessen, Aukje Nauta, Rick Koster, Jacco Post en Jarno Pannekeet behoorden tot deze eerste lichting heldhaftigen. Bedankt voor jullie doorzettingsvermogen, waardevolle suggesties en warme aanbevelingen.

Verder wil ik alle mensen bedanken die – publiekelijk dan wel anoniem – de afgelopen jaren hun verhalen met mij wilden delen. Marthijn de Groot, Eric de Haan, Sander Bevers, Steye van Dam, Jozef Reijnders, Maarten Fiege – de daadwerkelijke bestaande zeeman van het openingscitaat, als een Vliegende Hollander zal hij hopelijk ook dit boek ergens ter wereld lezen – leverden de vaak zeer persoonlijke ontboezemingen die het kloppend hart van dit boek vormen. Jan Ruigrok, we kwamen zijn naam hiervoor al tegen, leverde – naast het verhaal dat ik uit zijn boek citeerde over de naar een ruimteschip squashende André – de 'IJsje?-Bier!'-anekdote van Luc en het ontroerende verhaal over herstelrecht van mevrouw Promper. Dank daarvoor! Jarno Pannekeet wil ik bedanken voor zijn prachtige bijdrage over de koeken en rondo's. Jarno en ik weten hoe bijzonder en leerzaam de omgang met moeders kan zijn. Jawel! Fijn dat hij het manuscript wilde meelezen.

Uiteraard wil ik met nadruk Job Jansen bedanken. Zijn fascinatie voor het onderwerp spiegelen – eerst als acteur, later als onderzoeker – was de mijne. De twee onderzoeken die hij heeft opgezet en uitgevoerd bij de Universiteit voor Humanistiek en IFS vormden de inspiratiebron en directe aanleiding tot het schrijven van dit boek. Job, bedankt. U zij de glorie.

Charles Vinke, de leidinggevende bij IFS, wil ik bedanken voor zijn ongelooflijke professionele én persoonlijke betrokkenheid. Voor Charles is spiegelen de ultieme uitdrukking van een levenshouding die gebaseerd is op liefde en overgave. Dankzij zijn intense betrokkenheid hebben wij het onderzoek bij IFS niet alleen met enorm veel plezier verricht, maar hebben we ook zulke positieve resultaten behaald. Alle leidinggevenden van IFS die aan het N5-project hebben deelgenomen, waren doordrongen van de potentie van het spiegelen. Charles was de inspiratiebron, het levende voorbeeld, van deze betrokkenheid.

Evalien Lang wil ik bedanken voor de geweldige illustraties. Moet je je voorstellen dat je rustig aan het werk bent en dan – *ping* – komen er twee of drie schetsjes binnen, eerst zwart-wit, daarna in kleur, zoals ze uiteindelijk in het boek zijn gekomen. Kijk, dat houdt de moed erin. Dat begrijp je. Evalien bedankt.

Joost van den Ossenblok, uitgever, en Timo Boezeman, acquirerend redacteur van A.W. Bruna Uitgevers wil ik bedanken voor hun steun tot werkelijk de laatste minuten van dit manuscript (je voelt 'm aankomen, het 'send'-moment komt dichter- en dichterbij).

Mijn grote steun en toeverlaat Bart van der Schaaf – dramaturg, acteur, regisseur – wil ik bedanken voor zijn meer dan intensieve en gedetailleerde begeleiding de afgelopen weken, tijdens de laatste fase van het boek. Wat staat wanneer waar en waarom en hoe zou dat ook anders kunnen? In grote lijnen was dat zijn rol. Klinkt makkelijk. Is het niet. Kan ik je uit ervaring zeggen. Barts bijdragen waren dan ook van grote toegevoegde waarde.

Als laatste wil ik mijn partner, Annemargreet Dwarshuis, bedanken. Niet omdat zij het huishouden ondertussen zo leuk runde, mijn steun en toeverlaat was, terwijl ik, 'de schrijver', chagrijnig door het huis liep en zij dat 'allemaal verdroeg' samen met de kinderen, verschrikkelijk, je zal dat maar in je slotwoord zo vermelden, wat moet dat een droevige en deerniswekkende relatie zijn. Nee. Niets van dat alles. Vanaf dag één was zij de hardste criticus en grootste medecomponist tegelijkertijd. Ik zou daar veel over kunnen zeggen, dat doe ik niet. Wat ik er wél over wil zeggen is dat ik datgene, waarvan ik denk dat het de essentie van dit boek is – 'ja' zeggen tegen de ander – niet in deze vorm had kunnen opschrijven zonder haar wijsheid.

Tja. En dan is het 'send'-moment daar. *Point of no return.* En dus ook het laatste contactmoment tussen ons, jou als lezer en mij, schrijver. Ondanks afstand in tijd en ruimte – misschien lees je dit jaren na vandaag en ergens op een plek, net als Maarten Fiege, die elke verbeelding te boven gaat, ergens op de Caraïben of Bora Bora – voelde het voor mij als een vertrouwde ontmoeting. Het ga je goed! *Auf wiedersehen.* En dan nu het laatste moment. Checkpoint Charley. Het einde van de achtbaan. *Send.*

Berthold Gunster

Geert en Gerda van de administratie
werkten in gelukzalige symmetrie.

Literatuur

Creativiteit

Abrahamsan, Eric & David Freedman, *De Wet van de Stimulerende Wanorde*, Uitgeverij Mouria, 2007

Arden, Paul, *Wat je ook denkt, keer het om*, het Spectrum, 2007

Arden, Paul, *Kunnen is zilver, willen is goud*, het Spectrum, 2007

Bakker, Han, *Creatief Denken*, Uitgeverij Nelissen, 1998

Black, Octavius & Sebastian Bally, *The Mind Gym*, A.W. Bruna Uitgevers, 2006

Bono, Edward de, *Creatief Denken*, Business Contact, 2009

Bono, Edward de, *Simplicity*, Penguin Books, 1998

Bono, Edward de, *Denken over denken*, Lannoo Mimesis, 1995

Bono, Edward de, *Lateral Thinking*, Penguin Books, 1970

Boshouwers, Stan, *Handboek voor hemelbestormers*, Thema, 2005

Braak, Hans van de, *Ontsnappingskunst*, Amsterdam University Press, 2002

Claxton, Guy & Bill Lucas, *Ontdek je creativiteit*, Thema, 2004

Claxton, Guy, *Hare Brain, Tortoise Mind: How Intelligence Increases When You Think Less,* Fourth Estate, 1997

Eastaway, Rob, *Creatief denken,* Forte, 2008

Ferriss, Timothy, *The 4-Hour Workweek,* Crown Publishers, 2007

Fishter, Roger & William Ury, *Getting to Yes: Negotiating an Agreement Without Giving In*, Random House Business Books, 2007

Gaspersz, Jeff, *Grijp je kans! Vind en benut nieuwe mogelijkheden,* het Spectrum, 2009

Gunster, Berthold, *Huh?! De techniek van het omdenken,* A.W. Bruna Uitgevers, 2008

Guntern, Gottlieb, *Het ongelijk van de patrijs. Zeven gouden regels ter bevordering van de creativiteit,* Lannoo, 1996

Hafkamp, Koos, *Creatief denken*, Academic Service, 2005

Knoope, Marinus, *De creatiespiraal*, KIC Nijmegen, 1998

Lewin, Roger, *Complexiteit, het grensgebied van de chaos*, Uitgeverij Contact, 1993
Maede, John, *The laws of simplicity*, MIT Press, 2006
Oech, Roger von, *Creative Whack Pack* (kaartspel), US Games Systems Inc., Stamford
Parker, George, *Het grote boek van de creativiteit*, Archipel, 2004
Pink, Daniel, *A Whole New Mind*, Riverhead Books, 2005
Polet, Sybren, *De creatieve factor*, Wereldbibliotheek Amsterdam, 1995
Trompenaars, Frans, *Creativiteit en innovatie*, Nieuw Amsterdam Uitgevers, 2007

Gezondheid, geluk

Carter-Scott, Cherie, *Als de liefde een spel is, dan zijn dit de regels*, Forum, 2003
Carter-Scott, Cherie, *Als het leven een spel is, dan zijn dit de regels*, Forum, 2006
Clifton, Donald O. & Marcus Buckingham, *Discover Your Strengths*, Simon & Schuster, 2001
Ferris, Timothy, *The 4-Hour Workweek*, Random House Inc., 2007
Fritz, Robert, *Je leven als kunst*, Ankh-Hermes, 2005
Gladwell, Malcolm, *Uitblinkers*, Uitgeverij Contact, 2008
Glouberman, Dina, *Burnout; hoe het einde van de wereld een nieuw begin kan zijn,* Forum, 2003
Kalse, John, *De kracht van ja*, Ankh-Hermes, 2004
Katie, Byron, *Vier levensvragen die je leven veranderen*, Forum, 2007
Kaufman, Barry Neil, *Sonrise*, New World Library, 1994
Richo, David, *The Five Things We Cannot Change*, Shambala, 2006
Ridder, Willem de, *Handboek spiegelogie*, Uitgeverij De Zaak, 1999
Schaper, Frank, *Geen tijd voor burnout*, Scriptum Psychologie, 2004

(Populaire) Psychologie

Belitz, Charlene & Meg Lundstrom, *The Power of Flow*, Three Rivers Press, 1998

Belitz, C. & Lundstrom, M., *The Power of flow. Practical Ways to Transform Your Life With Meaningful Coincidence*, Crown Publishers Inc, New York, 1998

Berg, Insoo Kom & Yvonne Dolan, *De praktijk van oplossingen, gevalsbeschrijvingen uit de oplossingsgerichte gesprekstherapie*, Hartcourt Book Publishers, 2002

Berg, Insoo Kim & Peter Szabó, *Oplossingsgericht coachen*, Thema, 2005

Berne, Eric, *Games People Play. The Basic Handbook of Transactional Analysis*, Ballantine Publishing Group, 1964

Black, O. & Bailey, S., *The Mind Gym. Denk buiten de kaders,* A.W. Bruna Uitgevers, 2005, 2006

Bohm, David, *On Dialogue*, Routledge, 1996

Brinkman, dr. Rick & dr. Rick Kirschner, *Prettig samenwerken met de Betweter, de Sluipschutter, de Jaknikker & alle andere dwarsliggers*, Scriptum Psychologie, 1994

Cappella, J.N., 'Behavioral and Judged Coordination in Adult Informal Social Interactions. Vocal and Kinesic Indicators,' in: *Journal of Personality and Social Psychology*. January 1997 vol. 72, no. 1, p. 119-131

Cauffman, Louis, *Oplossingsgericht management & coaching,* Boom, derde druk 2007

Cialdini, Robert B., *Invloed. De zes geheimen van overtuigen*, Academic Service, 2007

Cialdini, Robert B., Noah J. Goldstein & Steve J. Martin, *Overtuigingskracht,* Uitgeverij Nieuwezijds, 2008

Coleman, Daniel, *Sociale Intelligence*, Uitgeverij Contact, 2007

Collett, P., *De verborgen boodschap. Het geheim van lichaamstaal ontmaskerd*, A.W. Bruna Uitgevers, 2003, 2005

Cooperrider, David e.a., *Appreciative Inquiry Handbook*, Berrett Koehler, 2008

Csikszentmihalyi, Mihaly, *Creativiteit*, Uitgeverij Boom, 1998

Csikszentmihalyi, Mihaly, *Flow, Psychologie van de optimale ervaring*, Boom, 1999
Darwin, C., *Het uitdrukken van emoties bij mens en dier*, Uitgeverij Nieuwezijds, 1998, 2001
Diekstra, René F.W., *De kwestie van geluk*, Karakter, 2002
Does, Willem van der, *Zo ben ik nu eenmaal. Lastpakken, angsthazen en buitenbeentjes*, Scriptum Psychologie, 2009
Erickson, Milton H., *Mijn stem gaat met je mee*, Karnak, 1987
France, M. la & W. Ickes, 'Posture Mirroring and Interactional Involvement: Sex and Sex Typing Effects', in *Journal of nonverbal behaviour* vol. 5 no. 3, Spring 1981
Frederickson, Barbara, *Positivity*, het Spectrum, 2009
Friedman, H.S. et al. *Understanding and Assessing nonverbal expressiveness: the Affective Communication Test,* American Psychological Association, Inc., 1980
Fritz, Robert, *De weg van de minste weerstand*, Ankh-Hermes, 1999
Gilbert, Daniel, *Stumbling on Happiness*, HarperCollins Publishers, New Edition, 2007
Gladwell, Malcolm, *Het beslissende moment*, Uitgeverij Contact, 2006
Gladwell, Malcolm, *Intuïtie. De kracht van denken zonder erbij na te denken,* Uitgeverij Contact, 2005
Goleman, D. *Emotionele intelligentie. Emoties als sleutel tot succes,* Uitgeverij Contact, 1996, 1997
Goleman, D., *Sociale intelligentie. Nieuwe theorieën over menselijk gedrag,* Uitgeverij Contact, 2006, 2007
Goleman, Daniel, *Sociale Intelligentie*, Uitgeverij Contact, 2007
Goleman, Daniel, *Emotionele intelligentie in de praktijk*, Uitgeverij Contact, 2000
Gore, J.S. et al. 'Let's be friends. Relational Self-Construal and the Development of Intimacy,' in: *Personal Relationships*, 2006, no. 13, p. 83-102

Gottman, John & Nan Silver, D*e zeven pijlers van een goede relatie. Tips uit de praktijk om er samen een succes van te maken.* Kosmos Uitgevers, 2005
Grammar, K. et al. 'The Courtship Dance: Patterns of Nonverbal Synchronization in Opposite-Sex Encounters', in: *Journal of nonverbal Behaviour* 22, 1998
Grammar, K., 'Strangers Meet: Laughter and Nonverbal Signs of Interest in Opposite-Sex Encounters Human,' in: *Journal of Nonverbal Behaviour* vol. 14, no. 4, 1990
Greene, R., *The 48 Laws of Power,* Penguin Books, USA, 2000
Gunster, Berthold, *Ja-maar ik ben wel leraar*, Quirijn, 2007
Gunster, Berthold, *Ja-maar wat als alles lukt* (herziene uitgave), A.W. Bruna Uitgevers, 2009
Hatfield, E., J.T. Cacioppo & R.L. Rapson, *Emotional Contagion*, Cambridge University Press, USA, 1994
Hollander, Jaap & Jeffrey Wijnberg, *Provocatief Coachen, De Basis*, Scriptum, 2006
IJzermans, Theo en Coen Dirkx, *Beren op de weg, spinsels in je hoofd. Omgaan met emoties op het werk: de Rationele Effectiviteits Training*, Thema, 2006
Jansen, Job, *Het Spiegelwonder, een onderzoek naar de effecten van spiegelend gedrag*, Universiteit voor Humanistiek, april 2008
Jansen, Job, *De spiegelende leider, een onderzoek naar de relatie tussen leiderschapskwaliteiten en spiegelvaardigheden,* Utrecht, maart-mei 2009
Johnson, dr. Sue, *Houd me vast,* Kosmos Uitgevers, 2009
Keltner, Dacher, *De mens is niet slecht,* Uitgeverij Ten Have, 2009
Kimura, M. & I. Daibo, 'Interactional Synchrony in Conversations about Emotional Episodes: A Measurement By 'the Between-Participants Pseudosynchrony Experimental Paradigm,' in: *Journal of nonverbal behaviour*, 2006, no. 30, p. 115-126
Kübler-Ross, dr. Elisabeth, *Over rouw.* Ambo|Anthos, 2006
Lieberman, David J., *Iedereen is een open boek*, The House of Books, 2008

Lieberman, David J., *Get Anyone To Do Anyhting*, St. Martin's Griffin, 2000
McGraw, Dr. Phil, *Leer te leven,* het Spectrum, 1999
Meijel, S. van, *Contact maken*, Uitgeverij Servire B.V. Cothen, 1994
Niedenthal, P.M., M. Brauer, L. Robin, A.H. Innes-ker, 'Adult Attachment and The Perception of Facial Expression of Emotion,' in: *Journal of Personality and Social Psychology*, 2002, Vol. 82, No. 3, p. 419-433
Nijssen, A.M., *Lichaamstaal. Niet-verbaal communiceren,* Uitgeverij Nelissen, 1998
Ofman, Daniel D., *Bezieling en kwaliteit in organisaties*, Servire, Kosmos Uitgevers, 1999
Oomkes, F. & A. Garner, *Communiceren. Contact maken, houden en verdiepen,* Boom onderwijs, 2003, 2006
Oomkes, F.R., *Communicatieleer,* Uitgeverij Boom, 1986, 2000
Pease, A. & B. Pease, *Waarom mannen en vrouwen met hun lichaam zeggen wat ze eigenlijk niet willen vertellen,* het Spectrum, 2004, 2007
Perper, T., *Sex Signals: The Biology of Love*, Isi Press, USA, 1985
Plomp, Jolet, *Loslaten kun je leren,* het Spectrum, 2008
Pont, Steven, *Alle liefde is economie*, Forum, juli 2006
Rassin, Eric, *Waarom ik altijd gelijk heb: over tunnelvisie*, Scripturn Psychologie, 2007
Robbins, Anthony, *Awaken the Giant Within*, Simon & Schuster Ltd, 1991
Roovers, Titia & Petra de Bruijn, *Liefde & Lef*, Uitgeverij Bert Bakker, 2009
Rosenberg, Marshall B., *Geweldloze communicatie. Ontwapenend en doeltreffend,* Lemniscaat, 2007
Ruigrok, Jan, *Provocatieve leerlingbegeleiding*, Quirijn, 2009
Rutten-Saris, M., *Basisboek lichaamstaal*, Uitgeverij Van Gorcum & comp. B.V., 1990
Sacks, Oliver, *De man die zijn vrouw voor een hoed hield*, Meulenhoff, 1986

Satir, Virginia, *Menselijke contacten,* H. Nelissen, 1979
Schachner, D.A. et al., 'Patterns of nonverbal Behavior and Sensitivity in the Context of Attachment Relationships,' in: *Journal of Nonverbal Behaviour*, 2005, nr. 29 (3)
Schwartz, Barry, *The Paradox of Choice: Why More is Less*, HarperCollins Publishers Inc., 2004
Segerstrom, Suzanne, *Optimisme*, Uitgeverij Nieuwezijds, 2007
Seligman, Martin, *Authentic Happiness. Using the new Positive Psychology to Realize Your Potential For Lasting Fulfilment*, The Free Press, 2002
Senge, Peter, *De vijfde discipline. De kunst en praktijk van de lerende organisatie*, Scriptum Books, 1992
Sheldrake, R., *Zeven experimenten die de wereld kunnen veranderen,* Kosmos Uitgevers, 1994
Stewart, Ian & Vann Joines, *Transactionele Analyse, het handboek,* SWP Uitgeverij, 1996
Surowiecki, James, *The Wisdom of Crowds: Why the Many Are Smarter Than the Few and How Collective Wisdom Shapes Business*, Random House Inc., 2004
Ury, William, *De kracht van Nee!,* Business Contact, 2007
Ury, Wiliam, *Onderhandelen met lastige mensen,* Business Contact, 1992
Visser, Coert & Gwenda Schlundt Bodien, *Paden naar Oplossingen,* Just In Time Books, 2008
Vonk, Roos, *Ego's en andere ongemakken*, Scriptum Psychologie, 2009
Waal, Frans de, *Een tijd voor empathie*, Contact, 2009
Watzlawick, Paul & Saskia Hulsman, *Geluk is ook niet alles: een handleiding voor ongelukzoekers,* Van Loghum Slaterus, 1983
Watzlawick, Paul e.a., *Het kan anders*, Bohn Stafleu van Loghum, 1974
Wijnberg, Jeffrey, *De kunst van het kwetsen*, Scriptum Psychologie, 2006
Wijnberg, Jeffrey, *Gekker dan gek. Hoe provocatieve therapie werkt*, Scriptum Psychologie, 2004

Wijnberg, Jeffrey, *Niemand is iemand zonder de ander*, Scriptum Psychologie, 2004 Wijnberg, Jeffrey, *In het diepste van de ziel is niets te vinden*, Scriptum, 2003

Wijnberg, Jeffrey, *Waarom zijn vrouwen zo gemeen*, Lifetime, 2003,

Wiseman, Richard, *De geluksfactor*, Meulenhoff, 2003

Wiseman, Richard, *Quirkology, Onalledaags onderzoek naar ons dagelijks leven,* A.W. Bruna Uitgevers, 2008

Wiseman, Richard, *Zie jij de gorilla?,* A.W. Bruna Uitgevers, 2005

Management

Becker, Hans Marcel, *Levenskunst op leeftijd*, Eburon, 2003

Caluwe, Leon de & Hans Vermaak, *Leren veranderen*, Samsom, 1999

Collins, Jim, *Good to Great*, Business Contact, 2004

Covey, Stephen R., *De achtste eigenschap, van effectiviteit naar inspiratie*, Business Contact, 2005

Covey, Stephen R., *De zeven eigenschappen van effectief leiderschap*, Business Contact, 2004

Covey, Stephen R., *Prioriteiten. Effectieve keuzes in leven en werk*, Amstel, 2001

Deutschman, Alan, *Veranderen doe je zo*, Forum, 2007

Fritz, Robert & Bruce Bodaken, *The Managerial Moment of Truth*, Free Press, 2006

Godin, Seth, *De Dip*, A.W. Bruna Uitgevers, 2007

Graaf, Anne de & Klaas Kunst, *Einstein en de kunst van het zeilen,* Uitgeverij SWI, herziene druk, 2008

Green, Robert, *The 48 Laws of Power*, Penguin Books, 2000

Groen, Theo e.a., *Innoveren, begrippen, praktijk, perspectieven,* het Spectrum, 2006

Hammond, Sue Annis, *The Thin Book of Appreciative Inquiry*, 2nd edition, Thin Book Publishing, 1998

Havenga, Elsemieke, *Zij maken het verschil*, het Spectrum, 2005

Houtem, George van, *De dirty tricks van het onderhandelen*, Uitgeverij Haystack, 2010
Jacobs, Dany, *Strategie, leve de diversiteit,* Pearson Education Benelux, 2005
Jackson, Paul & Mark McKergow, *Oplossingsgericht denken*, Thema, 2002
Kaplan, Sarah & Richard N. Foster, *Creative Destruction. Why Companies That Are Built to Last Underperform the Market,* Doubleday Publishing, 2001
Levitt, Steven D. & Stephen J. Dubner, *Freakonomics*, De Bezige Bij, 2006
Morgan, Garth, *Images of Organization*, Newbury Park, Sage, 1986
Peters, Tom, *Re-imagine!, Business Excellence in a Disruptive Age*, Dorling Kindersley, 2006
Peters, Tom & Robert Waterman, *Excellente Ondernemingen*, 12e bijgewerkte druk, Business Contact, 2005
Semler, Ricardo, *Het weekend van zeven dagen*, Forum, 2003
Senge, Peter, *The Fifth Discipline*, Random House Business Books, herziene uitgave, 2006
Senge, Peter e.a., *The Dance Of Change, The Challenges tot Sustaining Momentum in Learning Organizations*, Doubleday, 1999
Visser, Coert, *Doen wat werkt: oplossingsgericht werken in organisaties*, Kluwer, 2005

Intuïtie, neurologie

Berger, S.M. & S.W. Hadley, 'Some Effects of a Model's Performance on an Observer's Electromyographic Activity', in: *American Journal of Psychology* 88, 1975
Brizendine, Louanin, *The Female Brain*, Kindle Edition, 2007
Carr, L. et al., *Neural Mechanisms of Empathy in Humans: a Relay From Neural Systems for Imitation to Limbic Areas*, Washington University School of Medicine, 2003

Dijksterhuis, Ap, *Het slimme onbewuste. Denken met gevoel*, Bert Bakker, 2008
Gigerenzer, Gerd, *Die Weisheit der Gefühle*, Rowohit Verlag GmbH, 2007
Iacoboni, Marco, *Het spiegelende brein. Over inlevingsvermogen, imitatiegedrag en spiegelneuronen*, Uitgeverij Nieuwezijds, 2008
Lee, T.W. et al., *Imitating Expressions: Emotion-Specific Neural Substrates in Facial Mimicry*, Department of Imaging Neuroscience, 2006
McTaggart, Lynne, *Het intentie-experiment*, Ankh-Hermes, 2007
Oberman, L.M. et al., *EEG Evidence For Mirror Neuron Dysfunction in Autism Spectrum Disorders*, Elsevier B.V. USA, 2005
Ramachandran, V. & S. Blakeslee, *Het bizarre brein*, Kosmos Uitgevers, 1998
Ramachandran, V.S., *Mirror Neurons and Imitation Learning as the Driving Force Behind 'The Great Leap Forward'*, Human Evolution
Rizzolatti, G. & Craighero, L., *The Mirror Neuron System*, Harvard University, Annual Reviews, 2004
Sitskoorn, Margriet, *Het maakbare brein*, Bert Bakker, 2007

Spiritualiteit

Adrienne, Carol, *Leven als bestemming*, Forum, 1998
Begg, Deike, *Toevallig wel!?*, Synthese Uitgeverij, 2002
Capra, Fritjof, *De tao van fysica*, Kosmos Uitgevers, 1976
Chopra, Deepak, *Synchronisch leven*, Kosmos Uitgevers, 2003
Chopra, Deepak, *De zeven spirituele wetten van succes*, Becht, 1999
Coelho, Paulo, *De alchemist*, Arbeiderspers, 1998
Dewulf, David, *Mindfulness: een pad van vrijheid*, Adecco, 2007
Dreu, Jan de, *Leef*, Uitgeverij Roozemond, 2003
Hagen, Steve, *Boeddhisme in alle eenvoud*, Uitgeverij J.J.H. Gottmer, 1999
Hartong, Leo, *Ontwaken in de droom*, Samsara Uitgeverij, 2003

Hopcke, Robert H., *De zin van toeval,* A.W. Bruna Uitgevers, 1998
Jaworski, Joseph, *Synchroniciteit*, Indigo, 2000
Jinpa, Geshe Thupten, *De Dalai Lama*, Uitgeverij Bzztôh, 1996
Joseph, H. *Zinvol toeval*, Synthese, 2000
Jung, Carl Gustav, *Synchroniciteit,* Lemniscaat, 2000
Laszlo, Erwin, *Kosmische visie*, Ankh-Hermes, 2004
Maex, Edel, *Mindfulness,* Uitgeverij Lannoo, 2006
Pert, Candace B., *Everything You Need to Know to Feel Go(o)d*, Hay House, 2006
Pert, Candace B., *Molecules of Emotion. Why You Feel the Way You Feel,* Pocket Books, 1997
Richard, Matthieu, *Gelukkig Leven*, Asoka, 2005
Roth, Gabrielle, *Dans het Leven*, Altamira-Becht, 2004
Ruiz, Miguel, *The Four Agreements*, Amber-Alien Publising, 1997
Senge, Peter e.a., *Presence*, Academic Service, 2006
Sheldrake, Rupert, *Chaos, Creativity and Cosmic Consciousness*, Trialog, 2001
Suzuki, Shunryu, *Zen-begin: Eindeloos met zen beginnen,* 1970
McTaggart, Lynne, *Het Veld, de zoektocht naar de geheime kracht achter het universum*, Ankh-Hermes, 2007
Tolle, Eckhart, *Een nieuwe aarde*, Ankh-Hermes, 2005
Tolle, Eckhart, *De stilte spreekt*, Ankh-Hermes, 2003
Tolle, Eckhart, *De kracht van het nu*, Ankh-Hermes, 2001
Touber, Tijn, *Spoedcursus Verlichting*, A.W. Bruna Uitgevers, 2009
Turquoise Dragon Press, 2001
Tierno, Bernabé, *Optimisme als levenselixer*, Thema, 2007
Walsch, Donald Neale, *Een ongewoon gesprek met God* (trilogie), Kosmos Uitgevers, 1997, 2009
Worley, Lee, *Coming From Nothing. The Sacred Art of Acting.*

Systeemtheorie

Bryan, Bill, Michael Goodman & Jaap Schaveling, *Systeemdenken, ontdekken van onze organisatiepatronen,* Academic Service, 2006

Choy, Joep, *De vraag en het antwoord. Systemische interventies voor conflicten in organisaties,* Nisto Publicaties, 2005

Richardson, George, *Feedback Thought in Social Science and Systems Theory*, University of Pennsylvania Press, 1990

Richardson, George, *Feedback Thought,* Pegasus Communications, 1991

Satir, Virginia, *The New Peoplemaking,* Science and Behavior Books Inc., 1988

Theater

Brook, Peter, *De lege ruimte*, Uitgeverij International Theatre & Film Books, 1993

Johnstone, Keith, *Impro*, International Theater & Film Books, 1990

Noten

1 Jansen, J., *Het Spiegelwonder, een onderzoek naar de effecten van spiegelend gedrag*, Universiteit voor Humanistiek, april 2008
2 Wiseman, R., *Zie jij de gorilla?,* A.W. Bruna Uitgevers, 2005
3 *de Volkskrant*, 8 mei 2010
4 Berger, S.M., en S.W. Hadley, 'Some Effects of a Model's Performance on an Observer's Electromyographic Activity', in: *American Journal of Psychology* 88, 1975
5 Iacoboni, Marco, *Het spiegelende brein. Over inlevingsvermogen, imitatiegedrag en spiegelneuronen,* Uitgeverij Nieuwezijds, 2008, pag. 50
6 Hutchison, W.D., K.D. Davis, A.M. Lozano e.a., 'Pain-related Neurons in the Human Cingulate Cortex', in: *Nature Neuroscience*, 1999
7 Niedenthal, P.M., M. Brauer, L., Robin, en A.H. Innesker, 'Adult Attachment and the Perception of Facial Expression of Emotion', in: *Journal of Personality and Social Psychology*, 2002
8 *Psychologie Magazine*, juni 2010
9 Pfeifer, J., M. Iacoboni, J.C. Mazziotta en M. Dapretto, *Mirroring others' Emotions relates to Empathy and Interpersonal Competence in Children, NeuroImage*, 2008
10 Jansen, J., *De spiegelende leider, een onderzoek naar de relatie tussen leiderschapskwaliteiten en spiegelvaardigheden,* Utrecht, maart-mei 2009
11 Gladwell, M., *Intuïtie,* Uitgeverij Contact, 2005, pag. 41-45
12 Gladwell, M., *Intuïtie,* Uitgeverij Contact, 2005, pag. 53-55
13 *De Wereld Draait Door,* 15 januari 2010
14 Ruigrok, J., *Provocatieve leerlingbegeleiding*, Quirijn, 2009, pag. 133
15 Berg, I. & Y Dolan, *De praktijk van oplossingen, gevalsbeschrijvingen uit de oplossingsgerichte gesprekstherapie*, Hartcourt Book Publishers, pag. 144
16 Erickson, M., *Mijn stem gaat met je mee*, uitgeverij Karnak, 1987
17 Brinkman, R. & R. Kirschner, *Prettig samenwerken met de Betweter, de Sluipschutter, de Jaknikker & alle andere dwarsliggers*, Scriptum Psychologie, 1994, pag. 70-71
18 Erickson, M., *Mijn stem gaat met je mee*, Uitgeverij Karnak, 1987
19 Havenga, E., *Zij maken het verschil*, het Spectrum, 2005, pag. 125
20 Watzlawick, P. e.a., *Het kan anders*, Bohn Stafleu van Loghum, 1974, pag. 160
21 Berg, I. & Y. Dolan, *De praktijk van oplossingen, gevalsbeschrijvingen uit de oplossingsgerichte gesprekstherapie*, Hartcourt Book Publishers, pag. 165
22 Ury, W., *Onderhandelen met lastige mensen,* Business Contact, 1992, pag. 135-136
23 Overigens schijnt deze veelgeciteerde anekdote een typische *urban legend*, ofwel broodjeaapverhaal te zijn.
24 Brinkman, R. & R. Kirschner, *Prettig samenwerken met de Betweter, de Sluipschutter, de Jaknikker & alle andere dwarsliggers*, Scriptum Psychologie, 1994, pag. 93-94
25 Jansen, J., *De spiegelende leider, een onderzoek naar de relatie tussen leiderschapskwaliteiten en spiegelvaardigheden,* Utrecht, maart-mei 2009

Daar had Kluizenaar Bert dus
hélemaal niets aan.

Ja, maar ik lust er wel pap van.

Ja-maar wat als alles lukt?

Hoe komt het dat we zo vaak niet doen wat we eigenlijk zouden willen doen? Waar komt toch die innerlijke stem vandaan, die ons ervan weerhoudt ten volle te leven? Als we niet oppassen, wikken en wegen we net zo lang tot elke kans voorbij is en worden we buitenstaanders van ons eigen leven.

Huh?! De techniek van het omdenken

Voor de pessimist is het glas halfleeg. Voor de optimist is het glas halfvol. Dit boek gaat uit van een derde benadering: waar is de kraan? In *Huh?!* staat de overgang van een ja-maar- naar een ja-en-manier van denken centraal: de techniek van het omdenken.

Lastige kinderen? Heb jij even geluk

Kinderen opvoeden? Stop ermee! In *Lastige kinderen? Heb jij even geluk* geeft Berthold Gunster zijn visie op het opvoeden en onderwijzen. Opvoeden, zo stelt hij, is een vorm van vastdenken. Van een probleem een ramp maken. Denk het om! Maak van een probleem een mogelijkheid. Maak van een gebrek een talent.

Omdenken, het kaartspel

Met *Omdenken, het kaartspel* ben je elk probleem de baas. In groepen ga je zelf aan de slag om je eigen problemen om te denken. Het schotelt je provocerende vragen voor en laat je onderzoeken of je jouw probleem kunt kantelen tot een mogelijkheid. Ervaar zelf hoe verfrissend en verhelderend het is, zodra je inziet dat een probleem voor de één, juist een kans is voor de ander.

Ja-maar® Programma's

Omdenkclinic 30 of 45 (XL) minuten

Flitsende en interactieve inwijding in het omdenken.

Pas op. Smaakt naar meer.

Omdenkshows 75 minuten

Theatrale programma's over omdenken en omdenken in communicatie.

Lastige klant? Moeilijke collega? Hoera!

Omdenkworkshops 2,5 uur

Interactieve programma's over omdenken en omdenken in communicatie.

Dé hit in trainingsland.

Omdenklezing 30 tot 45 minuten

Lezing van Berthold Gunster, inwijding in het omdenken door de grondlegger van het omdenken.

Verrassend, hilarisch én inhoudelijk.

Omdenkdag 6 uur

Inspirerende onderdompeling in het Ja-maar® gedachtegoed.

Voor wie durft. Er is geen weg terug.

Omdenksessie (op aanvraag)

Creatieve sessie in combinatie met of als vervolg op een van de Ja-maar® programma's.

Zelf aan de slag!

Ja-aber® Seminar 75 Minuten

Ein Seminar mit Theater und Humor, jetzt in deutscher Fassung.

Frisch, fröhlich und absolut faszinierend. www.ja-aber.de

Yes-but® Show 75 minutes

A theatrical and humorous program about flip-thinking and communication.

Watch it. Never a dull moment.

Voor bedrijven, instellingen, scholen en organisaties, verzorgd op locatie.
Voor actuele programma-informatie: www.ja-maar.nl

spiegelen

- kousk
- 4' min
- baby
- gapen/lachen e.a.
- verliefd stel